CW00971529

FOLIO BIOGRAPHIES

collection dirigée par

GÉRARD DE CORTANZE

Picasso

par

Gilles Plazy

Gallimard

Écrivain, peintre, photographe, Gilles Plazy a publié une quarantaine d'ouvrages (poèmes, essais, fiction, documents), parmi lesquels plusieurs biographies (Gustave Courbet, Eugène Ionesco, Marlene Dietrich) et bon nombre d'études d'histoire de l'art concernant l'impressionnisme, Fra Angelico, Paul Cézanne, le Douanier Rousseau, la peinture abstraite... Récemment, nous lui devons notamment *La Poésie, la tarte aux pommes et le topinambour de saint Augustin*, en collaboration avec Chloé Bressan (La Part commune, 2011) ; *Les mots ne meurent pas sur la langue* (Isabelle Sauvage, 2014) ou encore *Paul Gauguin, l'insurgé solaire* (La Sirène étoilée, 2015).

Le fils du peintre des pigeons

Picasso, d'abord, ne veut pas vivre. Du moins il hésite. Ou bien ne sait comment faire. Pourtant Maria Picasso y Lopez l'a porté comme il fallait, a souffert comme il se doit pour la naissance d'un premier enfant et la sage-femme a aidé selon les règles le bébé à venir au monde. Mais voici que celui-ci, devant une assistance déçue, reste coi. Pas un cri, pas un souffle. Heureusement, le docteur Salvador Ruiz y Blasco, son oncle, fume le cigare (la naissance, à cette époque, n'était pas régie par une stricte hygiène) et lui souffle en plein visage, volontairement ou non, par une intuition bénéfique ou dans un geste d'exaspération, une bouffée de fumée âcre, qui aussitôt déclenche le réflexe qu'on n'espérait plus. Ainsi, le 25 octobre 1881, à Malaga, celui qui, quelques jours plus tard, sera baptisé du prénom de Pablo et mis aussi sous le patronage protecteur de quelques autres saints, se fait-il d'emblée remarquer. Lui-même ne manquera pas de raconter ce premier instant de son histoire, comme un signe annonçant son destin extraordinaire. Cela lui sera-t-il raconté par sa mère ou bien imaginerat-il cette naissance à suspense ? — Comme il se plaira plus d'une fois à enjoliver sa biographie, on ne pourra guère se fier aux apparentes confidences d'un homme aussi attentif que lui à édifier sa propre légende…

José Ruiz y Blasco a quarante-trois ans. Artiste peintre sans prestige, il est depuis six ans professeur assistant à l'École des beaux-arts de Malaga et depuis deux ans conservateur d'un musée municipal nouvellement créé mais somnolent, dans lequel il est surtout employé à la restauration de quelques œuvres mineures. Cet Andalou est blond, assez pour qu'on le surnomme « l'Anglais », mince, sensible, avec une tendance certaine à la mélancolie, due sans doute à une prédisposition de son tempérament, encore accentuée par la conscience des limites de son talent d'artiste et par une déception amoureuse antérieure à son mariage avec Maria. Des frères Ruiz il est l'artiste, le dilettante. Salvador, lui, est un médecin vite réputé ; Diego est diplomate et don Pablo, décédé il y a peu, appartenait au chapitre des chanoines de la cathédrale de Malaga. Cet homme d'Église, qui a fait office de chef de famille à la mort de leur père, a installé à son domicile non seulement deux sœurs célibataires, Josefa et Matilda, mais aussi un José peu pressé d'assumer des responsabilités sociales et engagé avec passion sur une voie artistique où le succès tardait à le combler : la municipalité de Malaga ne lui a fait qu'un mince honneur en lui achetant, en 1878, un *Pigeonnier* qui témoignait autant de ses remarquables qualités artisanales que du manque d'originalité de son expression. Ce peu original spécialiste des pigeons (il les élève avant de les peindre) n'en est pas moins activement impliqué dans le milieu artistique de sa ville, restreint certes mais assez animé autour de Bernardo Ferrandiz, un peintre alors prestigieux.

José, l'artiste de la famille, n'est pas le seul à y montrer de l'intérêt pour l'art : son père, un honorable fabricant de gants chargé d'une famille nombreuse (il eut onze enfants, dont deux moururent en bas âge), était musicien, joueur de contrebasse, et bon dessinateur. Ses frères sont eux aussi amateurs d'art : Diego pratiquait la peinture à ses heures de loisir, non sans talent ; Pablo collectionne des œuvres d'art religieux et Salvador, qui a épousé la fille d'un sculpteur connu, se donne volontiers des airs de connaisseur. Mais José est le seul à avoir fait de l'art sa profession, c'est-à-dire à ne pas s'être soucié d'un métier plus bourgeoisement honorable et à se complaire dans la fréquentation assidue des cafés où se réunissent les artistes de ce qu'on a appelé, pompeusement, l'« école de Malaga ». Il s'agit d'un groupe d'artistes rassemblé autour de deux peintres originaires de Valence, Bernardo Ferrandiz, donc, et Antonio Muñoz Degrain, directeurs successifs de l'École des beaux-arts et bons représentants d'un académisme chic. Toutefois, soit par lucidité à l'égard de ses dons, soit par nonchalance, il semble que José ne s'engage pas pleinement dans l'art et ne s'applique pas à l'élaboration d'une œuvre conséquente. Ce célibataire est bel homme, mondain et brillant causeur. Comme il a pu atteindre ses quarante ans sans quitter le domicile de ses parents, il n'a pas eu pendant longtemps à se soucier de gagner sa vie et a pu couler des heures tranquilles entre le café de Chinitas et la maison close de Lola la Chata, deux hauts lieux de Malaga en cette fin du XIXe siècle. Ce port du sud de l'Andalousie n'est pas, en 1881, une cité quelconque. Elle a perdu le lustre qu'elle avait au temps des Maures, mais son climat, qui en fait un lieu de villégiature prisé des Anglais, et une certaine richesse, due à la métallurgie et au commerce du vin de la région (qui fut prospère avant que le phylloxéra ne s'abatte, trois ans auparavant, sur les vignes), lui donnent un air aimable. Mais qu'on ne se méprenne pas : elle a du caractère et il lui vient parfois des mouvements de colère qui la font se soulever contre les excès de l'autorité royale dont il lui faut ensuite supporter la sévérité. Ainsi les généraux Riego et Torrijos, à quelques années d'intervalle, furent exécutés, l'un fusillé, l'autre pendu, pour s'être rebellés.

Le chanoine disparaissant prématurément, Salvador, le docteur, lui-même dévot, a pris en charge les deux sœurs, mais José a dû perdre ses habitudes d'adolescent attardé et voler de ses propres ailes. Il était temps qu'il se marie, d'autant que la famille comptait sur lui pour perpétuer une lignée masculine à laquelle aucun de ses frères n'avait encore contribué, puisque Salvador n'avait jusqu'alors engendré que deux filles. Professeur médiocrement rémunéré et peintre à la clientèle à peu près inexistante, José ne pouvait pas, au sein de la bourgeoisie à laquelle il appartenait, avoir de grandes prétentions. Amoureux d'une jeune fille qui n'aurait pas répondu à ses vœux, et l'aurait laissé à jamais dépité, il a fini à l'âge de quarante ans par se tourner vers Maria Picasso y Lopez, une cousine de quinze ans sa cadette, assez jolie, solide et vive, restée sans doute célibataire parce que sans dot, d'une famille honorable mais peu fortunée, surtout depuis que le phylloxéra s'est attaqué aux vignes du domaine. Le père de Maria, depuis plusieurs années officier des douanes à Cuba, envoyait bien à son épouse une partie de son salaire, ce qui n'était guère suffisant pour assurer à celle-ci et à ses trois filles une vie confortable. Aussi José en épousant Maria s'est-il trouvé chargé d'une belle-mère et de deux belles-sœurs, vite venues s'installer dans le même foyer, dont l'ambiance féminine, des plus chaleureuses, sera un doux cocon pour le petit Pablo, tendrement gâté.

Avec ses yeux et ses cheveux intensément noirs, Maria a l'air d'une vraie Andalouse, bien que sa famille soit, semble-t-il, d'origine (lointaine) majorquine. À moins qu'elle n'ait dans les veines du sang italien. Le nom de Picasso, en effet, sonne plus italien qu'espagnol et quelque aïeul aurait pu venir de Gênes, où un Matteo Picasso se fit connaître comme peintre au cours de récentes décennies. Rien toutefois n'assure qu'il y ait là plus qu'une homonymie et remonter le fil des généalogies ne paraît pas indispensable. Maria a les qualités nécessaires pour assurer à son mari une vie agréable, nonobstant les difficultés financières d'une activité professionnelle médiocre : elle est une épouse attentive et une mère très tendre. Que leur premier enfant soit un fils réjouit le jeune père et les deux filles qui naissent ensuite complètent heureusement le quatuor familial. Lola naît trois ans après son frère, tandis que Malaga est secouée par un tremblement de terre qui, durant plusieurs jours, dévaste la ville et c'est encore trois ans plus tard qu'une seconde fille, Maria de la Concepción, dite Conchita, voit le jour.

Pablo Ruiz Picasso serait un enfant heureux s'il ne lui fallait pas aller à l'école. Il vit choyé par les femmes de la famille et aimé de son père, qui est fier d'avoir un fils si doué pour le dessin. Une légende, entretenue par le peintre lui-même, affirme que le premier mot qu'il aurait prononcé fut *lapiz (crayon)*, du moins sous sa forme enfantine de *piz*. Dessinateur précoce et instinctif, il commence, à l'en croire, par dessiner des spirales représentant un beignet fameux, la *torruela*. Sur la place de la Merced, où se tient le domicile familial et où jouent les enfants du quartier, il passe son temps à dessiner dans la poussière terreuse plutôt qu'à se livrer aux jeux des gamins de son âge. Les tresses des galons dorés que fabriquent ses deux tantes maternelles Elodia et Eliodora pour gagner un peu leur vie sont une autre source d'inspiration alambiquée, à laquelle certains critiques se référeront pour expliquer une tendance cursive de la main picassienne. Ne fait-il jamais de dessin d'enfant, ainsi qu'il le prétendra plus tard ? Est-il vraiment ce petit Rembrandt qu'il se vantera d'avoir été ? L'affirmation manque de preuves et les premiers dessins de lui qui ont été conservés témoignent d'une maladresse dans laquelle ne se laisse déceler aucune part de génie. On peut penser que l'œil de son père, qui pèse sur ses premiers essais graphiques, retient sa spontanéité, mais c'est aussi ce même père qui lui met en main, alors qu'il n'a que neuf ans, pinceaux et peinture à l'huile, lui permettant de réaliser ses premiers tableaux, une marine approximative et un picador figé. Il montre tout de même, si jeune, un talent particulier : il est capable de dessiner, d'un seul contour, en partant d'un point ou d'un autre, de l'oreille ou de la queue, un âne et même de le découper ainsi avec des ciseaux dans une feuille de papier, sans l'avoir préalablement esquissé.

L'oncle Antonio, mari d'une de sœurs de José Ruiz Blasco et homme oisif, emmène souvent le petit Pablo se promener avec ses deux cousines, les deux filles de l'oncle Salvador, du côté du port, où l'imagination des enfants est avivée par l'agitation des quais et le mouvement des vapeurs et des voiliers. Malaga, c'est aussi une ville secrète, interdite à l'enfant de bonne famille, une ville gitane tassée au pied du quartier maure de l'Alcazaba et du château de Gibralfaro, dans un ensemble de taudis où la population se nourrit presque exclusivement de soupe aux coques, dont les coquilles jetées négligemment jonchent le sol. Il y a là un autre monde, étrange, fascinant, à propos duquel courent des histoires fantastiques, inquiétantes, et d'où s'élève le *cante jondo*, cette voix gitane qui est la mémoire maure de l'Espagne et qui, de même que la corrida, lui est essentielle.

L'éducation du petit Andalou se fait aussi sous le signe du sang de l'arène, dans la violence virile et animale : les chevaux, en ce temps-là, ne sont pas ménagés face à des taureaux puissants et hargneux, et il n'est pas rare qu'ils s'écroulent éventrés. José, en aficionado passionné, emmène son fils à la nouvelle *plaza de toros*, qui a été inaugurée en 1876. Pablo a dix ans et il admire un matador aux cheveux blancs. Une autre fois, dans une chambre d'hôtel, il est présenté au héros du jour qui, en habit de lumière, le prend sur ses genoux.

L'école, il ne s'y fait décidément pas, ne s'intéresse guère à ce qu'on y apprend et en supporte mal la discipline rigoureuse. Il hurle au moment d'y aller, pose les conditions les plus extravagantes pour s'y laisser entraîner, ou s'invente des maladies, profitant de la faiblesse de ses parents, peu enclins à le contrarier, à affronter son caractère entier. En classe, il ne tient pas en place et, s'il n'est pas tout à fait le cancre qu'il se vantera d'avoir été, c'est un élève médiocre. Même un précepteur personnel ne parvient pas à faire de lui un élève acceptable. Toutefois, comme il est intelligent et a l'esprit plutôt vif, il est vraisemblable qu'il apprend aisément à lire et à écrire et suit tant bien que mal le cours de ses études.

Ses dix ans, Pablo ne les fête pas à Malaga. La famille s'est installée à La Corogne, où José a trouvé un poste de professeur moins subalterne et mieux rémunéré. De l'Andalousie à la Galice, de la Méditerranée à l'Atlantique, du soleil à la pluie, c'est un exil pour un homme si attaché à sa ville natale, mais la raison économique lui a imposé ce choix : il a plus de cinquante ans, des enfants jeunes et aucun avenir à Malaga, où son poste de conservateur du musée a été supprimé et où son art de peintre de pigeons ne lui a valu que peu de considération. À La Corogne, il a en tout cas un emploi moins fictif que celui qu'il avait à Malaga, et cela dans une école flambant neuve. Il y dispose, près du port, d'un appartement agréable avec, sur l'arrière, un balcon où il peut installer un pigeonnier et, sur le devant, un autre balcon fermé, un *mirador*, d'où ses enfants observent la vie de la rue. Juste en face, dans une belle villa, habite le docteur Ramón Perez Costales, un personnage important de la ville. Cet ancien ministre libéral, philanthrope et amateur d'art, qui a sans doute connu naguère l'oncle Salvador, se prend d'affection pour la famille Ruiz Picasso.

Le nouveau professeur de dessin de l'École des beaux-arts de La Corogne n'en considère pas moins sa nouvelle situation comme un échec. Ses finances restent médiocres et sa peinture n'est pas ici mieux appréciée qu'à Malaga, à tel point qu'il préfère, après des tentatives infructueuses, ne plus exposer. Il ne sera bientôt plus qu'un vieil homme triste, reportant sur son fils les espoirs déçus de sa jeunesse. Puisque celui-ci fait preuve d'un très exceptionnel don d'observation et d'un coup de crayon habile, puisqu'il prend de plus en plus de plaisir au dessin et préfère la peinture aux études ordinaires, pourquoi n'aurait-il pas devant lui une brillante carrière artistique ? Et Pablo de se mettre lui aussi, avec une adresse comblant la fierté paternelle, à dessiner des pigeons. Oui, il sera peintre. Il l'est déjà d'ailleurs, puique le docteur Perez Costales l'encourage en lui achetant ses premières œuvres, hâtivement brossées sur des couvercles de boîtes de cigares.

Pablo s'adapte bien à sa nouvelle vie, faisant preuve d'un ascendant indiscutable sur ses nouveaux camarades, qu'il initie à l'art de la corrida en leur enseignant, veste en main, les passes diverses de la *muleta*. Il joue aussi beaucoup dans la rue et aime l'océan dont il affronte volontiers les vagues, bien qu'il n'ait aucun don pour la natation. Il suit sans grand intérêt l'enseignement que dispensent les prêtres de l'Instituto da Guarda, mais surtout dessine, dessine, n'arrête pas de dessiner, ainsi que le prouvent quelques livres de classe qui ont été conservés et dont les marges témoignent d'une incessante pulsion graphique. Avant même de fêter ses onze ans, le voici, pour sa seconde année scolaire à La Corogne, inscrit à l'École des beaux-arts, qui est installée dans le même bâtiment que l'école dont il est un élève médiocre. Il y fréquentera successivement plusieurs classes, en commençant par celle de dessin d'ornement qu'anime son père, suivant étape par étape un enseignement classique du dessin et s'y montrant aussi doué qu'assidu. Son regard se précise (et quels yeux grands et vifs a cet enfant !) et sa main s'assouplit. En trois ans, alors qu'il entre dans l'adolescence et que ne cesse de se renforcer l'assurance qui lui est naturelle, il s'affirme comme un excellent dessinateur, digne fils de don José. Il a le talent, comme son père, mais il a en plus, contrairement à celui-ci, la passion — une passion qui le fait sans cesse regarder, dessiner, transcrire sur le papier les images qui s'imposent à lui. Rien ne lui échappe et il s'exerce à des portraits de son père, sa mère, ses sœurs, des scènes d'intérieur, des vues de La Corogne prises de la tour d'Hercule, le phare au pied duquel il aime s'installer pour dessiner. Mais, plus que dessinateur, il est peintre, déjà, sur la toile et à l'huile, et sa maîtrise devient étonnante. À quatorze ans, il brosse des portraits qui laissent son père pantois : l'imposant docteur Perez Costales, qui a accepté de poser pour lui, est saisi en buste avec brio et Modesto Castillo, le fils naturel de cet ami de la famille, apparaît en Maure, paré d'une large serviette en guise de burnous.

José Ruiz y Blasco regarde avec affection et contentement son fils grandir et s'avancer sur le chemin de l'art. D'autant que lui-même, s'il peint encore, semble le faire plus par habitude que par conviction, en amateur quelque peu désabusé. Il est assez bon connaisseur du dessin et de la peinture, et professeur assez avisé, pour bien juger du talent peu ordinaire de son fils. Loin d'en être jaloux, il l'encourage, le pousse, le conseille, met son honneur et son ambition à l'aider au mieux à se former. Pablo, à dire vrai, n'en demande pas tant ; il sait que ses qualités n'appartiennent qu'à lui-même et qu'il est le seul à pouvoir tracer son chemin, quitte à travailler sans cesse, dessiner, dessiner encore, peindre et ainsi conquérir sa force et son originalité d'artiste. Il est heureux aussi de plaire à son père, de voir que cet homme triste s'anime quand il l'admire ou le conseille. Quant à Maria, elle n'a jamais douté d'avoir un fils remarquable et elle est sûre qu'il a devant lui un destin exceptionnel.

L'été, pour les vacances, de retour à Malaga, on retrouve le soleil andalou, la famille et les amis. Pablo qui, en grandissant, a gagné une indépendance nouvelle, vit d'une autre manière sa ville natale. La rue lui appartient de plus en plus, toujours plus loin. Il s'aventure jusqu'au quartier gitan, qui le fascine, où s'ouvre pour lui un monde plus brut que celui, policé, restreint, inquiet, du milieu familial bourgeois, auquel il appartient, et au sein duquel les artistes eux-mêmes restent soumis aux conventions dominantes. Il y a là un naturel, une façon de vivre, une aisance des corps, une vivacité du langage qui lui plaisent, qu'il désire partager — et l'élan lyrique, dramatique, du *cante jondo*, qui le touche au plus près, au plus profond. Il retrouve ses cousines, qui sont des amies, et l'oncle Salvador, qui apporte toujours à José et à Maria un soutien plus que fraternel, quasi paternel, et qui veille avec attention sur l'évolution de son neveu. Pablo lui montre ses dessins, ses peintures, comme à La Corogne il le fait en présence du docteur Perez Costales, et il en tire des compliments, peut-être même quelques pesetas. C'est pour lui surtout, pour le reste de la famille aussi, bien sûr, qu'il rédige, au cours de l'année, comme des chapitres d'une chronique de sa vie galicienne, quelques numéros d'un journal manuscrit et illustré. Il le fait avec une application d'écolier calligraphe ; avec humour également, alignant des plaisanteries plus ou moins légères. Le nom de la publication change au gré de l'humeur, d'abord paré des couleurs de la Galice sous le titre *Azul y blanco*, puis plus clairement nommé en fonction du lieu dont il traite : *La Coruña*, enfin placé sous l'emblème architectural de la ville, la *Torre de Hércules*. Six numéros seulement paraissent, de la fin 1893 à la fin 1895, bien que le premier ait annoncé une parution hebdomadaire, dominicale. Quant au contenu, il ne fait preuve d'aucun génie adolescent exceptionnel et ces documents aujourd'hui n'ont de valeur que parce qu'ils sont de la main du jeune Pablo, le futur Picasso.

Un événement qui bouleverse la vie de la famille Ruiz dans son exil atlantique n'est pas retenu par le journaliste épisodique, mais celui-ci, au lendemain de ce drame, restera presque un an sans envoyer de ses nouvelles ainsi élaborées à leurs destinataires malaguègnes : Conchita, la seconde de ses sœurs, meurt de la diphtérie, le 10 janvier 1895, faute d'avoir reçu à temps de France, tandis qu'une épidémie sévit en Espagne, le sérum qui eût pu la sauver. Comme tous les parents aimants, Maria et José en souffrent profondément, s'aidant tant bien que mal d'une religion que d'ordinaire ils ne pratiquent que modérément, à la différence de l'oncle Salvador. Maria est courageuse, forte, fataliste aussi, surtout consciente de ce qu'il lui faut s'occuper, malgré le deuil, de ses deux autres enfants. Lola a dix ans, Pablo en a treize. La mort, si soudainement présente dans ce foyer uni, brise son insouciance, le plonge en de ténébreuses réflexions, atteint au plus profond de lui-même ce goût de vivre qu'il a jusqu'à présent affiché sans vergogne. N'est-il pas allé jusqu'à s'engager à ne plus jamais peindre si sa petite sœur était sauvée ? José, lui, dans sa mélancolie d'artiste raté et de professeur ordinaire, est plus irrémédiablement abattu que sa femme et, puisque La Corogne lui a été néfaste, il ne nourrit d'autre désir que d'en partir au plus vite. Ce qu'il parvient à faire, grâce à l'un de ses confrères de Barcelone, qui fut son assistant à Malaga et qui, Galicien, est heureux de pouvoir disposer d'un poste à l'École des beaux-arts de La Corogne. L'échange a lieu dans de bonnes conditions, puisque José, toujours à court d'argent, sera mieux rémunéré.

Ainsi Pablo devient-il catalan. Mais c'est en tant que peintre, vraiment peintre, qu'il quitte La Corogne, après y avoir exécuté, en cette douloureuse année 1895, les premiers tableaux qui ont fait de lui mieux qu'un jeune homme doué, mieux qu'un dessinateur de talent, un artiste déjà étonnamment mûr. Plus que des exercices de jeunesse, ce sont les premières pièces de son œuvre. Avec une belle fermeté de portraitiste, il vient d'entrer dans l'histoire de la peinture, peignant son père au visage émacié, au regard douloureux, son chien Clipper et surtout une *Mendiante aux pieds nus* et un *Mendiant à la casquette*, qu'il a su traiter de face, avec une grande humanité, alors que, auparavant, il n'avait donné toute sa mesure que dans le portrait de profil ou de trois quarts. Il a passé un cap, il en est conscient et c'est pour cela qu'il a jugé opportun d'exposer le *Mendiant* dans la vitrine d'un marchand de vêtements voisin du domicile familial et deux autres tableaux dans un magasin de meubles du quartier. Il exagérera lui-même, plus tard, l'importance de l'événement, laissant croire qu'il s'agissait d'une véritable exposition, mais il peut nous suffire de savoir qu'il fit ainsi, à moins de quatorze ans, son premier acte public d'artiste, s'affirmant par là à la suite de son père et prenant avec autorité le relais de celui qui fut si intensément son initiateur. Quant à l'histoire selon laquelle José, époustouflé par le talent de son fils, lui aurait remis solennellement sa palette et ses pinceaux, s'abstenant ensuite de peindre, c'est encore une de ces légendes par lesquelles Picasso a enjolivé sa biographie en dorant le récit de sa jeunesse. En revanche, muet sur sa première histoire d'amour, il n'a rien dit d'Angeles Mendez Gil, sa condisciple de l'Instituto da Guarda, que des parents inquiets préférèrent éloigner d'un trop jeune soupirant.

Pablo Ruiz quitte La Corogne avec ses parents et sa sœur avant la fin de l'année scolaire, ce qui l'empêche de passer l'examen de peinture qui lui permettrait d'entrer dans une classe supérieure à l'École des beaux-arts de Barcelone. Il n'emporte qu'un certificat de dessin de portrait, facile à obtenir, puisque ne dépendant que de la classe de son père. Il lui en faut plus pour s'émouvoir, car il sait ce qu'il vaut. Il sait également que ce n'est pas de quelque maître qu'il lui faut attendre des recettes et qu'il n'a désormais à répondre de son art que devant lui-même. Aussi, plus que quelque diplôme, la visite qu'il fait au musée du Prado, à Madrid, en traversant l'Espagne avec ses parents pour se rendre de La Corogne à Malaga, où il passera de longues vacances en attendant la rentrée scolaire, est des plus importantes. Ce premier contact direct avec les grandes œuvres des maîtres du passé est rapide, mais le choc est brutal, qui lui révèle la grandeur de Vélasquez, c'est-à-dire la force d'une peinture autrement ambitieuse que celle dont il a pu voir des exemples à Malaga et à La Corogne. Ainsi lui est prouvée sans ambiguïté la pertinence de l'intuition qu'il avait sans pouvoir explicitement la formuler : la peinture n'est pas qu'un aimable divertissement qui permet de jauger le talent des uns et des autres, elle est un moyen de fouailler le réel ; il ne lui suffit pas de produire des images plaisantes quand on peut exiger d'elle qu'elle soit porteuse de visions. Et, en hâte, profitant de ce passage éphémère dans le meilleur lieu d'Espagne où l'on puisse alors voir de la peinture, Pablo, accompagné de ce père qui voit déjà en lui l'héritier qui le dépasse, copie en deux dessins la tête d'un nain et celle d'un bouffon — deux œuvres qu'il pourra montrer, avec celles qu'il a emportées avec lui, à celui dont il lui importe encore d'obtenir l'approbation, l'oncle Salvador.

À Malaga, ses parents le présentent comme un jeune prodige au reste de la famille et c'est bien ainsi que celle-ci, l'oncle en tête, l'accueille. Cela met un peu de baume au cœur de José qui, lui, s'en revient le pinceau bas, sans plus de gloire qu'il n'en avait en quittant Malaga. Il n'est donc plus question pour Pablo de perdre son temps à jouer dans les rues avec les gamins de son âge. Il a trop de plaisir à travailler, à constater la rapidité de ses progrès, c'est pourquoi il dessine et peint sans relâche. Son oncle joue au mécène en lui versant un salaire quotidien de cinq pesetas, lui procure une pièce où installer un atelier, et un modèle en la personne d'un de ses clients, un vieux pêcheur qui lui est redevable de soins généreux. Il lui commande également un portrait de sa sœur, la tante Josefa, une vieille fille confite en dévotions. Cette confiance a un prix et le jeune artiste, pour ne pas déplaire à tant d'admiration familiale, doit faire sa première communion, costumé comme il se doit alors en évêque !

Septembre 1895. Il est temps de quitter Malaga pour un nouvel exil, en famille. Après le nord-ouest de l'Espagne et la Galice, voici le Nord-Est et la

Catalogne. Mais Barcelone est une ville formidablement plus vivante que Malaga et La Corogne. Fière d'être catalane avant d'être espagnole, elle cultive son originalité et se veut capitale autant que Madrid, cœur d'une Catalogne amputée de sa liberté, de sa culture, de sa langue. Aussi est-elle, pour faire contrepoids à l'influence autoritaire de la cité royale, plus ouverte que celle-ci sur le reste du monde, à l'écoute de tout ce qui frémit à ce moment-là en Europe. Depuis quatre siècles que la Catalogne a été contrainte de devenir espagnole, elle ne s'est pas résolue à cette souveraineté, mais au moins en cette fin du XIXe siècle garde-t-elle la tête d'autant plus haute qu'elle se sent bien vivante, tant culturellement qu'économiquement. Depuis vingt-cinq ans, elle connaît même une singulière renaissance, qu'elle nomme elle-même ainsi non sans une certaine enflure : *Renaixença*. Barcelone en profite pour se transformer, s'étendre, se couvrir de monuments modernes, s'ouvrant par là, tout en réveillant un passé prestigieux, sur une modernité dont le vent souffle déjà sur Paris et sur Londres. L'Exposition universelle, qui y a été organisée en 1888, est apparue comme le manifeste de ce mouvement dont l'emblème, pourtant plus médiéval que moderne, est la grande pâtisserie ecclésiastique de la Sagrada Familia, érigée hors de toute convention esthétique par Antoni Gaudí.

Pablo n'aura quatorze ans que dans un peu plus d'un mois, mais il est déjà un artiste entièrement engagé dans son art, avec le soutien de sa famille.

Il n'a pas comme tant d'autres à se battre contre elle pour imposer son désir et sa volonté. Pas plus qu'il ne s'interroge sur son avenir. Aussi à Barcelone, la seule école qu'il a à fréquenter est celle des beaux-arts, familièrement nommée en catalan la Llotja (la Lonja en castillan), c'est-à-dire la Bourse du commerce, parce qu'elle est située au premier étage du bâtiment que celle-ci occupe. Encore lui faut-il s'y faire accepter, montrant quelques travaux antérieurement réalisés et passant l'épreuve d'un bref examen qui consiste en trois dessins : la copie d'un de ces plâtres qui sont alors les modèles et les références ordinaires de tout enseignement académique et deux dessins sur modèle vivant, l'un nu, l'autre drapé. Le voici admis dans la classe supérieure. Il est de loin le benjamin au milieu de jeunes gens qui ont pour la plupart cinq ou six ans de plus que lui. Pas dérouté pour autant, il se fait d'emblée accepter par ses condisciples, les séduisant à la fois par son talent et sa personnalité. C'est qu'il est étonnamment mûr pour son âge, et pas seulement pour ce qui est du dessin et de la peinture. Bien que petit (en cela il tient de sa mère), c'est un garçon costaud, bien développé, musclé, et auquel de grands yeux noirs et une mèche, noire aussi, en aile de corbeau, qui lui balaie le front, donnent une fière allure et un charme qui en imposent. On a beaucoup glosé sur ses grands yeux, dont plus tard Brassaï remarquera qu'ils sont moins extraordinaires par leur taille que par la manière dont l'iris et la pupille s'y confondent et par le fait que les paupières s'ouvrent sur eux plus largement que d'ordinaire. Pas besoin pour lui de courtiser ses aînés, de s'efforcer de gagner leur estime, encore moins de les singer pour faire oublier qu'il sort tout juste de l'enfance. Il est reconnu aussitôt par eux comme un des leurs, et Manuel Pallarès i Grau, qui à dix-neuf ans est loin d'être un adolescent attardé, s'attache à lui comme à son égal. Pablo fait le portrait de ce fils de fermier élégant, raffiné, Catalan pur jus, qui mène une vie d'étudiant désinvolte et lui fait connaître Barcelone sous ses multiples aspects. Il l'emmène sur des motifs qu'ils peuvent peindre tranquillement pour se faire la main en dehors de l'enseignement de la Llotja. Il l'entraîne dans les cafés des Ramblas, ces avenues où il fait bon marcher dans un sens et dans l'autre, où ils parlent longuement, avec d'autres jeunes gens passionnés, de ce qui préoccupe cette génération critique et pleine d'espérance : les nouvelles voies qui, après l'impressionnisme alors triomphant en Europe, s'ouvrent à l'art, sous l'influence du réalisme nouveau, dont Toulouse-Lautrec est à Paris le héros joyeux, du symbolisme, qui est partout, en art comme en littérature, la nouvelle avant-garde, et de l'expressionnisme dramatique, qui n'en est pas tout à fait disjoint et dont Edvard Munch porte le douloureux flambeau. Pablo, à dire vrai, n'ouvre guère la bouche, mais il écoute, observe. Il est doué d'une excellente mémoire, visuelle surtout, et rien de ce qui vient croiser son regard ne se perd. Il fait peu à peu provision d'idées, lit quelques livres, acquiert des notions de catalan. Il appartient désormais à un autre monde que celui de sa famille et de l'art conventionnel pratiqué et enseigné par son père et les professeurs de La Corogne. Il est l'étudiant d'une formidable université libre, où tout converge pour l'aider à affirmer sa personnalité. La formation qu'il y reçoit est d'autant plus complète que Pallarès l'introduit à des lieux plus secrets où normalement son âge ne lui permettrait pas d'entrer : les bordels du Barrio Chino où le jeune garçon s'avère peu intimidé. Ils vont aussi à l'Eden Concert, un cabaret où paraissent sur scène de belles artistes, et au Tivoli-Circo Ecuestre, où ils admirent une séduisante écuyère, Rosita del Oro, dont ils font connaissance par l'intermédiaire d'autres gais étudiants et dont Pablo sera pendant plusieurs années un des amants.

La tête ne lui tourne pas pour autant. Il n'y a là rien de la débauche dans laquelle s'égarent d'autres jeunes gens et si ses parents, incapables de lui imposer une discipline qu'il n'accepterait pas, sont en droit de s'inquiéter de le voir ainsi leur échapper, ils peuvent au moins se rassurer et constater que, loin de se perdre dans les nuits de Barcelone, il est un étudiant d'art consciencieux, qui garde toujours son acharnement au travail. Son esprit s'ouvre et ses sens s'épanouissent en même temps que son caractère s'affermit et il accepte volontiers l'aide que son père peut lui apporter. José, toujours préoccupé par la carrière de ce fils qui doit le consoler de son propre ratage, décide que Pablo est à même de se présenter à l'Exposition des beaux-arts et industries artistiques, qui doit avoir lieu au printemps 1896, à condition toutefois qu'il se consacre à un sujet digne d'une telle manifestation. Avec la complicité d'un autre professeur de la Llotja, il met son poulain sur la ligne de départ : José Garnelo Alda permet à Pablo de travailler dans son atelier. Là, sur un grand tableau, le jeune garçon brosse la scène de *La Première Communion*. Devant l'autel, la communiante, en robe blanche, est agenouillée sur un prie-Dieu, ses parents derrière elle, tandis qu'un enfant de chœur, l'air distrait, déplace un vase fleuri. Lola a posé pour son frère, mais pas ses parents, qui ont laissé leur place à d'autres modèles complices. L'exposition de ce tableau entraîne la commande de deux peintures pour un couvent local, des copies de Murillo, le grand héros de la peinture catholique et larmoyante espagnole. José Ruiz y Blasco peut bien alors espérer que son fils fasse carrière dans la peinture religieuse. Pourtant, rien n'indique, au contraire, que Pablo ait peint cela (et d'autres sujets de l'imagerie chrétienne) avec quelque conviction. Il ne lui importait que de peindre et, puisque la religion semblait ouvrir une voie tactique, il n'avait aucune raison de ne pas y voir une opportunité. Ses idées en peinture n'étaient pas encore assez claires pour que, dédaignant l'horizon désigné par son père, il s'aventure de manière plus personnelle, plus originale, à l'écart d'un tel art académique. Peignant des paysages, quelques mois plus tard, à Malaga, il saura faire preuve de plus de spontanéité, d'une sensibilité plus moderne.

À l'automne 1896, la famille déménage et Pablo dispose, hors du domicile paternel, d'un atelier qu'il partage avec Pallarès, avec mission de peindre un autre grand tableau de genre, en vue de la prochaine Exposition des beaux-arts de Madrid. La toile, à laquelle il se consacre pendant plusieurs mois, est démesurée pour les dimensions de la pièce qui lui sert d'atelier et la composition conçue, semble-t-il, par son père, qui lui a donné le titre pompeux de *Science et charité*, bien conventionnelle. Une mendiante qui pose pour le personnage de la malade s'allonge sur un lit étroit. José fait le médecin (la Science) qui lui prend le pouls. Un garçon vêtu d'un habit de religieuse prêté par une amie de la famille incarne la Charité. Il n'y a dans la peinture guère d'émotion, non plus que de richesse allégorique, rien qu'un ennuyeux tableau de salon, dont le seul intérêt est d'avoir été réalisé par un garçon de quinze ans, qui a su tenir bon contre son père, en peignant une toile aux touches de couleur voyantes. Ce miroir au mur, à la place du crucifix qui normalement devrait veiller sur la somnolente héroïne de cette scène, ne constitue-t-il pas d'évidence une marque d'insolence ?

Science et charité est accepté par le jury de Madrid, dont est membre Antonio Muñoz Degrain (dit couramment *Degrain*), un vieil ami de José Ruiz. Le tableau obtient une mention avant même d'être présenté à l'Exposition provinciale de Malaga, où une médaille d'or le distingue, ce qui incite le peintre Martinez de la Vega à baptiser Pablo au champagne, pour signifier publiquement à ce très jeune artiste son admission dans la communauté des peintres. Le tableau, qui n'a pas trouvé d'acheteur, est offert en cadeau de mariage à l'oncle Salvador qui, veuf, convole avec une héritière plus nantie que gracieuse. Ce geste ne manque pas d'arrière-pensée : José compte sur son frère pour l'aider à financer une installation de Pablo à Madrid, où il espère le faire entrer à l'académie San Fernando. Mais Salvador, que son mariage semble avoir rendu plus prudent, ou moins généreux, n'accepte que du bout des lèvres de participer à une caisse à laquelle contribuent d'autres membres de la famille, et le budget nécessaire aux études madrilènes n'est que difficilement bouclé. Peut-être aussi que cet homme très pieux n'est d'autre part nullement dupe du tour que prend l'évolution de son neveu, même si celui-ci, le temps d'un été, a semblé faire la cour à sa cousine Carmen.

Toujours est-il que Pablo, en octobre 1897, après avoir récupéré ses affaires laissées à Barcelone, part fêter ses seize ans à Madrid et seul, livré à lui-même, délivré du regard paternel si pesant. Degrain, véritable espion à la solde de José, lui rend régulièrement compte du comportement de son fils, et finit par lui révéler que le jeune homme n'est pas l'étudiant appliqué qu'ils espéraient. En effet, Pablo, nullement ébloui par Madrid, n'y trouve pas l'ambiance dynamique et chaleureuse dans laquelle il a pu s'éveiller à Barcelone. L'académie San Fernando ronronne dans un académisme qui ne voit rien de ce qui se passe ailleurs dans le monde de l'art et Degrain est un professeur aussi ennuyeux que José Ruiz. Pablo se rend à ses cours sans plaisir, et finit par y aller de moins en moins, comprenant vite qu'il n'a rien à en attendre, si ce n'est pour profiter d'une belle collection de tableaux et de dessins de Goya, qui l'impressionnent, qu'il étudie de près et qu'il copie, comme il le fait aussi au Prado, dans une sorte de transe créatrice. À l'Escurial également, il peut admirer des œuvres de grands maîtres, s'avancer dans l'histoire de la peinture espagnole. Un voyage à Tolède, en équipée estudiantine, menée par un des enseignants de l'Académie, le met en présence du Greco et de *L'Enterrement du comte d'Orgaz*, qu'il copie comme ses camarades, mais en donnant ironiquement aux personnages assemblés devant la dépouille du comte le visage de professeurs de San Fernando pour lesquels il n'a aucune estime.

Pablo regrette de n'avoir pas été envoyé dans un foyer artistique plus vivant, à Munich, par exemple, où il semble que, Art nouveau et *Jugendstil* aidant, l'art moderne s'ouvre un avenir moins convenu. Il est surtout plus que jamais convaincu de ne devoir rien attendre que de lui-même, d'avoir à tracer seul son chemin, donc à travailler, affiner sa vision, approfondir son expérience. C'est ce qu'il fait au Cercle des beaux-arts, une institution plus libre que l'Académie des beaux-arts, où le modèle vivant a plus d'importance que les plâtres poussiéreux et où posent des jeunes femmes nues.

Ce qu'il fait aussi dans les rues, ou devant des paysages de campagne. Malheureusement, l'allocation familiale l'oblige à mesurer ses dépenses, surtout après que l'oncle Salvador, alerté par le témoignage de Degrain, a décidé de ne plus y participer. Mal logé, pauvre, connaissant même la faim et le froid, Pablo, qui pourtant ne demande qu'à vivre et à travailler intensément, broie du noir. D'autant plus qu'il manque, en art, de certitudes. Non qu'il doute de son talent, de ce talent dont il lui suffisait jusqu'alors de faire la démonstration ; mais aucune voie n'est clairement tracée devant lui. Il sait simplement qu'il ne veut pas suivre celle, désuète et désormais stérile, sur laquelle son père et d'autres petits gestionnaires d'un art conventionnel ont tenté de l'engager. Il tâtonne sans savoir où il va, sans s'affirmer en quelque style que ce soit. Pas question dans de telles conditions de peindre un tableau qui pourrait entrer dans la compétition des grandes expositions. Pas question d'aller y chercher des lauriers dérisoires. Pas question, puisque son père n'est pas là pour l'y pousser, de donner une suite à *La Première Communion* et à *Science et charité*. Ce séjour à Madrid serait-il un échec ? Oui, aux yeux de son père et de son oncle Salvador, ses entraîneurs et commanditaires. Oui aussi à ceux de Degrain, qui espérait faire de lui un disciple. Non, en réalité, pour ce qui est de l'évolution de ce peintre si jeune, qui vient d'apprendre tôt que l'art n'est pas une question d'apprentissage contrôlé, mais une aventure totalement solitaire.

Ce qui implique qu'il faille accepter l'idée que rien n'est jamais définitivement donné et qu'il faut moins écouter les conseils des autres que faire confiance à sa propre intuition.

La bohème
de part et d'autre des Pyrénées

Pablo, l'été s'approchant, quitte Madrid après une scarlatine, maladie alors plus dangereuse qu'aujourd'hui, et le voici, au mois de juin 1898, de retour dans sa chère Catalogne. Il a quitté Madrid sans regret et n'a aucune envie d'y revenir. Les écoles des beaux-arts, il en a fait le tour et les professeurs n'ont rien à lui apprendre, si ce n'est la contrainte et le rabâchage des vieilles recettes. L'effervescence de Barcelone, à défaut de celle de Munich ou de Paris, lui sera plus profitable. Ses parents ne trouvent rien à redire à ce qui, moins qu'un désir, est une volonté : Maria ne contredit jamais ce fils en qui elle a une confiance totale et José ne peut que s'incliner devant la fermeté de ce jeune homme, son fils et son élève. Il le sait, Pablo n'accepte aucune loi qu'il ne fait pas sienne et il est inutile désormais d'essayer de s'opposer à lui. Avec ce fils, qui lui a échappé, il ne peut que tenter un pari sur l'avenir, et espérer que son immense talent le tiendra au-dessus du lot. Que son fils ne se contente pas comme lui-même de peindre des pigeons n'est pas si mauvais signe ; il n'a que seize ans, et la raison a encore le temps de le ramener à elle. L'épreuve que constitue cette année passée seul à Madrid semble lui avoir beaucoup appris, lui avoir donné une maturité nouvelle et si, sur le plan des études à San Fernando, elle s'est soldée par un échec, elle lui a au moins enseigné que le chemin de l'art n'est pas une ligne droite mais un parcours labyrinthique semé d'embûches. Au fond, José a fait tout ce qu'il a pu pour mettre son fils dans la bonne direction, avec les meilleures armes possibles. Âgé de soixante ans, l'histoire lui échappe, doit lui échapper...

Pablo, pour se refaire une santé, plutôt que de s'attarder à Barcelone, part pour Horta de San Juan (ou Horta del Ebro), le village de montagne où son ami Manuel Pallarès a préféré se retirer avec toute sa famille afin d'éviter tout risque de conscription. Nous sommes en 1898, l'Espagne vient d'entrer en guerre avec les États-Unis, qui soutiennent la lutte d'indépendance de l'île de Cuba. Horta, c'est le bout du monde, un village des Hautes Terres qu'on n'atteint, à la descente du train, qu'au prix d'une marche difficile de quarante kilomètres. Et les voici tous deux, héros venus de la ville et adonnés à cette étrange occupation qu'est la peinture, accueillis chaleureusement puisqu'ils ne font pas les fiers et vivent à l'unisson de ces paysans pour lesquels le monde se réduit à quelques montagnes, et dont toute l'énergie se concentre, sans discours, dans les travaux de la ferme, quitte à s'exalter en de nombreuses fêtes plus ou moins religieuses. À Horta, Pablo découvre la vie de la campagne, s'initie aux champs, aux animaux, à la vie secrète des oliviers. Il apprécie la beauté dure du paysage et la simplicité franche des rapports entre les hommes dans cette communauté villageoise où la solidarité n'est pas un vain mot. Ce garçon de la ville, qui n'a aucun goût par la sophistication des mœurs urbaines, se sent là parfaitement à l'aise et se fait accepter par les paysans avec lesquels il a plaisir à parler catalan, cette langue qui n'est pas la sienne, qu'il a vite apprise en deux ans passés à Barcelone, mais peu pratiquée à Madrid.

Pas question pour autant d'oublier qu'on est artiste. Manuel et Pablo partent en expédition, chargés de provisions et de matériel pour peindre. Un jeune frère du Catalan les accompagne pour les aider à porter leur barda ; ensuite il leur servira d'agent de liaison avec le village. Ils montent au còl del Maestrat par des pentes difficiles et Pablo manque de peu de chuter au fond d'une gorge. Manuel, vif comme un chamois, est là pour éviter le drame. Les fermiers haut perchés du Mas del Quinquet, dont la solide bâtisse est un de leurs motifs, leur fournissent de la nourriture et les deux Robinsons des Pyrénées, qui ont fait monter jusqu'à eux de la toile et des châssis, tentent de mettre leur aventure en peinture avec tout le panache qu'elle mérite. Manuel peint des *Bûcherons* et Pablo une *Idylle*, qui devraient leur permettre, à leur retour à Barcelone, de montrer de quoi ils sont capables. Mais la nature ne leur accorde pas sa complicité et un orage, qui inonde la grotte leur servant de refuge, d'un coup de vent anéantit leurs efforts, détruit leurs tableaux et les oblige à se replier au village. Toutefois, cela ne met pas fin au séjour et les deux amis restent à Horta, peignant encore, mais faisant aussi les paysans pour mériter leur pain, jusqu'au mois de février 1899. Pablo veut tout de même revenir chez lui en prouvant qu'il n'a pas perdu son temps et c'est une grande toile connue sous le titre de *Bûcherons aragonais* (depuis lors disparue) qu'il rapporte et soumet à l'œil critique de son père. De la vision inattendue d'une autopsie réalisée par un médecin assisté du garde champêtre chargé de scier le crâne d'une petite fille tuée par la foudre, il n'a pas jugé bon de faire un tableau : sa curiosité, mise à mal par un haut-le-cœur, n'a pas tenu jusqu'à la fin de l'opération !

Il ne retourne pas à la Llotja, à laquelle il préfère le Cercle artistique, un atelier libre, où l'on n'est pas soumis à la férule de quelques professeurs, non plus que tendu vers l'obtention d'un diplôme. Don José se fait une raison, d'autant mieux qu'il a l'occasion de montrer, lors d'un voyage à Madrid, des dessins de son fils à Degrain, qui les apprécie. En revanche, Pablo retrouve ses bordels préférés et aussi, semble-t-il, l'écuyère Rosita del Oro. Tandis que Pallarès, lui, est resté à Horta, le peintre Santiago Cardona met à sa disposition une petite pièce dans laquelle il peint des tableaux fort éloignés de l'académisme paternel et s'inscrivant avec assurance dans le courant du modernisme qui, en deux ans, a pris à Barcelone une nouvelle vigueur. Il y a moins d'une dizaine d'années que les peintres

Santiago Rusiñol, Ramón Casas et Miquel Utrillo ont découvert Montmartre, où Utrillo a donné son nom au fils de père inconnu de sa maîtresse, Suzanne Valadon. Ils ont rapporté à Barcelone un peu de l'esprit bohème et contestataire en vigueur à Paris, alors sous l'influence de Toulouse-Lautrec, de Steinlen, du nouvel art de l'affiche et de l'essor de l'illustration sociale. Ce fut un coup de vent frais dans la nostalgie romane de la génération précédente, laquelle, tout en se voulant fièrement catalane, avaient compris que l'art moderne devait être peu soucieux de restrictions géographiques et qu'il fallait en prendre l'esprit comme il soufflait, et là où il soufflait. Plus dynamiques que grands artistes, et peu cohérents dans leur recherche d'un style nouveau, ils avaient secoué par leur insolence le milieu artistique de Barcelone. De sa villa du Crau Ferrat, à Sitges, qu'il avait transformée en musée et galerie, Rusiñol avait fait un foyer d'où rayonnait l'esprit moderne et c'était dans ce charmant petit port voisin de Barcelone qu'il avait organisé, plusieurs années durant, un festival pluridisciplinaire, la Festa Modernista, dans lequel théâtre et musique étaient joints aux arts plastiques. Pour lui, la raison n'était pas le nerf de l'art qui, par souci de vérité, ne devait pas craindre l'inconnu, l'anormal, l'extraordinaire, ni même le scandaleux. Et peu importe qu'on les ait traités, lui et ses amis, de décadents ou de fous. Pablo, attentif, curieux, avide d'impressions nouvelles, n'ignore rien du travail de ces aînés, qu'il enregistre, absorbe, analyse, imite en des dessins et des tableaux qui, en nette rupture avec le léché traditionnel, cultivent le trait fort cernant les formes. Le fusain lui permet de trouver immédiatement cette expression, cette évidence des signes, qui caractérisent l'art de l'illustration pratiqué avec talent par Toulouse-Lautrec et Steinlen.

À Barcelone, un cabaret s'est ouvert, le 12 juin 1897, sur le modèle du Chat noir parisien et sous l'impulsion de Miquel Utrillo. S'y retrouvent les jeunes gens qui sont décidés à aider le futur XXe siècle à rompre avec celui qui le précède. C'est Els Quatre Gats (où nous disons qu'il n'y aura pas un chat, les Catalans disent qu'il y en aura quatre), installé dans la Casa Marti, une construction néo-gothique du vieux quartier. Pere Romeu, qui lui aussi est passé par Montmartre, est le tenancier, l'animateur de ce lieu étrange, qui se fait salle d'exposition, théâtre de marionnettes et d'ombres chinoises, lieu de réunion de la société Wagner et dans lequel se retrouvent, chope de bière en main, artistes et écrivains de l'avant-garde. Rusiñol, Casas et Utrillo y sont chez eux et là Pablo s'ouvre les yeux et l'esprit à un art plus vivant que celui qu'on enseigne dans les écoles.

De nouveaux amis l'accompagnent dans cette aventure de ses dix-sept ans : les frères Angel et Mateu Fernandez de Soto, l'un noceur généreux et l'autre plutôt austère ; Jaume Sabartès (ou Jaime en castillan), qui malgré une prévention bien catalane contre les Andalous est subjugué par Pablo dès leur première rencontre ; Carles (ou Carlos)

41

Casagemas, qui, à dix-huit ans, est féru d'anar-
chisme, d'alcool et de morphine, qui est un bon
caricaturiste et qui patauge dans une poésie fin-
de-siècle au symbolisme attardé. Casagemas et Ruiz
Picasso sont alors inséparables et ce dernier, bien
que peu porté sur l'excès de stimulants ou d'anal-
gésiques troubleurs d'esprits, prend sa part de
l'humeur morbide de son ami et dessine des enfants malades (en souvenir sans doute de sa petite
sœur Conchita et en écho à *Science et charité*), ou
peint des mourants auprès desquels veille quelqu'un
ou joue un violoniste. Une mélancolie quelque peu
ténébreuse n'est-elle pas alors dans l'air du temps ?
Une des œuvres nées de cette veine, *Les Derniers
Moments*, est accrochée, en juin 1899, à Malaga,
dans une exposition du Liceo, un club artistique
plus libéral que la Llotja, où elle est accompagnée
de *Bûcherons aragonais*, tableau qui a déjà obtenu,
comme avant lui *Science et charité*, une mention
honorable à l'Exposition générale des beaux-arts
de Madrid. Retourné dans sa ville natale, en laquelle il a entraîné son ami Casagemas, Pablo en
profite pour rompre avec sa cousine Carmen. Ce
n'est pas pour lui le moment de prendre une charge
familiale et la vie des cabarets et des bordels est
plus propice qu'un foyer conjugal à qui est, non
sans prendre exemple sur Toulouse-Lautrec, bien
décidé à être un peintre moderne.

Comme le nabot génial de Montmartre, il sait
qu'une affiche peut bien valoir un grand tableau
de Salon et, puisque la revue *Pel y Plomà* lance un
concours, sur le thème du carnaval, pour célébrer

le passage d'un siècle à un autre, il y prend part. Il ne remporte pas la victoire, mais démontre qu'il a le sens de l'image claire et porteuse d'un message direct, à l'opposé des finesses du clair-obscur qui font la belle peinture traditionnelle. Mieux, il convainc ses aînés d'Els Quatre Gats de lui offrir une exposition personnelle, qui lui permet, en février 1900, de bien augurer du nouveau siècle. Il y montre une série de plus d'une centaine de portraits, au fusain rehaussé ou non de couleur, de quelques figures de la bohème locale ; c'est assez pour qu'Utrillo surnomme « le petit Goya » ce cadet qu'il voit dessiner à tout va, assis au cabaret, ou au pied levé dans la rue. Des visages et des attitudes de ces jeunes messieurs, qui affichent une élégance nonchalante, se dégage une atmosphère de mélancolie. On peut penser qu'elle est un juste témoignage de l'esprit du temps, mais qu'elle traduit aussi l'humeur d'un artiste encore à la recherche de lui-même et qui partage la vie ondoyante de ses modèles, toutefois sans se fondre avec eux dans l'ambiance délétère de cette bohème plus désabusée que se projetant avec optimisme dans le nouveau siècle.

Celui qui signe encore *P. Ruiz Picasso* est, quels que soient ses amitiés et son besoin ardent d'être amicalement, passionnément admiré et soutenu, un solitaire. Il sait ne pouvoir se fier qu'à son intuition, son désir, sa volonté. Il est sûr de son talent. Il connaît sa force. Toutefois, il ne sait pas où il va, où la peinture l'entraîne et cela, il ne le saura, il en est conscient, qu'au terme d'un travail acharné. La critique est réservée, désarmée par un trait qu'elle trouve trop désinvolte, mais quelques ventes « mettent du baume au porte-monnaie dégarni » de l'artiste qui a tout lieu de se réjouir, alors qu'il vient de décrocher ses dessins, en apprenant que *Les Derniers Moments* fera partie de la sélection espagnole à l'Exposition universelle devant se tenir bientôt à Paris, la Centennale. À dix-neuf ans, le voici donc peintre reconnu et personnage patenté de l'avant-garde barcelonaise, aux côtés d'autres jeunes artistes (mais plus âgés que lui et plus connus) assidus aux Quatre Gats : Ricard Canals, Joaquim Mir, Isidre Nonell, Ramon Pichot, Ramon Reventos, Manuel Pallarès aussi, qui vient de rentrer d'Horta.

Après avoir transporté chevalet et pinceaux d'un endroit à l'autre de Barcelone en fonction de l'accueil qu'il a reçu ici ou là, il partage maintenant un atelier avec Casagemas. Il y a peint sur les murs les meubles et les richesses qu'ils n'ont pas. Sans doute rasséréné par son relatif succès, il se dégage de l'art ténébreux dans lequel il vient de s'illustrer : profitant de l'éveil du printemps et de l'ouverture de la saison des corridas, il s'adonne à la couleur, à la lumière éclatante, avec un nouvel entrain.

Toujours enclin à penser que l'Espagne n'est pas le meilleur lieu où se livrer à l'art moderne, et lucide quant aux limites du milieu artistique de Barcelone, il caresse l'idée d'un voyage à Paris, qu'il ferait avec Casagemas. Il lui faut aller voir de quoi vit l'art au pays où ont peint Cézanne, Puvis de Chavannes, Van Gogh, Gauguin, Toulouse-Lautrec. Il ne peut se contenter des comptes rendus, des anecdotes, des vantardises de ceux de ses confrères qui y ont vécu et peint quelque temps. Là-bas, a-t-il entendu dire, la peinture d'inspiration espagnole, chevelures brunes, mantilles et « toréadors » à la Bizet (ce qu'on nomme alors des « espagnolades »), ne manque pas d'amateurs qui pourraient lui procurer les revenus nécessaire au séjour. Il a l'occasion de montrer quelques œuvres de cette nouvelle manière à Els Quatre Gats, au mois de juillet, mais l'argent rentre peu et l'effort qu'il fait pour placer des illustrations dans des journaux ou pour s'imposer comme créateur d'affiches ne rencontre guère plus de succès. Les parents Ruiz et les parents Casagemas, non sans se faire prier, se laissent enfin attendrir et les deux amis, vêtus l'un et l'autre d'un costume tout neuf en velours noir, peuvent prendre le train pour Paris, où les rejoindra bientôt Pallarès, dès qu'il aura terminé les peintures qu'il lui faut brosser dans l'église d'Horta. Pablo, avant de quitter Barcelone, a fait un autoportrait qu'il a légendé, avec une belle assurance, « *Yo el rey* » (« Moi le roi »).

Voici les deux amis en octobre 1900 à Montmartre, rue Gabrielle, dans l'atelier que Nonell a libéré en retournant à Barcelone, y laissant son mobilier, dont un bidet, ustensile très parisien qui les étonne, mais dont ils comprendront bientôt l'utilité. Ils vont à l'Exposition universelle et Pablo n'est pas peu fier d'y voir son tableau *Derniers moments* parmi les œuvres qui représentent l'art espagnol, mais cette grande manifestation du nouveau siècle est surtout pour lui l'occasion de visiter l'éblouissante exposition d'art français organisée à cette occasion et qui montre une belle sélection d'œuvres dues aux plus grands artistes du XIXe siècle : David, Delacroix, Ingres, Courbet, les impressionnistes... Il ne manque pas non plus, bien sûr, de se rendre aux musées du Louvre et du Luxembourg, afin d'y voir des tableaux anciens et contemporains qu'il n'a pu jusqu'alors connaître que par des reproductions approximatives.

Pablo et Carles se mettent vite au travail, bien décidés à conquérir Paris et à y peindre des tableaux qui les feront remarquer à un prochain Salon. Ce qui ne les empêche pas, quand décline la lumière du jour, de courir les cabarets. Chaperonnés par Miquel Utrillo et Ramon Pichot, ils retrouvent toute une bande de Catalans qui mènent une vie apparemment si heureuse que Pablo et Carles invitent leurs amis restés en Espagne à les rejoindre dans cette ville où il semble qu'un artiste sérieux puisse gagner correctement sa vie. Ils vont boire, discuter à la taverne Ponset ou au Petit-Pousset et voir des filles dans un bordel de la rue de Londres, mais le Moulin-Rouge et le Moulin de la Galette ont perdu leur âme et ne se soucient plus, comme la plupart des officines nocturnes du boulevard de Clichy, que de faire de l'argent. Dommage qu'il n'y ait pas ici un Els Quatre Gats ! Leur entrain artistique est stimulé par la présence dans les parages de trois modèles peu farouches qui ont posé (et peut-être plus) pour Nonell et qui leur offrent leurs services : Germaine, Antoinette et Odette. Celle-ci ne résiste pas au charme de Pablo, tandis que Carles devient amoureux fou de Germaine qui, peu douée pour la fidélité, refuse d'autant moins d'autres amants qu'il n'est pas capable de l'honorer avec efficacité ! Antoinette, elle, doit attendre l'arrivée de Pallarès, quelques jours plus tard, pour avoir un compagnon et c'est ainsi que s'instaure, dans l'atelier de la rue Gabrielle, une vie communautaire des plus animées mais néanmoins très organisée, sous l'autorité de Manuel (Carles en étant le principal financier), afin qu'aucun des trois compagnons n'oublie qu'il est ici, d'abord, pour travailler. Pablo, qui moins que les autres se laisse tourner la tête, ne perd jamais de vue un instant que son avenir de peintre est en jeu, et que la bohème est souvent mère de la paresse, sinon d'un enlisement dans l'alcool, la misère, la débauche. Il a la chance d'être d'emblée encouragé par une sorte de courtier spécialisé dans la jeune peinture espagnole : Pere Manyac (ou Manach), qui a bon œil et bonne intuition. Ce dernier, séduit par ses espagnolades, prend trois pastels en dépôt. Il les vend très vite à la courageuse marchande Berthe Weill, qui vient d'ouvrir une galerie près de la place Pigalle. Dans la foulée, il offre à son nouveau protégé un contrat en vertu duquel il lui versera cent cinquante francs par mois.

Pablo, rasséréné, décide d'affronter un sujet des plus difficiles puisqu'il va devoir rivaliser avec

Renoir et Toulouse-Lautrec : le Moulin de la Galette. En tant que client, il le trouve surfait, mais, comme peintre, il voit là l'occasion de saisir une gageure : montrer qu'il a sa propre vision, son propre style. Il y parvient, dans un jeu fortement contrasté d'ombre et de lumière, à l'opposé de la clarté impressionniste et avec une longue touche qui traduit, à l'huile, la langueur du pastel. Berthe Weill parvient à vendre sans tarder ce tableau, le premier Picasso à entrer dans une collection française, celle du Toulousain Arthur Huc, l'éditeur de *La Dépêche de Toulouse*. Maintenant, Pablo, peintre à Montmartre de sujets montmartrois, signe le plus souvent *P. R. Picasso* plutôt que *Pablo Ruiz Picasso*, laissant ainsi tomber son patronyme, comme pour couper tout lien artistique avec don José.

Tout irait bien si Casagemas n'était pas toujours d'humeur aussi sombre, et cela d'autant plus qu'il est incapable de mettre en pratique sa passion pour Germaine, laquelle ne saurait se satisfaire de beaux sentiments. Il a besoin de se changer les idées et Pablo, qui a promis à ses parents de passer Noël avec eux, l'emmène avec lui à Barcelone, puis à Malaga, où il lui faut régler la question de son service militaire. Il a dix-neuf ans et, s'il ne veut pas perdre son temps sous le drapeau espagnol, il lui faut verser une somme de mille deux cents pesetas, ce qu'il est bien incapable de faire, à moins que l'oncle Salvador ne vienne à son secours. Il s'y prend mal, fait trop la fête avec Casagemas (et cela se sait !), se montre trop peu enclin à « se ranger ». Comment l'oncle ne penserait-il pas alors que le service militaire pourrait lui faire du bien ? Il doit absolument se séparer de Casagemas, dont la présence commence à lui peser. Tandis que ce dernier part pour Barcelone, Pablo se rend à Madrid, où un de ses anciens compagnons d'Els Quatre Gats, Francisco de Asis Soler, l'a invité à le rejoindre afin qu'il collabore avec lui à la nouvelle revue *Arte Joven*. Soler est catalan, mais aucunement militant de la Catalogne, non plus que de la langue catalane. Il écrit en castillan, sans mauvaise conscience et, puisque c'est à Madrid que s'est installée sa famille, y faisant fortune avec les royalties d'une ceinture abdominale électrique, c'est à Madrid qu'il crée sa revue. Le castillan est aussi la langue maternelle de Pablo et revenir le parler à Madrid n'est pas pour lui déplaire après tant de temps passé à parler catalan (beaucoup) et français (un peu). S'il ne garde pas de son précédent et premier séjour dans la capitale espagnole un très bon souvenir, les conditions à présent sont différentes : il n'y vient plus en étudiant pauvre issu d'une école archaïque, mais en artiste qui gagne sa vie, et avec le désir de franchir une nouvelle étape dans sa carrière.

L'ennui, c'est qu'il n'aime pas les contraintes. N'être que deux pour éditer ainsi une revue ambitieuse qui veut devenir un pont entre Madrid et Barcelone, c'est devoir lui consacrer beaucoup de temps et d'énergie et cela oblige à se préoccuper d'autre chose que de sa vie intérieure et de son

49

projet artistique. Aussi Pablo comprend-il vite qu'une telle situation ne saurait durer longtemps et que, s'il veut continuer d'avancer comme il l'a fait à Paris, il lui faudra vite s'organiser autrement. Non, il ne s'agit pas pour lui de se faire une situation comme illustrateur, éditeur, directeur artistique d'une revue : ce qu'il veut c'est peindre et peindre plus avant encore, débroussaillant la voie qui doit le mener vers un art vraiment *nouveau* et qui ne serait *qu'à lui*. Le problème n'est pas d'être moderne à tout prix, et toujours plus moderne, mais d'être intensément soi-même, unique et formidable. Au moins profite-t-il de sa présence à Madrid pour visiter de nouveau le Prado et aller étudier de près le Greco à Tolède.

La nouvelle, brutale, dramatique, qui lui vient de la bohème à l'égard de laquelle il vient de prendre ses distances, le bouleverse : Carles Casagemas, qu'il a quitté il y a à peine plus d'un mois au port de Malaga, vient de se donner la mort, le 17 février 1901, et d'une manière particulièrement spectaculaire. Revenu à Paris, il y a retrouvé Germaine, auprès de laquelle il a repris sa cour insistante, voulant l'épouser (alors qu'elle a encore un mari légal), bien qu'incapable de satisfaire sexuellement cette femme au tempérament généreux et peu soucieuse de se ranger. La scène s'est passée à Montmartre, dans un restaurant où il avait convié la belle et quelques amis, dont Pallarès, à un dîner d'adieu : puisque Germaine ne voulait pas de lui, il allait retourner à Barcelone. Mais le départ de l'amoureux dépité avait une autre destination :

soudain, tirant un revolver de la poche de sa veste, il a fait feu sur la jeune femme, qui ne fut épargnée que grâce à un réflexe prompt de Pallarès, puis il a retourné l'arme contre lui.

Pablo est très affecté par le suicide d'un ami dont il a été si proche et dont il a suivi de près la descente aux enfers. Toutefois, le drame n'a d'abord aucun effet apparent sur sa peinture. Les tableaux qu'il peint alors profitent de l'élan qu'il a pris à Paris et font se rejoindre avec une fière assurance Goya et Toulouse-Lautrec, le premier dans une magistrale *Femme en bleu*, le second dans une *Danseuse naine* à la touche post-impressionniste.

L'aventure d'*Arte Joven* ne dure que quelques mois. La revue, qui voulait être l'organe de l'avant-garde littéraire et artistique, est certes estimée mais croule sous les problèmes financiers. Au mois de juin, elle doit interrompre sa parution. Avant même que ne paraisse le dernier numéro, Pablo part pour Barcelone, où il retrouvera ses amis d'Els Quatre Gats et une vie plus chaleureuse que celle, un peu trop compassée, de Madrid, où même l'avant-garde a du mal à sortir de sa torpeur. Il doit surtout répondre à l'invitation de Miquel Utrillo qui veut organiser, dans la prestigieuse Sala Parès, une exposition réunissant Picasso et Casas, mettant ainsi le jeune peintre à égalité avec un aîné à la réputation établie. *Picasso...* Oui, c'est désormais ainsi qu'il signe ses tableaux, sans plus de prénom ni même de *R.* en initiale du nom paternel précédant le nom de la mère.

Picasso a vingt ans et il est reconnu par ses pairs comme un espoir de la peinture espagnole. Cependant, la reconnaissance obtenue à Barcelone ne vaut pas celle qu'il est, peut-il espérer, en passe d'acquérir à Paris, où Manyac, qui lui verse une mensualité sans recevoir grand-chose en échange, vient d'obtenir du marchand Ambroise Vollard qu'il l'expose. Vollard n'a qu'une petite galerie, rue Laffitte, mais il a un œil sûr et assez d'entregent pour gagner la confiance de quelques bons artistes et de collectionneurs importants. Il a déjà exposé Cézanne, Degas et Renoir. Aussi, sans même attendre le vernissage de la Sala Parès, Picasso, chargé de peintures et de dessins, prend le train pour Paris, où il s'installe, boulevard de Clichy, dans l'atelier qu'avait occupé Casagemas avant sa mort et qu'avait repris Pallarès avant de repartir pour Horta. Il se met au travail aussitôt, car il lui faut vite avoir assez de tableaux à fournir à Manyac, avec lequel, d'ailleurs, il cohabite et qui l'incite à peindre quelques sujets qui n'appartiennent pas à son répertoire afin de mieux séduire les clients de Vollard : des bouquets de fleurs et des courses de chevaux, par exemple. Sur toile ou sur papier, c'est une soixantaine d'œuvres qui sont présentées, fin juin, rue Laffitte ; Picasso y partage les cimaises avec son aîné Francisco de Iturrino, et cela à peine plus d'un mois après l'arrivée de leur auteur à Paris.

Certaines toiles souffrent de la hâte avec laquelle elles ont été brossées, mais l'ensemble témoigne d'une belle assurance plastique autant dans la composition que dans la touche épaisse, large, allongée et quelques-unes font preuve d'une belle force d'expression en revisitant le thème pourtant déjà éculé du french cancan. L'écrivain Gustave Coquiot a été sollicité pour écrire un texte de présentation du jeune artiste, qui peut ainsi lire dans un journal, avant même l'ouverture de l'exposition, l'éloge de son talent. Le voici promu peintre de la femme moderne, libre, sensuelle, charnelle, troublante, dangereuse, fascinante. Un autre amateur d'art, Félicien Fagus, dans *La Revue blanche*, va plus loin que la reconnaissance du thème dominant de cet ensemble d'œuvres et affirme que ce qui fait la force de Picasso, bien qu'il n'ait pas encore forgé son style personnel, c'est sa capacité à absorber des influences multiples, son impétuosité et sa « brillante virilité ». Enfin, un écho plus que favorable de l'exposition parvient en Catalogne grâce à Pere Coll, qui en rend compte dans *La Veu de Catalunya*. Aucun de ses défenseurs n'est dupe, Picasso n'a pas encore atteint sa maturité mais, vu son âge, rien n'est plus normal, et il paraît certain qu'il a devant lui un avenir hors du commun. Et comme Vollard vend plus de la moitié des œuvres exposées, dont certaines à de grands collectionneurs, Picasso peut être satisfait. Serait-il le nouveau spécialiste de l'imagerie de café-concert ? La suite de Toulouse-Lautrec est à prendre et le public reste friand d'images de femmes délurées. Le journal *Frou-Frou* publie quelques dessins de ce jeune peintre qui pourrait assurer la relève et Coquiot lui commande une série de portraits de chanteuses, danseuses et demi-mondaines. Plusieurs projets d'affiches requièrent aussi son attention, sans toutefois aboutir, les commanditaires n'étant pas convaincus par ce qu'il leur propose. C'est qu'il ne parvient pas à travailler à la demande, qu'il n'est à l'aise que dans la totale liberté. Il lui faut être seul à décider des sujets qu'il traite et de la façon dont il les traite.

La liberté, Picasso la cultive autant en amour qu'en peinture et, délaissant l'Odette de son précédent séjour, il enlève Germaine, la rescapée du coup de feu de Casagemas au sculpteur Manolo (Manuel Martinez i Hugué), qui était présent le soir du drame et qui avait su être avec elle plus efficace que le suicidé du mois de janvier. Germaine est une bonne fille sans arrière-pensée, qui comprend mal pourquoi les choses de l'amour sont pour certains si compliquées. Ni Manolo ni Odette ne prennent cela avec bonne humeur ; lui, furieux contre sa maîtresse et contre cet ami peu délicat, en oublie de faire preuve de la fantaisie que d'ordinaire il pratique allègrement, et harcèle les deux amants. Picasso ne se laisse pas émouvoir pour autant. Il est au-dessus de ces anecdotes amoureuses et, une fois accompli le travail de l'exposition chez Vollard et tournée la page de l'illustration dérisoire, une préoccupation plus grave l'entraîne dans une nouvelle aventure artistique. Loin de la légèreté des jupons troussés sur les scènes des cafés-concerts, il lui faut faire en peinture le deuil de Casagemas. Il l'imagine, le peint mort, plusieurs fois, dans divers tableaux dont un emprunte à Van Gogh, autre suicidé, et dans lequel la flamme énorme d'une bougie explose en rayons tracés en larges touches. Il peint une grande *Veillée funèbre*, et surtout un tableau plus vaste et plus complexe, *L'Enterrement de Casagemas* (ou *Évocation*). On y voit le mort allongé au pied de pleureurs et pleureuses, devant un tombeau, tandis qu'une autre scène se joue au-dessus, dans le ciel : un cheval blanc emporte le mort, auquel s'agrippe une femme nue, dans les nuages, tandis que d'autres nudités aux jambes gainées de bas les regardent s'éloigner. Il y a là du Greco, dans l'élévation de la terre au ciel, mais aussi une composition plutôt désordonnée et un dessin assez grossier, qui cultive une fausse naïveté à laquelle ne sont certainement pas étrangers quelques baigneurs et baigneuses de Cézanne. Un tableau, à dire vrai, qui n'est pas tout à fait réussi, malgré la qualité de l'hommage posthume ainsi rendu à l'ami mort et la belle insolence ironisant sur le thème de la montée au ciel que la peinture religieuse a exalté en *Ascensions* et *Assomptions* multiples.

Cet étonnant tournant de son œuvre, ou plutôt cette parenthèse (mais n'oublions pas qu'il en est encore à se chercher), n'est pas sans rapport avec un nouvel ami qui est entré dans la vie de Picasso, cet homme encore jeune pour qui l'amitié est plus importante que l'amour : Max Jacob. Fils d'un tailleur de Quimper, ce dernier a vingt-cinq ans. Il a tâté de la philosophie, du droit et du journalisme. Il a fréquenté l'académie Jullian, qui est un des endroits de Paris où l'on s'initie aux beaux-arts, et il vit pauvrement, écrivant des poèmes, peignant des gouaches, ne survivant que grâce à d'humbles et divers travaux. C'est surtout un esprit vif, original, non conformiste. Délié de tout académisme, que ce soit en art ou en littérature, il collectionne les images d'Épinal, qui sont loin d'être alors considérées comme des œuvres d'art respectables. Comme il a collaboré à un journal d'art, le malin Manyac n'a pas manqué de faire sa connaissance et de l'inviter à se rendre à l'exposition de son protégé chez Vollard. Là, il a été suffisamment impressionné par ce qu'il a vu pour avoir envie de rencontrer le peintre. Le voici donc arrivant boulevard de Clichy en compagnie de Manyac et aussitôt fasciné par Picasso, à tel point que, au moment de se retirer après avoir contemplé quelques tableaux, et sentant peser sur lui le regard des grands yeux noirs du peintre, il esquisse une révérence ! Ils n'ont guère parlé, Max ne connaissant pas un mot de catalan ni de castillan, et Pablo ne parlant que peu de français, mais cela leur a suffi pour se reconnaître : ils sont de même race, préoccupés par une même recherche exigeante, en quête d'un nouveau langage, d'une nouvelle expression pour leur époque.

C'est le début d'une grande, profonde, réelle amitié. Max, qui a le cœur gros de générosité, admire Pablo, dont il sent qu'il est loin d'avoir donné tout ce qu'il promet ; aussi vient-il à lui sans réserve, pour l'aimer et le servir. Comment Pablo, pour qui l'admiration d'un ami est le meilleur des soutiens, n'en serait-il pas touché ? Max sera son professeur de français, son initiateur à la littérature française, son mentor, son Gimini Cricket, son Sancho Pança. Il lui parlera d'occultisme, d'astrologie, de magie, lui expliquant qu'il n'y a d'art véritable que magique. Ils seront pendant quelque temps inséparables. Au moment où il semble pouvoir s'affirmer comme chroniqueur social, portraitiste réaliste, Picasso, marqué par la mort de Casagemas et encouragé par Max Jacob, s'intériorise, cherche en lui-même des images, se plaît à laisser cours à la rêverie, au symbolisme, à la mélancolie aussi. Il peint des tableaux simples, des figures évidentes fermement cernées, aux couleurs vives, aux larges aplats, un enfant qui serre un pigeon sur son cœur, un Arlequin assis sur la banquette d'un café et plongé dans de lointaines pensées, une femme assise sur une autre banquette, un foulard sur les épaules et l'air renfrogné... Au Bateau-Lavoir, l'étrange bâtisse en bois de la rue de Ravignan où vivent de nombreux artistes, il a fait la connaissance du céramiste basque Paco Durrio, un ami, admirateur et disciple de Gauguin qui garde dans son atelier un ensemble important d'œuvres de différentes techniques que l'artiste exilé sous les Tropiques lui a confiées.

Jaume Sabartès, qui arrive de Barcelone au mois d'octobre 1901, alors que Pablo fête ses vingt ans, en est tout désarmé. Succombant, comme tant d'autres Catalans, au mirage de Paris, il lui a fallu venir y prendre son bain de modernité, s'installant au Quartier latin, cherchant à être, lui le poète, l'âme du groupe des artistes catalans de Paris. Picasso descend de Montmartre pour déjeuner à La Lorraine, ou bien l'y retrouve, le soir. Là, un jour, il observe son ami qui ne l'a pas vu entrer et, de retour dans son atelier, il fait son portrait en jeune homme mélancolique, accoudé, le menton posé dans la paume de la main gauche, l'autre main tenant un grand pot de bière. Un tableau dans lequel domine le bleu, qui est la couleur symbolique, traditionnelle, de la mélancolie, et qu'ont volontiers cultivée les artistes fin-de-siècle des années précédentes. « C'est en pensant que Casagemas était mort que je me suis à peindre en bleu », dira plus tard Pablo à son ami Pierre Daix.

Sensible à la tristesse et à la misère qui sont les compagnes de la bohème, bien que celle-ci se donne des airs désinvoltes, Picasso n'est pas gai. Il regarde autour de lui. Il voit. Il voit tout, et enregistre. Il sait que la vie d'artiste n'est pas une longue promenade dans un jardin fleuri et que le petit succès qu'il a jusqu'alors obtenu ne lui garantit pas des jours faciles. Il cherche ses marques ; il n'est nulle part chez lui, ni à Madrid, ni à Barcelone, ni à Paris (et ne serait pas mieux à Malaga). Il ne parvient pas non plus à se situer en peinture, dans ce cheminement aventureux, ni encore comment s'y accomplir. Il peint son autoportrait, tête claire perchée sur le manteau sombre au col relevé qui l'enveloppe et fait de son buste, jusqu'à la taille, une masse imposante (et cela le grandit !), le visage casqué d'une épaisse chevelure noire, la mèche relevée, portant barbe et moustache — et surtout, en haut du tableau, ces deux yeux ronds et noirs au regard profond, intense, mélancolique, mais d'une mélancolie qui n'est pas fragilité, contrairement à celle de Sabartès. Voici bien l'image d'un homme mûr, déterminé, conscient des obstacles qu'il lui faut encore franchir ; qui ne se satisfait pas de ce qu'il vit, ni du monde dans lequel il vit, mais qui est décidé à faire en sorte de « tirer son épingle du jeu ». Le salut ne sera pour lui ni dans la fuite ni dans la rêverie baudelairienne, qui le plus souvent accompagne la mélancolie. Bien au contraire, Picasso ne cesse d'affronter le réel, qui nourrit sa peinture depuis toujours et qu'il étudie avec attention, précision, qu'il prend à son compte, investit, fixe en images. Mais qu'est-ce que le réel ? À ses yeux : les gens plus que les choses, les hommes et les femmes dans le monde de son temps, les proches et les inconnus, et lui-même enfin un parmi tant d'autres, mais unique, et avec un destin encore à construire.

Picasso vit à Paris, dans l'après-Casagemas, mûri par cette mort et le deuil, qui ravivent le souvenir de Conchita, sa petite sœur, dont il a suivi l'agonie. Il a des amis, des femmes, plusieurs croisés sans doute au hasard des rencontres dans ce Montmartre où règne une indéniable liberté. Germaine, l'amie, n'est plus sa maîtresse attitrée et c'est une certaine Blanche, dont peu de traces nous sont parvenues, qui pendant quelque temps tient ce rôle. Mais rien là d'une passion, d'un grand amour. Il y a surtout la peinture, cette peinture sur laquelle il s'acharne, travailleur décidé, insatisfait de ce qu'il a déjà atteint, engagé dans une conquête dont il ne peut voir le terme, qui sera peut-être sans fin.

Des femmes dansent, chantent, relèvent leurs jupes dans les cafés-concerts. D'autres, dans les maisons closes, se livrent sans vergogne aux jeux et rites du sexe tarifé. Mais elles ont, ces femmes de la bohème, ces femmes de l'ombre, une autre face, moins joyeuse, douloureuse, dramatique, sordide même, celle des malheureuses qui, à Saint-Lazare, la prison de femmes, portent le fardeau d'une maladie vénérienne, que signale le bonnet qui les coiffe. Aristide Bruant les a chantées, Toulouse-Lautrec a eu lui aussi de la sympathie pour elles et Picasso va les voir à son tour. Saint-Lazare, cela se visite, un peu comme un zoo, si on a la complicité du médecin spécialiste des maladies vénériennes, qui a la charge de ces patientes un peu particulières. Et quoi de plus opposé au monde bourgeois dont se retranche la bohème, quoi de plus fascinant pour une génération nourrie de symbolisme post-baudelairien que ces femmes marquées des signes du stupre et de la mort ? Entre l'artiste et la prostituée, ces deux êtres de la marge sociale, il y a une connivence naturelle, quelque chose même d'une fraternité et Picasso, à Saint-Lazare, regarde avec compassion les prisonnières soumises à l'autorité des gardiennes et des nonnes. Il est encore ici l'héritier de Toulouse-Lautrec, mais il fait preuve d'une nouvelle gravité qui doit tantôt au Gauguin portraitiste d'Arles et de Bretagne, tantôt au Greco maître du drapé, jusqu'à confondre madone et putain, ainsi que le remarque John Richardson.

Le succès d'estime de l'exposition chez Vollard est éphémère et, de nouveau, l'argent vient à manquer. Manyac continue à verser de minces émoluments, mais il cessera bientôt, ne renouvellera pas le contrat de Pablo, ou profitera de la situation pour lui prendre toutes ses toiles à un prix dérisoire. D'ailleurs, la cohabitation avec cet homme aussi vénal qu'amical (c'est le prix à payer pour disposer d'un atelier) n'est pas des plus agréables. Picasso ne voit pas se lever sur Montmartre une aube nouvelle et ce n'est pas parce que, avec quelques amis, il nettoie et décore la salle d'un cabaret minable de la rue Ravignan, le Zut, où la bande des Catalans passe d'interminables soirées, qu'il y prend vraiment ses aises. Il y a là trop de paresse, de discussions fumeuses, d'autosatisfaction, et pas assez d'ambition, d'esprit d'aventure. Il n'est pas homme de groupe, de chapelle, d'école. Il sait qu'il lui faut faire son chemin seul et qu'il est déjà loin du lieu où piétinent encore ses compagnons. Il n'est pas buveur comme les autres, et trop hanté par son travail pour se perdre dans les nuits du Zut. Alors il comprend qu'il est dans une impasse, qu'il ne peut rester à Paris dans de telles conditions. Il y est arrivé plein d'espoir ; il en repart déçu, mais non brisé. Il en faut plus pour l'abattre et tant pis s'il doit demander à son père, qui pourtant l'avait mis en garde, de lui envoyer l'argent qui lui permettra de revenir à Barcelone, où il n'a pas d'autre solution que de s'installer de nouveau, en janvier

1902, chez ses parents, mais où il peut travailler dans l'atelier d'Angel de Soto.

L'important, c'est de peindre ; et Picasso, à Barcelone comme à Paris, ne fait plus que ça, peindre. Dans la même veine que les mois précédents, à Montmartre. Toujours obsédé par les pauvresses, les mendiantes, les filles de maisons closes, les mères seules avec leur bébé. Toujours avec du Greco et du Gauguin dans les yeux (et des restes de Toulouse-Lautrec et de Puvis de Chavannes). Et avec du bleu dominant, de plus en plus de bleu, une peinture submergée de bleu. Du bleu de mer et du bleu de ciel. À tel point que, plus tard, les critiques parleront de sa « période bleue ». Du bleu de mélancolie déjà évoqué ? Pas si sûr. Qu'on ne l'imagine pas bayant aux mouettes devant la mer en jeune homme romantique et, s'il a de l'humeur sombre, elle n'a pas cette mollesse du spleen qui rend inactif. Sombre, il a des raisons de l'être : la vie ne lui est pas facile, la peinture lui donne moins la joie de l'accomplissement que le souci d'un questionnement permanent, et l'argent lui manque. Oui, l'argent plus que le succès, parce qu'il ne tient pas à se séparer de ses toiles, parce qu'il s'inquiète moins du jugement des autres que du regard que lui-même pose sur ses œuvres. L'important pour lui, c'est de peindre, avancer dans son œuvre et avec son œuvre ; en étudiant, si le besoin s'en fait sentir, les obstacles qui se posent dans la vie quotidienne.

Barcelone a beau être plus provinciale que Paris, et ses artistes encore englués dans les manières des derniers jours du siècle précédent, Picasso y est chez lui. Au moins peut-il y vivre décemment, choyé par sa mère, avec l'indulgence de son père, et travailler là librement sans avoir à supporter les récriminations d'un Manyac lui reprochant de peindre des œuvres invendables. Il ne manque pas d'amis non plus, retrouvant les habitués d'Els Quatre Gats, partant en mer sur le bateau de Pichot, qui lui aussi est rentré au pays, s'initiant à la sculpture avec Emili Fontbona, prenant le nouveau funiculaire du Tibidabo qui domine Barcelone avec Julio González, as du métal et futur grand sculpteur, enfin reprenant avec Sabartès, arrivé de Paris au printemps, leurs longues discussions.

Music-halls et bordels ne sont pas moins attrayants à Barcelone qu'à Paris et ce grand travailleur, capable d'une concentration totale quand il est dans son atelier, sait aussi se distraire, et travailler en se distrayant, toujours crayonnant, scrutant, enregistrant tout. Hors de la solitude en laquelle il s'enfonce quand il peint, il a besoin d'être entouré, de bavarder, mieux, d'avoir une cour autour de lui. Pourtant se confirme ce qu'il sait depuis longtemps : ce n'est pas de Barcelone qu'il pourra prendre son envol. Le milieu artistique est trop petit, trop fermé sur lui-même, et la ville trop philistine pour qu'un artiste comme lui puisse s'y épanouir. Els Quatre Gats, qui n'est plus tenu par Pere Romeu, n'a plus le charme de sa jeunesse. C'est pour cela qu'il est allé deux fois à Paris, comme les meilleurs des artistes catalans, et qu'il lui faudra y retourner, dès qu'il le pourra. En attendant, avec cet art qu'il a de ne jamais perdre son temps et de faire son miel de tout ce qu'il peut cueillir, il découvre la richesse et l'intensité de l'art traditionnel catalan, alors méconnu. Il a pour guide en cette matière peu accessible le photographe Joal Videl Ventosa, un ancien de la Llotja, qui connaît toutes les églises, toutes les chapelles de la région parce qu'il y photographie les œuvres d'art, afin de constituer un immense catalogue d'images.

La Catalogne est plus que jamais à la recherche d'elle-même pour restaurer son identité étouffée par Madrid. Attisée par les anarchistes, l'agitation est permanente, du moins frémissante quand elle n'explose pas. En février 1902, un mois après le retour de Picasso, une grève générale a éclaté, qui a été sévèrement réprimée par l'armée et s'est soldée par une dizaine de morts et des centaines d'arrestations. La revendication nationaliste catalane se renforce, plongeant dans son histoire pour en rapporter une tradition artistique originale, longtemps occultée. Quelques-uns, tel Joal Videl Ventosa, s'efforçant de la faire connaître, organisent à l'automne 1902 une exposition d'art ancien qui, autour de quelques œuvres de grand prestige signées Greco ou Zurbarán, met en valeur le patrimoine roman et gothique de la région. Pour beaucoup de Catalans c'est une véritable révélation, un élément de fierté. Pour l'Andalou Pablo Picasso, qui est fasciné par la qualité formelle et expressive des sculptures les plus primitives, c'est un choc artistique. Il y a bien là quelque chose de ce qui a hanté Gauguin, dont il vu des tableaux chez Vollard : une profonde sauvagerie de l'art, une intensité magique qui rend dérisoire tout ce qui n'est que de l'ordre de la représentation et de l'image.

Alors qu'il n'a pas l'occasion d'exposer à Barcelone, où rares sont les lieux possibles et restreint le marché, Paris se rappelle à lui. Berthe Weill, qui a montré dans sa boutique de Pigalle, au mois d'avril, un ensemble d'œuvres qui étaient la propriété de Manyac et qui se sont bien vendues, va recommencer en novembre et ce pourrait être l'occasion de traiter directement avec elle en lui proposant quelques-unes de ses dernières œuvres. Ce n'est pas parce qu'il s'est senti deux fois chassé de Paris que Pablo ne va pas y revenir. Au contraire. Un jour, il s'imposera. Un jour, il triomphera. Encore lui faut-il régler le problème fâcheux du service militaire, toujours en suspens. Mais comment trouver la somme qui lui permettrait de rester civil ? Heureusement sa mère, toujours aussi aimante et confiante, ne pense pas comme son père qu'un séjour à l'armée lui donnerait peut-être un meilleur sens des réalités. C'est elle, semble-t-il, qui parvient à convaincre l'oncle Salvador de payer un remplaçant. Son cher fils Pablo peut ainsi prendre le train pour Paris en compagnie de Josep Rocarol et de Julio González. Autre problème : il n'a pas un sou et il lui faut avoir recours à la maigre bourse de Rocarol. González étant parti de son côté et préférant, par fierté, ne pas avoir recours à la bande des Catalans montmartrois, les deux autres trouvent asile dans un hôtel minable de Montparnasse, d'où Picasso part tenter sa chance du côté de Durand-Ruel, le marchand des impressionnistes, qu'il ne séduit pas, puis chez Vollard, qui n'est pas intéressé par sa production récente. Berthe Weill, comme toujours, manque d'argent et ne peut rien pour lui, aussi ne lui reste-t-il qu'à échouer chez le sculpteur Agero qui, malgré l'exiguïté des lieux, l'héberge un temps chez lui. Ils sont à l'étroit dans cette pièce sombre, mais Picasso trouve quand même le moyen de faire quelques beaux dessins nettement inspirés des Poussin qu'il vient d'aller admirer au Louvre. Un jour, il passe chez Rocarol, la porte n'est pas fermée à clef, il entre et s'empare d'un morceau de pain et de quelques sous laissés sur la table.

Max Jacob, l'ami fidèle, lui vient en aide. Le poète généreux n'a qu'un lit étroit dont il faut profiter parce que deux personnes ne peuvent y dormir côte à côte, mais la pièce dans laquelle il vit est propre et bien rangée, et le peu qu'il possède, il le partage sans hésiter avec cet homme qu'il admire et qu'il aime intensément. Max Jacob dispose de maigres revenus parce qu'il fait le précepteur, « la nounou » comme il dit, et ils parviennent tant bien que mal tous les deux à se nourrir, même s'il leur reste quelquefois des crispations dans l'estomac. Avec lui la conversation est passionnante, enrichissante, et aucune rivalité, bien au contraire, n'affecte leur amitié. Pas plus que la présence entre eux d'une jeune femme qui a vu en Max l'occasion de quitter le mari qui la bat et qui donne au poète jusqu'alors exclusivement intéressé par les garçons l'occasion d'une aventure hétérosexuelle, qui sera la seule.

Les peintures si bleues de Picasso ont une étrangeté qui désarme les clients de Berthe Weill. Aussi le peintre, qui expose en même temps que son ami Pichot et qu'un obscur Launay, ne reçoit-il pas le succès qu'il escomptait. L'écrivain Charles Morice remarque qu'aucun de ses personnages ne sourit et que son œuvre, pourtant si forte, cherche encore son accomplissement. Pariant sur ce « très jeune homme », il écrit, avec une intuition très juste quant à ce que sont l'humeur et l'ambition de Picasso : « On dirait un jeune dieu qui voudrait refaire le monde. Mais c'est un dieu sombre. » Ce poids de tristesse, d'esprit fin-de-siècle, qui pèse sur son œuvre détourne d'elle les amateurs désireux d'images moins troublantes. L'attention de Charles Morice le touche d'autant plus qu'elle vient d'un proche de Gauguin et qu'elle est aussi concrétisée par le don d'une copie du manuscrit de *Noa Noa*, ce manifeste d'un art, d'une pensée, d'une vie autres, qui échappent aux traditions de l'Occident, qui rompent avec la culture chrétienne, européenne, qui fondent une esthétique, une éthique qu'on dit *primitives* pour ne pas dire *sauvages*, mais pour lesquelles on ne dispose pas de mot mieux adapté. Gauguin, qui a signé là, en quelque sorte, son testament artistique, vit alors ses derniers jours aux îles Marquises et Picasso porte déjà en lui une part de son héritage.

Noël revient une fois de plus, tandis que Pablo, sans le sou, ronge son frein à Paris, où l'hiver est bien froid pour cet Andalou frileux. L'impasse, donc, encore. Il lui faut revenir à Barcelone, où il peut vivre de manière moins inconfortable, où il trouve toujours le soutien de sa famille et de quelques amis. De nouveau se pose le problème du billet de train. Heureusement, un très beau pastel bien vendu lui permet de s'embarquer, en janvier 1903, à la gare d'Orsay après avoir laissé, roulées, quelques œuvres en dépôt chez Pichot. Il reviendra. Il sait qu'il reviendra.

Sa mère, patiente et confiante, l'accueille sans reproche. Son père, lui, se désole de le voir ainsi s'enliser (pense-t-il), mais ne désespère pas qu'il reviendra à plus de raison artistique et saura mener une vie moins cahotique. Il sait que, de toute façon, il ne servirait à rien de blâmer Pablo ou de lui donner des conseils puisqu'il n'en fera jamais qu'à sa tête.

Travailler, travailler, aller plus loin, plus fort, plus profond, sans se laisser atteindre par le succès, tel est son projet de vie. Il parviendra bien à forcer les portes qu'il faut franchir pour pouvoir vivre de son art et à échapper par là aux misères de la bohème. Paris finira bien par lui ouvrir les bras. Tout ce qu'il a vu, assimilé depuis des années, les grands maîtres du Prado et du Louvre, le Greco et Poussin, les primitifs catalans, Gauguin, il lui faut encore le brasser, le dépasser pour se trouver lui-même, s'accomplir, être enfin, de manière décisive, dans l'art de ce siècle qui commence, Picasso. De nouveau il dort chez ses parents, peint dans l'atelier d'Angel de Soto. Il manque d'argent pour s'offrir une grande toile, mais, puisqu'il vient de retrouver *Les Derniers Moments*, qui lui paraît bien éloigné de ses préoccupations actuelles, il va s'en servir pour tenter une grande œuvre. Il dessine, élabore, avance à tâtons. Peu à peu un couple s'impose. Une tendresse, un peintre à son chevalet, une maternité. La vie, l'amour, l'avenir, l'œuvre. Ce sera *La Vie*, un tableau qui répond à Charles Morice : non, il n'est pas cet artiste désespéré qu'il a l'air d'être et, s'il peint, s'il a peint et s'il continue à peindre la tristesse, la misère, cela ne veut pas dire que lui-même sombre dans une mélancolie sans issue. Le Greco, Poussin, Gauguin, tous les grands artistes ne sont-ils pas, chacun à sa façon, des maîtres d'espérance, des hommes qui s'ouvrent à l'avenir ? *La Vie*, cela sonne comme un écho aux grandes peintures charnelles, païennes de Gauguin, mais Picasso en fait un tableau qui, dépassant les influences dont il s'est nourri, s'impose comme une œuvre originale, personnelle, qui témoigne de sa maîtrise du dessin, de son sens de la composition, de sa volonté de peindre des tableaux qui aient du sens, ne soient pas de simples images. L'œuvre est énigmatique. Elle apparaît d'une évidente force symbolique, bien qu'il reste à l'interpréter. Trois personnages, hiératiques, sont représentés debout. Une femme nue, langoureuse, se tient à un homme au regard vague, vêtu d'un slip, qui se tourne vers une autre femme drapée d'une ample robe et tenant un bébé dans ses bras. Entre le couple et la mère, au milieu du tableau, la main de l'homme, au doigt dressé, en un geste qui appartient au Greco, paraît ici être plus celui d'un retrait que d'une désignation. En arrière-plan, sur le mur, on voit deux peintures, dont l'une montre une femme accroupie, repliée sur elle-même, et l'autre un couple assis, enlacé, la femme blottie contre l'homme comme celle qui est debout, au premier plan. L'homme (l'artiste), la femme et la maîtresse ? Pour interpréter ce geste de la main qui semble être le nœud du tableau, John Richardson, dans son livre consacré à la jeunesse du peintre, en appelle à l'occultisme du tarot, dont Max Jacob était féru. Certes, Picasso en connaissait l'iconographie et peut-être s'en est-il inspiré consciemment ou non, mais rien ne nous assure qu'il lui a donné le même sens (le signe du magicien, d'Hermès Trismégiste). Le tableau, terminé au mois de mai, est aussitôt vendu à un collectionneur, si l'on en croit un article paru dans un journal local (mais cette information n'est sans doute que le fait d'une complaisance publicitaire due à un complice amical et l'acheteur n'est autre qu'un membre de la petite communauté artistique qui entoure alors, admirative, Picasso).

D'autres tableaux, moins grands, moins importants l'accompagnent, qui témoignent aussi d'une assurance, d'une fermeté dans le dessin et la composition nouvelles. Ils restent fidèles à la vision misérabiliste des mois précédents, mais avec

moins de sensiblerie et un recours plus évident à
la tradition pathétique qui est une des lignes de
force de la peinture espagnole. Des hommes vieux,
maigres, pauvres, dignes : un ascète, un aveugle,
un guitariste, un Juif accompagné d'un enfant... Et
du bleu, encore du bleu. Picasso, à vingt et un ans,
prouve qu'il est un maître appartenant à l'histoire
de l'art espagnol. Mais il y a un autre Picasso, secret, sans gravité, jamais mélancolique : celui qui,
d'un trait spontané, fait une série de dessins por-
nographiques dont on peut tirer ce message simple, qui ne doit rien à quelque ésotérisme que ce
soit et tout aux fantasmes et à l'humour de l'artiste : le sexe, c'est la vie. Dans la mercerie dont les
frères Sebastià et Carles Junyer Vidal ont héritée
et qui leur permet d'être d'amicaux mécènes, Picasso, qui griffonne sans souci d'exposition, laisse
libre cours à sa fantaisie, révélant la face cachée
de l'artiste sérieux qu'il est aux yeux de ceux qui
considèrent avec attention sa peinture. C'est grâce
à de tels amis qu'il vit et peint assez paisiblement,
donnant dessins et tableaux en échange de leur
soutien, troc sans prétention qui le réjouit autant
qu'il l'aide à tenir bon. Ainsi le tailleur Benet Soler
Vidal, qui l'habille et le reçoit souvent à sa table
familiale, est-il récompensé par son portrait, celui
de son épouse et une grande toile représentant sa
famille en pique-nique à la manière du *Déjeuner
sur l'herbe* de Manet (Mme Soler a cependant gardé
sa robe, contrairement aux jeunes femmes dénu-
dées du maître des impressionnistes). Il peut aussi
peindre, par amitié et amusement, des fresques

érotiques pour décorer l'appartement que Sabartès vient de louer. Mais là n'est pas l'essentiel, et Picasso stagne, se lassant de nouveau de cette vie trop provinciale, manquant d'idée et d'entrain pour se lancer dans des projets plus importants. Il poursuit sans passion la veine bleue dont *La Vie* a été l'accomplissement en peignant une famille grelottante au bord de la mer et n'ajoute à son œuvre qu'un seul tableau d'envergure, mais magistral, le portrait d'une entremetteuse un peu maquerelle et un peu sorcière bien connue du Barcelone de l'ombre. *La Célestine*, borgne mais l'œil noir terriblement scrutateur, solidement campée, enveloppée de sa cape, le remet sur le fil de la grande peinture espagnole, celle de Goya et de Vélasquez. C'est là une belle façon de sortir de la sensiblerie symboliste des trois dernières années et c'est aussi un geste d'adieu à Barcelone : il est temps pour ce peintre encore tâtonnant, qu'aucun style ne fige, de quitter une ville pour lui confortable, mais trop somnolente pour tenter une fois encore sa chance à Paris, où Paco Durrio lui laisse son atelier du Bateau-Lavoir, cette grande bâtisse en bois qui se dresse sur le flanc de la butte Montmartre.

Un artiste moderne

Le Bateau-Lavoir semble avoir été construit de bric et de broc avec cette succession d'étages qui s'élèvent entre deux rues et une distribution irrationnelle de logements et de couloirs. C'est qu'il n'a été divisé en une trentaine d'ateliers que dans un deuxième temps. Le nom sous lequel cet immeuble est entré dans l'histoire ne lui viendra qu'un peu plus tard. Lorsque Picasso s'y installe, il est connu comme « la maison du trappeur ». Le confort et l'hygiène dans ce quartier populaire n'étant pas une priorité, un seul cabinet d'aisances et un seul robinet sont partagés par les locataires, pour la plupart des artistes fauchés, qui ne paient qu'un loyer modeste. Un marchand de légumes et de moules, un homme-sandwich et un ténor italien y ont aussi leurs pénates.

Pablo Picasso, en avril 1904, arrive à Paris accompagné de Sebastià Junyer Vidal et du chien Gat, que lui a donné Miquel Utrillo. Ses œuvres qui ont pour lui de l'importance l'ont suivi, les autres, qu'il considère comme des travaux de jeunesse, sont restées à Barcelone. Junyer Vidal, qui paie le loyer de l'atelier situé à l'étage supérieur du Bateau-Lavoir, du côté de la rue Émile-Goudeau, et dont le mobilier est réduit au minimum, profite de l'unique lit. Picasso, lui, se contente d'un tapis. Un troisième homme, un guitariste gitan ami de Durrio, dort là lui aussi, comme il peut, pendant quelque temps. Junyer Vidal, comme Picasso, est venu tenter sa chance à Paris, mais, devant tant d'inconfort et constatant que les marchands de tableaux ne sont pas intéressés par sa peinture, il ne s'attarde pas et retourne à Barcelone, laissant le lit à Picasso, qui a bientôt l'occasion d'acheter quelques autres meubles et objets au sculpteur Pau Gargallo, alors que celui-ci quitte son atelier de Montparnasse. Un prêtre catalan ami des pauvres lui permet, grâce à un prêt modeste, d'améliorer son logement.

Les amis catalans Pichot, Canals, Manolo, restés fidèles à Montmartre, l'accueillent avec joie. De même que Max Jacob, qui n'a rien perdu de l'affectueuse admiration qu'il lui porte. Ainsi retrouve-t-il, à peine arrivé, cet esprit chaleureux de communauté amicale et artistique dont il a tant besoin, le soir, après une journée de travail. Il retrouve sa place à la table de Gustave Coquiot, qui l'aide aussi financièrement, et il lui arrive de vendre ici ou là, à des prix modiques, quelques œuvres. Les femmes ne manquent pas... Il y a Madeleine, un modèle, qui lui tient souvent compagnie, la nuit, et qui recourt aux services d'une faiseuse d'anges car elle ne souhaite pas garder l'enfant dont Picasso est le père... Il y a Alice, qui est aussi la maîtresse d'un mathématicien amateur d'art ; Marguerite, la belle-fille de Frédé (le patron du Lapin agile), dont il fait le portrait en *Femme à la corneille* ; enfin il y a Fernande, la maîtresse d'un sculpteur du Bateau-Lavoir, qu'il rencontre, un soir d'orage, sur la petite place où s'ouvre l'étage supérieur de l'étrange maison. C'est une femme libre, belle, pulpeuse, rousse, avec des yeux verts, qui aime l'amour et ne se soucie pas de fidélité. Il lui barre le chemin en lui offrant un chaton qu'il vient de recueillir, lui fait du charme, l'invite à venir dans son atelier, lui montre ses peintures – et ils deviennent amants, par intermittence, sans rien rompre de leurs autres relations.

Une constatation : plus d'œuvres sur papier que de tableaux voient le jour en ce premier temps de son quatrième séjour à Paris : l'économie a sa raison à laquelle il faut bien que l'art se tienne. Mais c'est aussi que Picasso, qui sent bien qu'il est à un tournant capital de sa vie et de son œuvre, ne se lance pas dans de grandes œuvres qui témoigneraient du passage d'une nouvelle étape. Il a du mal à sortir de sa série bleue et il est trop lucide pour ne pas pressentir qu'il risque de se retrouver ainsi dans une impasse. Il ne sait pas très bien où il en est. Il ne sait pas où il va. Mais, s'il traverse des moments de doute, il n'en a pas moins, pour l'essentiel, une irréductible confiance en lui-même et en la peinture qu'il a encore à peindre. De la poésie, des poètes lui vient un nouvel élan. Max Jacob, déjà, l'a stimulé ; entrent maintenant dans sa vie deux extraordinaires agitateurs d'idées, bien plus modernes que Max Jacob : André Salmon et Guillaume Apollinaire.

Salmon, né lui aussi au cours de l'automne 1881, est alors un de ces jeunes poètes qui liquident à Paris l'héritage du symbolisme en tâtant du journalisme avec une prose sophistiquée et en tirant des plans sur le XXe siècle. C'est un homme raffiné, intelligent, rêveur et beau parleur, qui a passé son enfance à Saint-Pétersbourg où son père était graveur. Un soir d'octobre 1904, il est amené par Manolo dans l'atelier de Picasso, qui, vêtu d'une sorte de combinaison de mécanicien, peint à la lumière d'une lampe à pétrole et éclaire à la bougie ses toiles si bleues pour les montrer à ses visiteurs. La sympathie, immédiate, est réciproque. C'est à peu près au même moment que le peintre fait la connaissance d'Apollinaire, un écrivain plus renommé, né en 1880, qui anime la revue *Le Festin d'Ésope*, dans laquelle écrit Salmon. Manolo, amical intercesseur, a présenté à Picasso Jean Mollet, un autre proche du poète, un homme qui lui sert plus ou moins de secrétaire et qui se pare du titre de « baron », et c'est Mollet qui tient à mettre en présence l'un de l'autre ces deux esprits originaux, dont il pense que la rencontre peut être fertile. Son intuition est juste et, dans un bar du quartier Saint-Lazare, va se jouer un des actes fondateurs de la modernité du XXe siècle : Apollinaire et Picasso, quoique férus de l'histoire de leur art et nullement iconoclastes, s'avancent l'un et l'autre en rupture d'académisme, s'intéressant aux expressions marginales, aux arts naïfs, sauvages et populaires. Ils sont prêts à vivre des aventures jusqu'alors inédites.

Apollinaire n'est pas plus le nom de Guillaume que Picasso celui de Pablo. Le personnage imposant qui, ce jour-là, fume la pipe et cause, entouré d'une petite cour, se nomme *de Kostrowitzky*. Fils naturel d'une mère d'origine polonaise et d'un noble italien coureur de casinos, il a reçu une éducation peu conventionnelle, mais a fait preuve très tôt d'une rare intelligence, d'une grande curiosité et d'un esprit des plus originaux. Il s'est forgé une culture très personnelle en absorbant quantité d'ouvrages étranges et a commencé très tôt à écrire des proses et des poèmes, qu'il a eu du mal à faire connaître, mais qui l'ont enfin imposé, grâce à la revue *La Plume* et à ses soirées littéraires, comme un des espoirs de l'avant-garde. Peu connaisseur en art et s'y intéressant avec une intuition de poète plus qu'avec une analyse de critique, il devine en Picasso un esprit aussi original, créatif et audacieux que le sien, et c'est tout naturellement que ces deux hommes s'associent amicalement pour échanger leurs expériences et pousser plus loin leur art respectif. Alors que Max Jacob en est encore à considérer Verlaine comme le poète majeur des décennies précédentes, Apollinaire a compris que c'est l'insolent et mystérieux Rimbaud qui a ouvert une nouvelle voie non seulement à la poésie mais, plus largement, à la pensée et à la vie. Et comme il a aussi reconnu en Alfred Jarry, le formidable inventeur du Père Ubu, l'ennemi le plus efficace de tout académisme, il a maintenant de bonnes armes pour devenir le champion d'une modernité qui en est encore à se chercher, et qui ne saurait se restreindre à l'apparente mélancolie des peintures bleues de Picasso.

Après avoir présenté Max Jacob à André Salmon et Guillaume Apollinaire, Picasso, fier de susciter une telle admiration amicale, écrit au-dessus de la porte de son atelier du Bateau-Lavoir, qui devient un des hauts lieux de l'avant-garde et le plus intense des foyers où se concocte l'esprit nouveau, *Au rendez-vous des poètes*. Pour ce peintre qui a prouvé son talent extraordinaire, mais qui ne parvient pas encore à placer son ambition sur la ligne où il pourrait donner le meilleur de lui-même, c'est une grande chance que d'être ainsi entouré. Oui, il a bien fait de revenir jouer sa partie à Paris, et c'est maintenant sous de bons auspices qu'à vingt-trois ans il peut envisager son avenir.

Apollinaire pratique alors une légèreté que n'a pas Picasso. Cet amateur de baladins, musiciens de rue et donneurs de spectacles de trottoir, pour qui le désinvolte Arlequin est un joyeux modèle, ouvre une fenêtre rose dans l'humeur bleue du peintre. Si celui-ci est encore attaché à l'imagerie familiale (le père, la mère, l'enfant, telle la Sainte Famille si souvent peinte), ses personnages nouveaux vivent une vie moins misérable, une vie parallèle à celle que fonde la norme sociale, une vie enviable pour qui cherche sa voie hors des sentiers battus : l'artiste, le poète. C'est la bohème qui, s'éclairant, change de couleur en passant des sans-espoir de Barcelone aux saltimbanques auxquels Picasso consacre une série de gravures, puis fait régner sur ses toiles. Le voici de nouveau qui s'applique à un grand projet, celui d'un tableau qui le préoccupe pendant neuf mois, *Les Saltimbanques* : cinq personnages en pied, qui sont à l'évidence des gens de la balle, dans un décor de terrain vague, deux hommes et trois enfants, un bel Arlequin et un gros bouffon, un jeune acrobate en maillot, une petite fille en tutu rose, un autre garçon ; à l'écart, assise, une jeune femme gracieuse dont on ne sait si elle fait ou non partie de la troupe.

Les deux premières années de cette nouvelle vie parisienne ne sont pas pour autant des plus faciles et l'argent manque toujours, qu'il faut réclamer, mais sans grand succès, aux amis de Barcelone. Les essais d'illustration dans lesquels Coquiot a tenté d'entraîner son protégé n'ont rien donné et les ventes de tableaux ou de dessins sont rares, le plus souvent au profit de quelques aigrefins, qui traînent à Montmartre, exploitant la pauvreté des artistes : Louis Libaude, Eugène Soulié, Clovis Sagot... Ni les efforts de Berthe Weill, qui manque toujours de moyens, ni une exposition personnelle organisée en février 1905 par Charles Morice à la galerie Serrurier, boulevard Haussmann, ne tirent Picasso d'affaire et l'éloge qu'Apollinaire fait à cette occasion de ses peintures de saltimbanques dans la *Revue immoraliste* ne lui apporte qu'un faible renom :

> Tout l'enchante et son talent incontestable me paraît au service d'une fantaisie qui mêle justement le délicieux et l'horrible, l'abject et le délicat [...]. Son naturalisme amoureux de précision se double de ce mysticisme qui en Espagne gît au fond des âmes les moins religieuses.

Pour ce qui est du naturalisme, Picasso part, au cours de l'été suivant, l'exercer aux Pays-Bas, entraîné par un ami hollandais rencontré à Montmartre qui l'accueille dans sa famille. Là, sans plus aucune tonalité mélancolique, il peint des jeunes femmes nues et bien en chair. Pour ce qui est de la religion, il ne manque pas de se rendre, le 3 septembre 1905 (jour même de l'emménagement de Fernande dans son atelier), avec toute la bande du Bateau-Lavoir au pied de la basilique du Sacré-Cœur, qui est encore en construction. Dans un petit square adjacent, on est en train d'inaugurer une statue du chevalier de La Barre, ce héros de la laïcité qui fut décapité en 1766 pour ne s'être pas découvert au passage du Saint-Sacrement.

Peu de temps après, il se rend au Salon d'automne qui, comme son nom l'indique, se tient au cours du troisième trimestre. En cette année 1905, durant laquelle il cherche pour sa peinture une aventure nouvelle, il ne peut qu'observer avec attention la salle qu'un critique baptise ironiquement « cage aux fauves » parce qu'on y voit, parmi d'autres tableaux vivement colorés, une toile d'Henri Rousseau, dit « le Douanier », un peintre autodidacte qui se tient hors des cénacles littéraires et artistiques de l'époque et va son chemin, fièrement, sans se soucier de ce qui se trame dans les foyers où se concocte la modernité. Mais, dans cette salle, où l'on ricane plus qu'on admire, et où est aussi accroché un tableau de Ramon Pichot, la vedette n'est pas l'employé de l'Octroi (une douane instituée à l'entrée et à la sortie de Paris) mais Henri Matisse, qui y apparaît comme le champion d'une avant-garde picturale rompant avec les délicatesses de l'impressionnisme pour s'engager sur une voie qui, bordée d'aucun garde-fou, est susceptible de permettre aux artistes de s'ébattre en toute liberté. Sa *Femme au chapeau* est achetée par un amateur audacieux, Leo Stein, qui s'entiche d'un artiste, considéré d'emblée comme le plus fauve des « fauves ».

Cet Américain a la chance d'être assez fortuné pour pouvoir vivre deux ans à Paris sans travailler, avec sa sœur Gertrude, écrivain original et ambitieux, qui n'en est encore qu'à ses débuts. Soudain passionné par l'art, après avoir commencé des études de biologie, Leo Stein est allé en Italie s'initier auprès du grand historien d'art Bernard Berenson, avant de se rendre à Paris pour y devenir peintre. L'esprit et l'œil aiguisés par une belle intuition, à l'exemple de Berenson, il s'est pris de passion pour l'œuvre de Cézanne, dont il a acquis le beau *Madame Cézanne à l'éventail*. Bien décidé à suivre de près la jeune peinture parisienne et à constituer une collection de tableaux modernes, il a vite compris à quelles portes il lui fallait frapper ; aussi ne manque-t-il pas de passer chez

Clovis Sagot. Celui-ci, qui pour être peu généreux n'en est pas moins un bon défenseur des artistes dont il fait commerce, lui vante Picasso, dont Leo achète une grande peinture sur carton, *Famille d'acrobates avec un singe*. Décidé à ne pas s'en tenir là, il convainc ensuite sa sœur de partager son intérêt pour ce peintre, qu'il a l'occasion de rencontrer chez Sagot, qu'il va voir au Bateau-Lavoir, et qu'il finit par inviter à dîner avec Fernande dans leur appartement de la rue de Fleurus. Gertrude Stein, d'abord réticente, ne résiste pas au charme de son invité. C'est un vrai coup de foudre d'amitié réciproque entre l'Américaine cérébrale, qui se vante de n'être en rien commandée par son inconscient, et l'Andalou, qui sait déjà que la modernité encore balbutiante doit restaurer le règne de l'esprit primitif.

Picasso lit peu, mais depuis Els Quatre Gats il aime la compagnie des écrivains, des poètes surtout et c'est de leur fréquentation, de leur conversation plus que de leurs livres qu'il apprend, avec toute la vivacité d'une intelligence qui ne laisse rien passer de ce qui peut la nourrir. Comme les plus originaux, qui sont souvent les meilleurs, viennent à lui et qu'une connivence naturelle s'instaure dans le vent de la modernité, il se fait sa propre culture, faisant oublier qu'il ne doit rien à l'école qu'il a si peu fréquentée. Ainsi fait-il le lien entre Max Jacob, André Salmon, Guillaume Apollinaire et Gertrude Stein, dont le salon est alors un des hauts lieux de l'avant-garde parisienne. Le petit esprit littéraire et artistique, qui à Montmartre et à Montparnasse ne parvient pas à se dégager du symbolisme et de l'esprit fin-de-siècle, fait pâle figure devant ce qui se joue déjà dans une telle conjonction, auprès de laquelle un autre peintre joue une partie plus individuelle mais tout aussi importante que celle de Picasso : Henri Matisse, son rival sur les murs des Stein.

Gertrude Stein est une forte femme, au propre comme au figuré. Elle n'a rien des filles et femmes plus ou moins jolies auprès desquelles Picasso fait volontiers, et avec succès, le coq. Mieux : elle en impose aussi physiquement qu'intellectuellement et le peintre, qui a d'ordinaire avec les femmes un comportement qu'on dira plus tard *machiste*, voit en elle une amie comme il n'en a jamais eue, un être fraternel. Un modèle étonnant, auquel il demande de venir poser dans son atelier. Il va faire son portrait. Il va même faire d'elle un sacré portrait. Il va peindre un tableau qui pourrait être accroché dignement à côté de la *Femme à l'éventail* de Cézanne et de la *Femme au chapeau* de Matisse, un tableau moderne qui rendra hommage au premier et damera le pion au second.

Chaque jour, Gertrude va de Montparnasse à Montmartre, où la mène l'omnibus encore tiré par un cheval qui la dépose place Blanche, d'où elle monte jusqu'au Bateau-Lavoir. Là, elle s'installe dans un fauteuil défoncé, prend une pose confortable, bien assise, les mains posées sur les genoux, et elle regarde le peintre qui la regarde et la dessine, la peint. Elle profite de ce temps passé dans l'immobilité pour penser au livre qui la préoccupe, à l'écriture qui est l'art dans lequel elle est déjà sûre (la modestie n'est pas la première de ses qualités) de prendre une des premières places. Quelquefois, pour la distraire, Fernande lui lit des *Fables* de La Fontaine. Picasso, d'abord, rapidement, la dessine, si bien que ceux qui voient ce dessin (le modèle, ses deux frères, Leo et Andrew, qu'accompagne sa femme Sarah) en sont éberlués. Andrew, même, presse Pablo de ne plus y toucher. Mais il ne suffit pas à celui-ci d'être un merveilleux dessinateur. Surtout pas maintenant, alors qu'il s'agit de jouer une partie plus importante. Profitant de la patience de Gertrude, il revient à la charge de jour en jour, essaie de trouver plus de force, plus de vérité, plus de réalité. Il efface, reprend, cherche dans le portrait de l'énigmatique Américaine la peinture telle qu'il veut désormais la peindre, loin du symbolisme, du maniérisme fin-de-siècle — une peinture ferme, solide, évidente, qui soit au début de ce XXᵉ siècle un nouveau manifeste de modernité. Mais la peinture lui résiste. De beaux tableaux, de beaux portraits, il sait qu'il peut en faire, il en a déjà fait, il pourra toujours en faire. Ce n'est pas là un enjeu suffisant, quand Cézanne a changé toutes les règles en montrant que le portrait ne fait pas le tableau et que toute la difficulté du peintre qui s'applique à saisir un modèle consiste à rendre sensible sa présence dans l'image tout en exaltant la peinture même. Celle-ci n'est pas que le moyen dont un artiste dispose, elle est aussi un but en soi : un tableau a sa propre présence et il importe pour qui n'a pas une mince ambition qu'il apparaisse dans la nouveauté, l'originalité de ce qui n'a encore jamais existé.

Pour rivaliser avec Cézanne, mieux vaut ne pas prendre les mêmes armes que lui. Donc éviter de dissoudre les masses dans l'espace ; plutôt que de les montrer éthérées, donner aux formes leur poids de matière. Et pour doubler Matisse, mieux vaut ne pas jouer comme lui de toutes les puissances de la couleur. Il y a le modèle et il y a le peintre, et entre eux il y a le regard, qui peut bien rivaliser avec celui de Cézanne, avec celui de Matisse. Avec celui de Gauguin aussi, auprès duquel Picasso a appris comment la peinture peut se renouveler en étant moins sophistiquée, en se rechargeant dans la nature, dans une intense conscience de ce qu'il y a de chair en tout être humain. Il veut faire venir sur son tableau une Gertrude Stein aussi réelle que celle qui est là, assise dans l'unique fauteuil de l'atelier, et qui soit plus qu'une image d'un instant. Et, mieux, s'il pouvait peindre une Gertrude Stein définitive...

Pendant trois mois ils sont là, face à face, avec le chevalet entre eux et le tableau qui ne parvient pas à prendre forme, à prendre vie. Et Picasso finit par céder : la gageure est impossible, Gertrude ne passe pas du fauteuil au tableau ; il la voit et ne la voit pas, ne parvient pas à fixer une image qui ne soit pas superficielle, qui soit plus qu'une performance d'artiste doué. La peinture, telle qu'il la sent, telle qu'il la veut, ne peut pas être simplement un art ; il lui faut être de la magie. Il reconnaît sa défaite. Il n'y aura pas de portrait de Gertrude Stein. Et ce n'est pas maintenant qu'il va rivaliser avec le terrible Matisse qui, en exposant à la fin du mois de mars 1906 une cinquantaine de toiles à la galerie Druet, vient de prouver qu'à trente-six ans il est le peintre le plus original de sa génération et un artiste aussi novateur que le furent en leur temps Manet ou Seurat. Son *Bonheur de vivre* monumental (plus de deux mètres de large) ne ressemble à rien de ce qui l'a précédé et rompt avec le poïntillisme post-impressionniste de Signac dont il a fait l'expérience quelque temps auparavant. Il s'en dégage une joie plastique, une fraîcheur d'inspiration, une liberté de composition, une audace dans le dessin et la couleur qui sont bien en avance sur les saltimbanques de Picasso et celui-ci a l'œil et l'esprit assez vifs pour le constater immédiatement.

Au Salon d'automne de 1905, un autre événement a retenu l'attention de Picasso : l'exposition rétrospective consacrée à Jean-Dominique Ingres, le grand artiste classique du XIXᵉ siècle, le rival du romantique Delacroix, la bête noire des impressionnistes, le héros de l'académisme. Nourri d'une autre culture artistique, Picasso n'est pas partie prenante dans le débat qui oppose en France, à Paris surtout, les tenants conservateurs de l'académisme aux jeunes gens audacieux de l'avant-garde ; c'est hors de toute coterie que depuis La Corogne il a cherché sa propre voie. Aussi a-t-il regardé sans idée préconçue les soixante-huit œuvres présentées, en y admirant la formidable qualité du dessin et le mélange très particulier de gravité et de sensualité. Pour lui, qui ne se soucie pas d'être à tout prix d'avant-garde et cherche la vérité en peinture (comme disait Cézanne) plus que le succès éphémère du scandale, Ingres fait contrepoids à Matisse. La peinture à l'aventure, cela risque d'être vite la peinture à vau-l'eau et lui, Pablo Picasso, il veut être un classique, mais un classique du XXᵉ siècle. Ce n'est pas sur une voie moyenne entre Ingres et Matisse qu'il y aura une issue et ce n'est pas en héritier de quelque artiste que ce soit qu'il lui faut s'inscrire, pas même de l'un ou de l'autre de ces deux grands peintres qui, chacun à sa manière, ont été des novateurs : Cézanne et Gauguin.

Pendant qu'il s'efforçait de faire le portrait de Gertrude Stein, il n'a pas cessé de réfléchir, de regarder, de voir de la peinture et de la sculpture, d'interroger Ingres, Puvis de Chavannes (dont, trois ans plus tôt, il a copié les fresques, au Panthéon), Gauguin, les Grecs, les Égyptiens... La sculpture l'a tenté, il a fait quelques essais, y montrant aussitôt une grande habileté. Il a laissé en lui se brasser toutes ces influences. Il a peint quelques tableaux, mais plus comme des exercices que dans l'élan d'un grand projet. L'été arrive et l'Espagne lui manque, qu'il veut montrer à Fernande. Vollard, qui le boudait depuis qu'il s'était mis au bleu, revient à lui, sans doute aiguillonné par Apollinaire, et emporte du Bateau-Lavoir une vingtaine d'œuvres anciennes. Voici donc de quoi vivre un moment et revenir, tête haute, dans son pays.

Barcelone est désormais le lieu de résidence de sa famille. Ses parents ne sont pas retournés à Malaga, Lola non plus, qui s'est fiancée à Juan Vilato Gomez. Picasso a beau, depuis deux ans, s'être ancré à Paris, il a la nostalgie de l'Espagne, une nostalgie entretenue plus qu'étanchée par la communauté catalane de Montmartre. Maintenant qu'il est en possession d'un petit pécule, le fils prodigue peut retourner parmi les siens et présenter Fernande à ses parents, assez indulgents pour ne pas lui reprocher cette liaison non dissimulée (mais inutile de faire savoir que la « fiancée » a par ailleurs un mari). Puis il ira à Gósol, où le sculpteur Enric Casanovas, qui est son conseiller en sculpture à Paris, passe d'ordinaire l'été.

Fernande et Pablo quittent le Bateau-Lavoir, accompagnés en taxi par Apollinaire et Max Jacob, et chargés de deux lourdes malles pour prendre le train de nuit à la gare d'Orsay. Le voyage dure près de vingt-quatre heures. À l'arrivée, Fernande, épuisée, éclate en sanglots en se demandant ce qu'elle est venue faire dans ce pays bruyant, agité, excessif. Mais, une fois reposée, elle est heureuse d'être admirée et choyée ainsi que de retrouver son amie Benedetta, qui est maintenant l'épouse de Canals. Gargallo, les frères de Soto, Reventos, Utrillo n'ont rien perdu de leur amitié pour Picasso, et pendant quinze jours ce petit monde est en fête. Sabartès, lui, est parti s'installer au Guatemala.

Aller à Gósol, c'est, une fois descendue du train, monter dans les Pyrénées à dos de mulet, ce qui est pour la Parisienne une aventure effrayante, d'autant plus que sa selle, mal arrimée, manque de la faire basculer dans un ravin. À l'auberge Cal Tampanada, tenue par un beau vieillard qui fut contrebandier et qui accepte de poser pour le peintre, ils passent un peu plus de deux mois. Ainsi, de nouveau plongé dans une nature sauvage, grandiose, Picasso retrouve l'élan qu'il a connu à Horta, dessine, peint, sculpte aussi. Gósol l'aide à sortir définitivement de la mélancolie parisienne, de l'atmosphère délétère de la bohème montmartroise. Le voici plus mûr, plus fort, oubliant la sensiblerie littéraire à laquelle il s'est laissé aller durant les dernières années et qui l'a mené aux saltimbanques. Il peint plusieurs tableaux de deux adolescents nus, d'un dessin classique très épuré, des portraits de Fernande aussi, dans lesquels s'élabore une synthèse d'Ingres et de Gauguin. Picasso dorénavant, comme eux, comme Cézanne aussi, comme le Greco encore auquel il revient en projetant un grand tableau qu'il réalisera à Paris, un portrait d'un aveugle qui vend des fleurs, et comme Matisse, dont il se veut le challenger, s'engage à devenir un peintre heureux, à peindre la vie triomphante, les corps épanouis. Il veut être le peintre de la volonté de bonheur.

Gósol est le lieu d'une communauté solidaire, grave mais joyeuse, chantant et dansant autant qu'elle travaille, empreinte d'une religiosité qui doit à un paganisme encore vivace et au christianisme institutionnel. Ces montagnards, bergers, chasseurs, contrebandiers sont pour Picasso des compagnons cordiaux, avec lesquels il est, ainsi qu'il le fut à Horta, en parfaite fraternité. La Vierge à l'Enfant qui veille sur le village, une belle sculpture polychrome du XIIe siècle, est là comme une déesse tutélaire en toute sérénité, dans sa dignité hiératique, sa simplification primitive, sa tendre humanité. Hélas ! elle ne peut rien contre la typhoïde, dont un cas se déclare au milieu du mois d'août et qui effraie Picasso, homme d'excellente santé mais terrorisé à l'idée de la moindre maladie, qui peut bien être déjà l'ombre de la mort. Celle-ci est d'autant plus son ennemie qu'il est décidé à vivre pleinement et qu'il a fort à faire en peinture. Il a besoin, et pour longtemps, de toutes ses forces. Aussi décide-t-il de rentrer sur-le-champ à Paris, en traversant les Pyrénées pour prendre un train de l'autre côté de la frontière.

Pas question de passer par Barcelone, il a hâte de retrouver son atelier, de peindre le *Marchand de fleurs aveugle*, de travailler encore à des portraits de Josep Fontdevila, l'aubergiste de Gósol, qu'il traite même en céramique dans l'atelier de Paco Durrio, et de reprendre le portrait de Gertrude Stein. Au fond, il n'a plus besoin qu'elle pose pour lui. Sa mémoire visuelle est telle qu'il la voit peut-être mieux encore qu'en sa présence. Le moment d'une pose, en lequel se montre un aspect particulier de la personne, selon l'humeur du jour, fait l'anecdote et c'est à celle-ci que Picasso veut échapper. Il ne veut pas peindre la Gertrude Stein d'un moment, mais Gertrude Stein telle qu'en elle-même la peinture la révèle. Et il y parvient. Non pas en une subite improvisation, comme a tenté de le faire croire son modèle, mais en y pensant, s'y appliquant encore, enrichi qu'il est de l'expérience de Gósol et du travail accompli sur le visage de Fontdevila et dans le modelage de la terre. Une fois le portrait de Gertrude Stein terminé, apparaît le problème que le peintre a résolu : comment donner, en peinture, à cet objet particulier qu'est une tête la présence de la troisième dimension ? Comment faire d'une peinture quelque chose d'aussi fort qu'une sculpture ? La double règle académique de la perspective et du clair-obscur, qui fond l'objet dans la profondeur de l'espace, ne peut permettre d'y parvenir, parce qu'elle ne donne au peintre que l'arme du calcul là où il lui faut disposer de pouvoirs magiques. Gauguin plus qu'aucun autre révèle à Picasso qu'il a, mieux que ses dons extraordinaires de dessinateur, cette qualité mystérieuse qui peut faire de lui, en peinture, un magicien. Au Salon d'automne de 1906, la rétrospective Gauguin montre que le peintre mort aux îles Marquises trois ans auparavant a opéré en peinture une révolution formelle et idéologique aussi importante que celle qui, trente ans plus tôt, a fait émerger l'impressionnisme. La peinture n'est plus une affaire de raison et de géométrie, ainsi qu'elle l'a été depuis la Renaissance. Elle n'est pas non plus affaire de simple émotion visuelle, ainsi que l'a prôné l'impressionnisme. Elle est comme tout art « primitif » question de magie. Et le peintre, Pablo Picasso, est ce magicien auquel l'absorption de drogue (l'opium qui brûle au Bateau-Lavoir) confère une extralucidité qui, au-delà des apparences, fait voir l'essence de la réalité.

Avec le portrait de Gertrude Stein, Pablo Picasso, plus loin que Gauguin et sans recours à l'exotisme des îles du Pacifique, donne au XXe siècle le premier tableau vraiment, réellement moderne. Et il s'impose, doublant Matisse, comme celui qui ouvre l'art moderne à une nouvelle conscience de la réalité. Picasso lui-même, en autoportrait, puis Fernande viennent ensuite épauler Gertrude Stein pour fonder ce qui apparaît comme une toute nouvelle conception de la figure humaine. Mais ce n'est pas assez. Picasso n'est pas homme, peintre, à s'arrêter sur quelque position bien affirmée, ni à gérer ses découvertes en fonds de commerce. C'est l'aventure qui l'intéresse, l'avancée dans l'inconnu, la quête de l'imprévisible, le creusement sans fin d'une vérité dont la connaissance qu'il a acquise de l'histoire de l'art lui assure qu'elle ne peut être que diverse et sans cesse en mouvement. Alors il achète une très grande toile, de près de deux mètres cinquante de largeur et presque autant en hauteur, et il se met à l'ouvrage, fermant la porte de son atelier du Bateau-Lavoir à Fernande comme aux amis de passage.

La révolution dans un bordel

Pablo Picasso, en octobre 1906, a vingt-cinq ans.
Il n'est donc encore qu'un jeune peintre et rarement
un peintre — âgé seulement d'un quart de siècle
— s'est imposé dans la peinture avec une telle
maîtrise, une telle originalité. Il a désormais, il le
sait, la main d'un maître au service d'un regard
des plus personnels et hors des voies traditionnelles de la peinture. Cela, c'est déjà la maturité d'un
artiste qui s'avance avec, certes, de l'ambition,
mais sans l'insolence des jeunes turcs qui, ne res-
pectant pas leurs ancêtres, veulent comme le sou-
tenaient les ultraïstes espagnols « couper le cordon
ombilical ». Il a l'œil sur ses prédécesseurs, les classiques autant que les initiateurs d'une modernité
dont personne ne peut encore savoir ce qu'elle
sera, surtout pas lui. Il est loin de se prendre pour
un prophète, et de prôner quelque révolution que
ce soit. Il ne se soucie pas d'être le Moïse de la
peinture du XXe siècle, contrairement à Cézanne,
qui déclarait être en quête d'une terre promise, et
qui mourut en ce même mois d'octobre 1906 sans
avoir trouvé où s'enraciner, en chemin jusqu'à sa

dernière œuvre et encore dans l'inachèvement, plus taraudé de questions que fier de certitudes. Picasso ne veut rendre de compte qu'à lui-même ; parce qu'il ne peint que pour lui-même. Parce que sa vie est là et non ailleurs. Parce qu'il ne peut s'accomplir que là. Pas plus qu'il n'a choisi, un jour, de s'engager en peinture, il n'a de plan de carrière. À chaque tableau, il lui faut remettre en jeu son acquis. Dans sa plus totale incertitude. Pour vivre une aventure sans cesse recommencée.

Il a éprouvé beaucoup de difficultés à terminer le portrait de Gertrude Stein, comme en d'autres temps Cézanne lui-même, après d'innombrables séances de pose, laissait le modèle perplexe et le tableau inachevé. Ce portrait, d'abord manqué puis enlevé avec brio, a été le signe d'une crise salutaire durant laquelle s'est remis en question le rôle du regard et de la représentation du sujet. Une même règle a régi la peinture depuis la Renaissance, fût-ce selon des modalités différentes : le peintre doit rendre le plus justement possible ce qu'il observe. Quoique préférant l'impression à l'analyse les impressionnistes eux-mêmes ont suivi cette discipline. Seuls Cézanne et Gauguin ont rompu avec cette tradition, s'attachant moins à faire des images qu'à recréer la réalité à leur façon pour la faire tenir dans l'espace restreint du tableau — en cela moins sensitifs et plus cérébraux que tous les artistes de leur siècle. L'heure n'est plus à tenter de fournir au mieux des images de la réalité, de faire de la peinture le lieu des reflets du monde, mais d'instituer, fût-ce en reflet de celle du monde, la propre réalité du tableau, la propre vérité de la peinture. Et pour cela il ne suffit pas d'être un jeune virtuose.

En donnant au visage de Gertrude Stein l'allure d'un masque, Picasso a transgressé la loi du réalisme humaniste dominant l'histoire de l'art depuis la Renaissance. Il n'en a pas moins montré une vérité de l'écrivain plus profonde que celle du temps de la pose, donnant à voir sa forte personnalité intellectuelle (et Gertrude allait de plus en plus ressembler à ce portrait). Curieusement, cela ne lui a été possible qu'en s'éloignant de son modèle et en se plongeant à Gósol dans la nature, en ouvrant grand les yeux sur le monde, la terre, le ciel, en emplissant son regard de toute la lumière de la Catalogne, en vivant cordialement parmi des paysans nourris de traditions archaïques, « primitifs » selon les critères des gens cultivés de Barcelone ou de Paris. Là, il a peint simplement la nature. Là, il a peint simplement le corps de Fernande. Celle-ci, dans l'exaltation naturaliste de Gósol, a été plus que jamais sa muse érotique, à mille lieues de l'austérité de Gertrude, si peu dotée de ce qu'il est convenu d'appeler la « grâce féminine ». Ainsi s'est peu à peu défini, au cours de cet automne 1906, un nouvel enjeu : peindre non des femmes comme des icônes érotiques, ainsi que cela fut largement fait dans l'histoire de la peinture, mais peindre un tableau qui, dépassant les anecdotes de la peinture mondaine ou de la sensiblerie romantique, donnerait de la femme, des femmes (et de ce qu'elles sont pour l'homme au plus profond de lui-même) une image aussi riche et dense que celles qui hantent les mythologies. Pour cela il ne faut pas s'en tenir aux apparences, il faut réinventer la peinture, il faut inventer une peinture nouvelle capable de mettre en scène ce théâtre archaïque en lequel se jouent, même en ce début du XXe siècle, les rapports de l'homme et de la femme. En quelque sorte, il s'agit moins d'être moderne que d'être archaïque et de trouver la manière de l'être, aujourd'hui, en art.

Picasso n'est pas théoricien. Il ne conceptualise pas un projet qu'il n'aurait plus qu'à réaliser. C'est nous qui, un siècle plus tard, tentons ainsi d'expliquer ce que fut sa démarche. Il a une dette, lui-même le reconnaîtra plus tard, à l'égard de l'art ibérique, antérieur à l'occupation romaine, dont quelques pièces ont été découvertes en Andalousie à la fin du XIXe siècle et dont certaines furent présentées au Louvre en 1905. Il a aussi eu un contact avec l'art océanien par l'intermédiaire de Paco Durrio, qui s'est fait le relais de Gauguin à Paris, et il a vu assez d'œuvres de celui-ci pour comprendre combien le recours du peintre des Marquises aux sources primitives de l'art lui a permis de donner à la peinture une nouvelle dynamique. N'a-t-il alors aucune connaissance de l'art nègre ? Ou pas assez vivement pour s'en inspirer ? Il l'a laissé entendre, mais on peut en douter : ses deux nouveaux amis que sont, en septembre 1906, André Derain et Henri Matisse s'y intéressent déjà de près et depuis longtemps. Ils savent y voir (et cela est nouveau à l'époque) autre chose que des objets de curiosité. Ils y observent des propositions artistiques qui, pour être opposées à celles de la tradition européenne, n'en sont pas moins valides et pourraient permettre à une culture qui cherche un second souffle de se renouveler.

Gertrude et Leo Stein ont tenu à ce que se rencontrent Picasso et Matisse, ces deux peintres dont les œuvres les passionnent. Au printemps 1906, ils ont emmené Matisse, accompagné de sa fille Marguerite, au Bateau-Lavoir, mais ce n'est qu'à l'automne que les deux peintres se revoient, chez les Stein, et que s'instaure entre eux une complicité amicale. D'une douzaine d'années plus âgé que Picasso, Matisse a déjà dans le petit Paris de l'avant-garde artistique un prestige que n'a pas son cadet. Derrière sa barbe et ses lunettes cerclées de métal, il est sérieux, intelligent, volontiers discoureur, même théoricien. Matisse est tout excité à cette occasion parce qu'il vient d'acheter, dans une boutique de la rue de Rennes, une sculpture africaine. Il l'a apportée pour la montrer à ses amis. C'est une statue du Congo, un personnage assis, prêt à croquer dans un fruit et dont les yeux sont figurés par deux petits coquillages. Max Jacob raconte une autre histoire : avec Apollinaire, Salmon et Picasso, il va dîner chez Matisse et celui-ci leur montre une statue qui fascine assez Picasso pour qu'il la garde en main toute la soirée et que, de retour dans son atelier, il s'en inspire dans une profusion de dessins représentant un visage de femme bizarrement structuré.

André Derain, lui, à un an près, a l'âge de Picasso. Et, comme lui, il est autodidacte. De même que son ami Matisse, il est passé de l'impressionnisme au fauvisme en s'exaltant à la lumière de la Méditerranée et il s'intéresse de près aux arts primitifs, qu'ils soient océanien, africain ou même néozélandais, comme ceux qu'il a vu au British Museum de Londres. Il est aussi préoccupé par l'exemple de Cézanne, sur les traces duquel il est allé, à l'Estaque. Depuis, après avoir quitté le Chatou familial, il s'est installé à Montmartre, à deux pas du Bateau-Lavoir. Il a pu connaître Picasso par Apollinaire. Désormais voisins, ils se voient souvent. Possesseur d'un masque Fang, qu'il vient d'acheter au peintre Vlaminck, le troisième mousquetaire du fauvisme, il ne peut que jouer un rôle important dans la découverte de l'art nègre par ce peintre qui cherche à redonner à l'art une puissance primitive...

Le projet prend forme peu à peu. Picasso, fort de son expérience et de sa réflexion, sent qu'il est temps pour lui de frapper fort. Il va peindre un grand tableau, des femmes comme on n'en a encore jamais vues en peinture. À la fois modernes et primitives, sauvages et sophistiquées. Un grand tableau qui ferait écho à l'admirable *Bain turc* d'Ingres, dans lequel s'exhibent d'érotiques mais bien conventionnelles odalisques ; qui prendrait le contre-pied du *Bonheur de vivre* de Matisse, d'une mollesse trop élégiaque ; qui rendrait hommage aux grandes *Baigneuses* de Cézanne, si peu réalis-

tes mais si puissantes ; qui emprunterait à Gauguin son inspiration sauvage ; qui aurait aussi de
cette profondeur mystérieuse qui fait la magie des
œuvres d'art primitif. Ce sera un groupe de femmes nues, mais des femmes nues, où en voit-on
aujourd'hui si ce n'est au bordel ? Donc ce sera
une scène de bordel. Mais pas dans le genre sur le
vif, à la manière de Toulouse-Lautrec.

Il achète donc, on l'a vu, une très grande toile et
s'enferme dans son atelier. Il dessine, fait de nombreuses esquisses. Ainsi apparaissent des femmes
assises ou debout, en des postures de filles qui mettent en évidence leurs charmes pour d'éventuels
clients, comme si ceux-là étaient à la place de celui
qui regarde le tableau. Ainsi passent puis s'effacent
des personnages masculins, jeunes gens songeurs
ou marins éméchés. Ainsi, en une incessante métamorphose, se transforment des visages plus ou
moins fantastiques, ici hiératiques, là grotesques,
aux traits simplifiés ou disloqués : dans un tableau,
un œil, un nez n'ont pas besoin d'être ressem-
blants ; il leur suffit d'être figurés par des signes.
Seize carnets de croquis et une flopée de toiles témoignent de l'ardeur de son travail, du tâtonne-
ment de sa recherche. L'aventure dure plusieurs
mois, les derniers de 1906 et une bonne partie de
l'année 1907, durant lesquels il peint, bien sûr, lui
toujours si prolixe, d'autres tableaux. Au printemps, il a l'occasion d'acheter deux statuettes d'art
ibérique et, sans doute à la même époque, une
œuvre d'art océanien.

Cela pourrait se nommer, pense le peintre, *Les*

Gages du péché. Ou bien ce serait *Le Bordel philosophique*, ou plus simplement *Le Bordel d'Avignon*, pour jouer sur le nom de la ville de Provence en évoquant sans en avoir l'air une rue dite *d'Avinyo*, à Barcelone, où Picasso n'a pas manqué de possibilités d'observer quelques demoiselles dévêtues et aguichantes. Mais il ne se soucie pas de donner un nom à ses tableaux. Ce sera plus tard, bien plus tard, quand pour la première fois le tableau sera exposé, en 1920, *Les Demoiselles d'Avignon*, l'œuvre sans doute la plus surprenante et la plus célèbre du XXᵉ siècle, ainsi baptisée par André Salmon afin de ne pas choquer les censeurs. L'important, c'est surtout que ce tableau, qui ne ressemble à rien de ce qui a été peint auparavant, apporte une solution nouvelle au « problème de l'expression dynamique des volumes », comme l'écrit Pierre Daix, qui précise que Picasso a repris les « rythmes constructifs » de Cézanne, mais qu'il les a « découpés, comme taillés à coups de hache par un dessin nourri des rudes simplifications expressives du primitivisme ibérique, puis poussé à des paroxysmes de déformations brutales... ». Il y a là une évidente, brutale révolution plastique et tout l'art du XXᵉ siècle va en être bouleversé, mais une interprétation uniquement formaliste de ce tableau historique oublierait d'en ignorer le sujet : des filles de maison close insolemment représentées en gloire, « formidables, catégoriques, flambantes [...] jouies, traversées, accrochées, écorchées, saluantes et saluées, posantes, saisies par un professionnel de la chose », écrit Philippe

Sollers dans *Picasso le héros*. Pour John Berger, auteur d'une des rares analyses de l'œuvre de Picasso qui ne soit ni hagiographique ni grossièrement polémique, c'est aussi par son sujet, et pas seulement « par la manière de le peindre », que *Les Demoiselles* est une œuvre qui peut choquer au moment où elle est peinte : « En soi, un bordel n'est pas nécessairement choquant. Mais des femmes peintes sans charme ni tristesse, sans ironie ni critique sociale, peintes comme les pieux d'une palissade à travers laquelle les yeux regardent comme s'ils fixaient la mort — voilà qui est choquant. » Jean-Louis Ferrier fait encore moins dans la litote :

> ... avec leurs tarins en quarts de brie, leurs obus comacs, leurs énormes panards, elles vous entrent dans les chairs comme une blennorragie, les anguleuses gonzesses[1] !*

Quand vient l'été, les premiers témoins sont autorisés à entrer dans l'atelier pour y voir l'œuvre qui a tant préoccupé leur ami, au point que, plus d'une fois, il les a abandonnés au cours d'une soirée pour retourner y travailler. Apollinaire, Salmon, Derain, Vollard, Gertrude et Leo Stein restent pantois. Matisse hausse les épaules et se répand en méchancetés sur celui qui est apparu comme son principal rival, mais dont il proclame la déroute. Le critique Félix Fénéon, amené par Apollinaire, conseille carrément à Picasso de se

* Les notes bibliographiques sont regroupées en fin de volume, p. 294.

consacrer à la caricature. Le collectionneur Wilhelm Uhde, qui fréquente depuis quelque temps Montmartre, ses artistes et ses lieux nocturnes, a l'honneur d'être appelé par le peintre à venir juger cette œuvre qui déroute tant. Cet Allemand, qui s'est installé à Paris en 1902, qui se pique d'art et de littérature, est un habitué du Dôme, à Montparnasse, et va de temps à autre chez le père Soulié voir ce que celui-ci a déniché dans les ateliers de Montmartre. C'est à lui qu'il a acheté, en 1905, *Le Tub*, une toile assez maladroite peinte en 1901 par Picasso, dont il a fait ensuite la connaissance au Lapin agile. Uhde reste perplexe devant une peinture si étrange, agressive, provocatrice, à laquelle il trouve un air « assyrien », mais il en est assez intrigué pour suggérer au nouveau marchand d'art Daniel-Henry Kahnweiler d'aller voir ce qui se trame au Bateau-Lavoir.

Il n'y a que quelques mois que ce jeune Allemand (il a trois ans de moins que Picasso) a ouvert une galerie, rue Vignon, et aussitôt acheté des toiles des fauves. Le nom de Picasso ne lui est pas inconnu car il déjà vu des dessins de lui dans la boutique de Clovis Sagot et est assez curieux, en quête de peintres à défendre et d'œuvres à vendre pour suivre le conseil de Uhde. Il va donc frapper, un matin, à la porte d'un atelier où l'accueille un peintre à peine vêtu, qui vit apparemment dans une très grande pauvreté et qui est passé, quelques jours plus tôt, voir les tableaux accrochés dans sa galerie. Contrairement à ses prédécesseurs, il est saisi, certain d'être devant une œuvre à la fois folle et monstrueuse, émouvante et admirable. C'est du moins ce qu'il racontera soixante ans plus tard à Pierre Cabanne. Il achèterait bien le tableau, mais son auteur ne veut pas le céder, affirmant qu'il n'est pas terminé. Ce n'est pas faux, car Picasso s'interroge encore sur cette œuvre qui, bien que solidement construite, ne paraît pas homogène : les trois femmes de gauche et les deux de droite ne sont pas traitées dans le même style, les premières plus ibériques, les secondes plus africaines. Kahnweiler devra se contenter d'acquérir quelques œuvres mineures, profitant ainsi du retrait opéré par Vollard, qui regrette le temps des saltimbanques.

Tout occupé par ses demoiselles, Pablo a quelque peu négligé Fernande. Il ne lui a pas fait partager son aventure et, d'ailleurs, comment aurait-elle pu comprendre le saut qu'il faisait en peinture ? (Curieusement, dans le livre *Picasso et ses amis* qu'elle écrira plus tard, parlant de cette époque, elle ne fera aucune allusion à ce tableau historique.) Le feu de la passion a décliné : Fernande ne se sent plus autant aimée. Bien que sachant cultiver l'art de l'oisiveté, elle s'ennuie. Ses rivales ont pris trop de place et Pablo, qui n'est pas homme très facile à vivre tant il est surtout préoccupé de lui-même et de son œuvre, n'a plus pour elle les mêmes attentions. Bravant l'autorité de son maître, elle est allée jusqu'à reprendre un peu de son ancienne activité de modèle en posant pour le peintre hollandais Kees Van Dongen, un autre locataire du Bateau-Lavoir. Histoire, peut-être, d'exciter la jalousie de son compagnon. Ce qu'il lui faudrait, ce qu'il faudrait à leur couple, pense-t-elle (et Pablo n'est pas contre, qui est toujours ému par les maternités), c'est un enfant. Mais Fernande ne peut pas avoir d'enfant. Du moins un enfant qu'elle porterait elle-même. Alors, en avril 1907, elle va en chercher un dans un orphelinat voisin, une fille d'une dizaine d'années, Raymonde, qu'elle amène au Bateau-Lavoir. Pablo dessine un peu la nouvelle venue, mais celle-ci ne trouve pas sa place auprès d'un couple qui bat de l'aile et, deux mois plus tard, Max Jacob est chargé de la ramener dans l'institution d'où on l'a momentanément sortie !

Puisque la peinture lui laisse si peu de place, et puisque Pablo lui a déclaré qu'il en a « assez », ainsi qu'elle l'écrit à Gertrude Stein, Fernande déménage, trouve un logement à elle, mais tout proche. Heureusement, cela est rendu possible grâce à Vollard, qui vient de passer à l'atelier, où il acheté tout un lot d'œuvres antérieures à l'aventure des *Demoiselles*. Fernande, donc, reprend son indépendance et gagne elle-même un peu d'argent en donnant des leçons de français à la très chère amie de Gertrude Stein, Alice Toklas. Elle ne quitte pas pour autant vraiment son amant, qui paraît assez peu affecté par cette relative séparation puisqu'ils vont encore dîner ensemble chez les Stein. Quelques mois plus tard, elle reviendra au Bateau-Lavoir.

Picasso est un homme seul. Seul avec sa peinture, il l'est depuis toujours, lui qui n'a, même tout jeune, jamais eu l'esprit de chapelle, n'a jamais adhéré à quelque groupe que ce soit, non plus qu'à quelque théorie artistique. Les amis sont les amis, certes, il fait bon passer des heures avec eux à se détendre et à discuter chez les uns ou les autres, ou dans quelques-uns de ces lieux où s'animent les nuits de Montmartre, mais comment ne pas se sentir bien loin d'eux quand il leur est difficile de comprendre ce qu'il est en train de faire subir à l'histoire de la peinture ? Ses *Demoiselles* incomprises, il ne les laissera pas sortir de son atelier avant une dizaine d'années, et encore ce ne sera que pour une fugitive escapade. Mais ce qu'on peut dire de lui et de sa peinture ne le fait pas revenir en arrière. Il continue sur sa lancée et tant pis si certains ne manquent pas de dire qu'il est en train de devenir fou ! Lui, il continue de travailler, d'explorer, d'étudier, d'expérimenter, taillant même dans du bois, ainsi que l'a fait Gauguin, quelques sculptures qu'on pourrait croire issues d'une tribu primitive. Il n'y a pas de meilleur moyen pour comprendre au plus près de quoi sont faits l'art nègre et l'art océanien.

À l'automne, un autre peintre, Georges Braque, un voisin de Montmartre, mais qui ne connaît Picasso que depuis peu, passe à l'atelier. Il revient de l'Estaque, où Cézanne allait peindre, au bord de la Méditerranée. Obsédé par le peintre d'Aix, dont une rétrospective, au Salon d'automne, a montré l'envergure, il apprécie la façon dont Picasso a su profiter de la leçon de Cézanne pour ce qui est de l'inscription des volumes dans l'espace. En revanche, ce qu'il y a de sauvagerie dans le traitement des visages le révulse et il est bien décidé à s'opposer dans le fil de la rigueur cézanienne à ces *Demoiselles* dont la force ne lui a pas échappé, mais qui lui semblent s'avancer sur un mauvais chemin.

L'extravagance ne fait jamais longtemps scandale à Montmartre. À Montparnasse non plus. Quoi que les uns et les autres pensent de la peinture de Picasso, il n'en est pas moins un personnage fascinant, qui en impose par son attitude naturellement souveraine. On le voit chez Max Jacob, qui réussit à réunir ses amis une fois par semaine dans la pièce sombre où il vit, rue Ravignan, et chez Apollinaire, qui a lui aussi son jour et qui lui doit d'avoir fait la connaissance de Marie Laurencin. Pablo, rencontrant cette jeune femme peintre chez Clovis Sagot, l'a d'emblée destinée, avec une juste intuition, à son ami poète. Il reçoit aussi chez lui, avec Fernande de nouveau installée dans l'atelier, ses amis en de cordiales soirées, où il arrive que fument des pipes d'opium, du moins jusqu'à ce qu'un des artistes du Bateau-Lavoir, l'Allemand Wiegels, déboussolé par un abus de drogues conjuguées, se pende, donnant ainsi par son triste exemple une bonne raison d'en finir avec cette pratique.

Picasso ne manque pas non plus de passer la Seine pour se rendre, bien qu'un peu moins souvent, chez les Stein, ou pour aller avec Apollinaire et Salmon à la Closerie des Lilas, où se rencontrent les poètes déjà quelque peu anachroniques de *Vers et Prose*. Surtout, il continue de peindre, dans la grande foulée qui lui a fait donner naissance aux *Demoiselles*, des tableaux dans lesquels se conjuguent, dans des dominantes d'ocre et de terre, une inspiration sauvage et le souci d'une construction rigoureuse. D'autres figures imaginaires, telles les idoles d'un culte inconnu, s'imposent au Bateau-Lavoir. Et non moins audacieuses sont les natures mortes qu'il inscrit dans la suite de Cézanne. « Cézannisme » et « primitivisme », comme diront plus tard les historiens de l'art, se trouvent ainsi engagés dans un dialogue fondateur d'une nouvelle modernité. Picasso, qui refuse encore de participer à quelque Salon que ce soit, peut sourire de voir au Salon des Indépendants de 1908 les œuvres de Derain et de Braque : moins violentes que les siennes, elles n'en témoignent pas moins d'une interrogation identique, d'une même volonté de reprendre à la base tout le problème de la figuration en peinture.

Il est satisfait du tour qu'a pris son travail. Il a vraiment rompu maintenant avec l'art ancien tel qu'il était encore pratiqué par les réalistes, les impressionnistes, les symbolistes. Il ne lui importe plus de peindre de jolis tableaux. Il sait que jamais plus il ne cherchera à plaire et qu'il sera seul à juger du bien-fondé de ce qu'il peint. Moins tendu que l'année précédente, ayant repris avec Fernande une vie de couple agréable, il va peindre à la campagne, dans l'Oise, à La Rue-des-Bois. Là, peignant des paysages ou une paysanne, il n'est pas pour autant bucolique et ne revient pas aux douces rêveries de l'impressionnisme d'Île-de-France. Le motif, le sujet lui procurent moins d'émotion qu'ils ne sont pour lui des prétextes à peindre, à continuer d'avancer sur la voie qu'il a ouverte. Mais il est plus soucieux de construire le tableau, de travailler encore aux rapports du volume et de l'espace (c'est-à-dire à la figuration de la troisième dimension sur le plan du tableau) qu'à laisser sourdre ce qu'il peut y avoir de sauvage en lui. Cézanne prend le dessus sur l'art primitif et Picasso a alors une vision cézanienne de l'art primitif, qu'il étudie plus pour ses procédés de figuration que pour son sens des profondeurs mythologiques et son utilisation magique. Son regard sur les statues africaines ou océaniennes, sans oublier les égyptiennes qu'il a vues au Louvre, est artistique et non ethnographique. Considérer comme de l'art (à l'instar de Matisse, Vlaminck, Derain, qui l'incite à aller voir la collection d'art primitif du musée du Trocadéro) les objets venus de tribus archaïques est tenu pour une attitude révolutionnaire.

L'argent rentre un peu grâce à Kahnweiler, bientôt appuyé par le Russe Sergueï Chtchoukine, un marchand de draps qui constitue, à Moscou, une étonnante et abondante collection d'art moderne dans laquelle Matisse est déjà bien représenté. Aussi Picasso peut-il louer un autre atelier, sommaire certes, rue Cortot, et s'y retirer pour travailler. Au grand dam de Fernande, qui une fois encore constate que la peinture est la plus dangereuse des rivales. Elle s'ennuie, se distrait de temps à autre par quelque infidélité.

Kahnweiler a un autre protégé, Georges Braque, qui, reprenant lui aussi l'héritage de Cézanne, expose dans la galerie de la rue Vignon, en novembre 1908, un ensemble d'œuvres pour lesquelles Apollinaire écrit un texte de présentation. Le rival, quoique amical, ce n'est plus Matisse, qui se situe loin de Cézanne ; c'est Braque, qui cultive, dans un dessin très simplifié et une harmonie douce, une géométrie qui ne s'en tient pas aux règles de la perspective, mais fait basculer (et cela est cézannien) les plans les uns sur les autres. Picasso et Braque ont donc bien la même préoccupation, mais c'est Braque qui vient au-devant de la scène. C'est à propos de sa peinture que quelqu'un pour la première fois (est-ce Max Jacob, Henri Matisse ou le critique Louis Vauxcelles ?) parle de « cubes » et que le critique Charles Morice, qui a été naguère le défenseur de Picasso, écrit le mot *cubisme*, le 16 mai 1909, dans son compte rendu du Salon des Indépendants.

Moins strictement cézannien que Braque (ce n'est pas lui qui irait en pèlerinage à l'Estaque), Picasso n'est pas près de se laisser réduire par quelque théorie justifiant une pratique unique. Il en fait avec panache la démonstration en novembre 1908. En organisant, dans son atelier du Bateau-Lavoir, une fête en l'honneur du Douanier Rousseau, il prouve qu'il n'est pas encore mûr pour aller cueillir les lauriers des institutions artistiques et que le mauvais esprit qui l'a poussé à peindre *Les Demoiselles d'Avignon* ne l'a pas quitté. Car cet hommage au grand peintre naïf n'est pas la manifestation ironique que certains ont cru y voir. Elle est bien, de la part du moins conventionnel des jeunes peintres de l'époque, un témoignage d'admiration à l'égard d'un grand artiste qui a élaboré une œuvre des plus originales hors des sentiers battus et qui apparaît alors dans le petit monde artistique, où il fait sourire, comme un gentil sauvage.

Cette soirée, qui apparaîtra plus tard comme un événement historique généralement dénommé « banquet Rousseau », a été décidée par Picasso peu de temps après qu'il a rencontré le peintre, par l'intermédiaire de Guillaume Apollinaire. Il s'agit pour lui d'honorer un artiste dont l'originalité et l'importance mériteraient d'être mieux reconnues et dont il vient d'acheter, pour une somme modique et chez un brocanteur, un grand tableau, *Portrait de Mademoiselle M.* On y voit une grande et forte femme, représentée en pied et vêtue d'une robe noire avec un large col et une ceinture bleue, tenant à la main comme une canne une branche dont les feuillages ne lui permettent certainement pas de se servir d'appui. Le dessin est malhabile, la silhouette disproportionnée, l'allure du modèle figée, son visage sans expression, mais l'ensemble a un charme qui est évident pour Picasso et que les générations suivantes sauront admirer. Rousseau, qu'Apollinaire a connu par Alfred Jarry (le créateur du Père Ubu était comme Rousseau originaire de Laval mais plus consciemment provocateur), organise lui-même dans le logement misérable qu'il occupe à Montparnasse des soirées étonnantes, avec programme théâtral et musical, et surtout des gens de son quartier pour convives ; aussi faut-il mettre en scène la soirée aussi bien que lui, ce à quoi s'occupent Picasso et quelques-uns de ses amis. Une chaise montée sur une caisse, devant un décor de drapeaux et de lampions, sera le trône du héros du jour. Des feuillages sont disposés sur les colonnes et les poutres de l'atelier. Une bande-role proclame : « Honneur à Rousseau ! » Une large planche posée sur des tréteaux fait une grande table. Chaises et couverts ont été empruntés au restaurant Les Enfants de la Butte, où la bande du Bateau-Lavoir a ses habitudes. Mais, raconte Fernande Olivier (*Picasso et ses amis*), les mets commandés chez Félix Potin n'ont pas été livrés et il faut faire le tour du quartier pour trouver de quoi garnir la table autour du riz à la valencienne qu'elle a préparé. La boisson, elle, ne manque pas et l'excitation est telle que les apéritifs généreusement dispensés font vite leur effet. En particulier sur Marie Laurencin, qui délire gentiment, s'écroule dans les tartes, barbouille tout le monde de confiture et doit être reconduite, à son domicile, c'est-à-dire chez sa mère. André Salmon, lui, devra être bientôt enfermé dans un atelier voisin parce qu'il a le vin mauvais. Ramon Pichot, Max Jacob, André Derain, Georges Braque, Gertrude et Leo Stein, le critique Maurice Raynal et quelques autres sont aussi de la partie. Enfin, conduit par Apollinaire, Henri Rousseau fait son entrée, fragile vieillard bientôt septuagénaire, qui a apporté son violon et qu'on installe joyeusement sur son trône, où il lui arrivera de recevoir, sans pour autant en être troublé, des gouttes de cire fondue tombées d'un lampion. La soirée se poursuit sans autre incident. Rousseau interprète au violon une valse dont il est l'auteur et chante une chanson de son cru, dont les paroles font se tordre de rire l'assistance : « Aïe, aïe, aïe, que j'ai mal aux dents ! » Apollinaire dit un poème fantaisiste écrit à la hâte pour célébrer le vieux peintre et l'on se met à danser au son de l'accordéon de Braque. Mais Rousseau pique du nez. Il est alors temps de le ramener chez lui en voiture, ce dont se chargent les Stein, tandis que la fête continue à en faire tanguer le Bateau-Lavoir. C'est qu'il reste à manger et à boire et que le tapage a attiré bien des voisins.

En cet hiver 1908-1909, Braque et Picasso se voient presque chaque jour. En voisins amicaux et en peintres qui partagent une même préoccupation. Ils se parlent beaucoup, comparent leurs expériences, se montrent leurs travaux en cours. Ensemble, avec Derain aussi qui leur est proche, ils construisent le cubisme. Sans toutefois en faire une théorie, sans en revendiquer l'étiquette, sans s'en parer comme d'un drapeau. Mais le cubisme est déjà là, révolutionnaire, ainsi que l'écrit Pierre Cabanne, parce qu'avec lui, avec Braque et Picasso à ce moment-là, « l'acte pictural prend le pas sur l'appréhension du réel ; leur vision ne part plus de la réalité, elle y aboutit, mais c'est une réalité plus conçue que vue ». Ce que le fauvisme a fait dans la couleur, c'est-à-dire dans l'apparence de la réalité, le cubisme le fait dans la forme, c'est-à-dire dans la structure même de la réalité, lui substituant une autre réalité, celle du tableau qui cherche moins à être une image, fût-elle déformée, de la réalité qu'une réalité plastique autonome.

Il est étonnant de voir comme ces deux hommes si différents l'un de l'autre, l'un si andalou et l'autre si normand, sont complices et comme leurs œuvres en arrivent à se ressembler. Calme, méditatif, méthodique, Braque creuse son sillon avec détermination. C'est un combattant, qui pratique la boxe, mais ne sort pas de ses gonds, prépare tranquillement ses coups. Picasso, lui, est d'humeur plus changeante, tantôt sombre et renfermé, tantôt exalté, capable d'éclats de colère, de violence soudaine, sortant la nuit à Montmartre armé d'un revolver qu'il manie aisément pour effrayer les importuns. Pas étonnant donc qu'au cours de l'été 1909 ils partent dans des directions opposées. Tandis que Braque, fidèle aux lumières d'Île-de-France et de Normandie, va peindre à La Roche-Guyon, Picasso ressent le besoin de retrouver l'éclat, la chaleur, la rudesse, la force de l'Espagne. Il retourne en ce lieu de montagne où, une dizaine d'années auparavant il s'est épanoui avec son ami Pallarès. De celui-ci, en passant par Barcelone, il fait le portrait, sans trop charger dans sa nouvelle manière cubiste, mais avec tout de même une géométrisation du dessin qui surprend le modèle. Ceux qui n'ont que ce tableau pour voir où en est l'étonnant Pablo parti naguère peindre à Paris ne peuvent qu'en rester perplexes : José Ruiz y Blasco est catastrophé de constater sur quel chemin s'est engagé son fils. Quand on pense à la carrière qu'il aurait pu faire en Espagne en y devenant un maître de la peinture religieuse et un portraitiste renommé !

Fernande l'accompagne et Maria Picasso comprend mal que les deux amants ne soient pas plus mariés qu'à leur précédent séjour. Elle sait qu'il est inutile de faire des reproches à Pablo, trop contente de l'avoir auprès d'elle pour quelques jours, d'autant plus que ce séjour est prolongé par une maladie de Fernande. Picasso n'a pas envie de s'attarder à Barcelone, malgré les amis, malgré la famille. Ici, il y a trop de distractions. Il est pressé de se replonger dans la grande nature catalane et de pouvoir s'y livrer à la peinture. Il pourrait aller à Madrid et Tolède, revoir le Prado et les Greco, mais il ne peut tout de même pas laisser Fernande se soigner seule. Les histoires de santé l'inquiètent toujours, l'angoissent même, aiguisent sa crainte de la mort ; il a si peur de perdre de sa vitalité, de sa puissance de travail. Enfin, ils peuvent partir, remonter dans la montagne, s'installer à l'Hostal del Trompet, à Horta, où Pablo retrouve sa joie, la cordialité de la communauté villageoise, le bonheur de peindre. Du moins jusqu'à ce que quelques mégères bien catholiques viennent jeter des pierres à leur fenêtre après avoir appris qu'ils ne sont pas mariés. Pablo les fait fuir en les menaçant du revolver qu'il a pris la précaution d'emporter. La

rigueur morale se met d'autant mieux entre paren-
thèses que le couple de voyageurs ne lésine pas sur
les pesetas...

Picasso peint Fernande, comme il l'a fait à
Gósol, et elle devient cubiste, massive, sculpturale,
tout en volume et sans fioritures, caricaturale selon
les critères de la bonne représentation. Il peint des
paysages, des natures mortes aussi. Surtout le village, les maisons dans leur sobre architecture, ser-
rées les unes contre les autres, cubes au creux de
la montagne Santa Barbara. Là, Picasso ne triche
pas, ne déforme pas. Regardez bien, pourra-t-il
dire, de retour à Paris en montrant des photos qu'il
a prises lui-même à Horta : voyez comme le village,
comme la nature, dans leurs ocres, leurs bruns et
leur peu de vert sont eux-mêmes géométriques ;
voyez comme le cubisme est réaliste. Si l'on veut...
Parce que lui seul peut le peindre ainsi, en faire
jouer les facettes, manipuler les plans. Même Cézanne, qui modulait la forme par la couleur et
non par le dessin, ne l'aurait pas peint ainsi.

Pendant ce temps, à La Roche-Guyon, Braque
lui aussi taille sa peinture en facettes, mais avec
plus de douceur sensible que son ami. Question de
pays, de lumière aussi, et ce n'est pas par hasard
qu'ils sont allés peindre si loin l'un de l'autre. Ils
sont tout de même bien embarqués, c'est évident,
dans une même aventure. Et toujours assez amis
pour que Pablo décide de trouver une compagne
pour Georges, de même qu'il l'a fait pour
Guillaume. Il lui faut, bien sûr, une femme moins
fantasque, plus raisonnable, plus solide, que Marie

Laurencin. Le marieur choisit d'entraîner son ami dans un cabaret de Montmartre dont le patron a une fille charmante. Ils ont loué des costumes pour la circonstance et devisent cérémonieusement avec le père et sa fille, en présence de Max Jacob, qui est un cousin du cabaretier, lequel sert généreusement à boire. La discussion durant un peu trop, les deux artistes s'enivrent et laissent leur vraie nature prendre le dessus, se conduisant en lascars éméchés finalement contraints de se retirer sans gloire. Mais Pablo n'est pas homme à baisser les bras ; il a une autre idée, meilleure, puisqu'il présente à Georges une certaine Marcelle qui deviendra, après quelques années de liaison, Mme Braque.

Picasso, bien qu'il ne fasse pas d'exposition personnelle, a ses amateurs, tels les grands collectionneurs que sont les Russes Sergueï Chtchoukine et Ivan Morosov. Soit qu'ils viennent acheter à l'atelier, soit qu'ils passent par Kahnweiler. Aussi peut-il envisager de s'installer plus confortablement et d'offrir à Fernande une aisance qu'elle n'a encore jamais connue. Au cours de l'automne 1909, ils quittent le Bateau-Lavoir, ce haut lieu de la bohème montmartroise, pour le boulevard de Clichy. Avec la chienne Frika et leurs trois chats siamois. Ce n'est pas un bien long déménagement, mais c'est déjà changer de quartier, passer à Pigalle, s'embourgeoiser dans un bel immeuble en pierre. Le peintre dispose maintenant d'un grand atelier, avec lumière du nord et vue sur le Sacré-Cœur, et sa compagne d'un vrai appartement donnant sur la jolie et calme avenue Frochot. Le peu qu'ils emportent du Bateau-Lavoir ne suffit pas à les meubler et Pablo s'amuse à y entasser les meubles les plus divers au fil de ses trouvailles chez les brocanteurs du quartier. Pas question néanmoins de laisser Fernande installer ici un décor trop bourgeois, même si elle peut, tête haute, faire quelques emplettes et même, comble du luxe qui fait ricaner Gertrude Stein, avoir une bonne. Elle a aussi son « jour », le dimanche, pour faire dignement la maîtresse de maison en recevant leurs amis.

Picasso, qui n'a jamais pris la misère de la vie de bohème pour un privilège, se réjouit de voir son travail et son talent récompensés. Il ne voit que des avantages à sortir du besoin. Que la vie soit plus agréable ne devrait pas, au contraire, gêner sa progression en peinture dans cet atelier où il accueille volontiers sa chienne, les chattes et même une guenon pendant quelque temps, mais où Fernande n'a le droit d'entrer que sur invitation du maître. *Les Demoiselles d'Avignon*, elles, n'ont pas droit à une place d'honneur : toile roulée, elles restent cachées.

Le cubisme, à dire vrai, Picasso et Braque s'en fichent. Ils ne cherchent pas à fonder une école et n'ont rien à faire des disciples. Ils s'occupent de leur œuvre, de leur travail, sans chercher à imposer leur style à qui que ce soit. Que chacun, comme eux, trace son propre chemin, là est leur seul credo. D'une manière identique ils décomposent et recomposent sur leur tableau la réalité, qu'il s'agisse d'un paysage, d'un personnage ou d'une nature morte, en un agencement de facettes qui fait basculer dans un équilibre inédit les plans les uns vers les autres. Soucieux comme ils sont de cette nouvelle façon de traiter la figuration, ils sont économes de couleur, tendent à un camaïeu de gris, auquel certains reprochent son austérité, mais dont Michel Leiris écrira qu'il y voit des « échafaudages gris et beige syncopés comme des ragtimes pour troupes de girls anglaises » (*La Règle du jeu*[2]). Pourtant, ils diffèrent dans leur manière d'avancer, Braque se tenant à la ligne de cette recherche post-cézanienne, Picasso plus aventureux, expérimentateur, changeant de temps à autre de style, d'aventure, capable entre deux toiles cubistes d'une œuvre au dessin rigoureusement classique. Il peint un portrait d'Ambroise Vollard, un autre de Wilhelm Uhde, dans lesquels il pousse à l'extrême son « cubisme ». Il y fait de l'espace une sorte de matière compacte dans laquelle ses modèles semblent à la fois fondus et cristallisés.

Oui, il reprend son travail sur le modèle, à mille lieues du portrait qu'il exécuta naguère de Gertrude Stein, mais éprouvant la même difficulté à se tenir ainsi dans ce jeu de pose. Le modèle d'après lequel il peint la *Jeune fille à la mandoline* le sent gêné ; elle-même en devient mal à l'aise, aussi se fait-elle porter malade en un message diplomatique et ne revient-elle plus à l'atelier. Le peintre interrompt son tableau. Inachevé ? Pas sûr, pas plus que ne le sont certains portraits de Cézanne. Sinon, n'aurait-il pas pu le continuer en l'absence du modèle, comme il a montré qu'il savait le faire ? Ou bien est-ce que le modèle ne s'impose pas assez à lui pour qu'il le peigne en son absence ? C'est surtout qu'il n'y a pas là, à ce moment, un tel enjeu qu'il vaille le coup de s'y attarder. La peinture le presse. Trop de choses le sollicitent en ce moment où le cubisme devient influent sur les jeunes peintres qui vont en prendre la mesure chez Kahnweiler, son représentant permanent. Là, ils regardent plus ou moins attentivement des tableaux de Braque et de Picasso. Si certains haussent les épaules, d'autres, de retour dans leur atelier, se mettent aussi à déstructurer et restructurer l'image. Quelques-uns, même, qui exposeront en escouade au prochain Salon des Indépendants, s'en font déjà une religion, fondée sur une phrase apocryphe de Cézanne instituant la géométrie comme base de la représentation picturale, alors que les dernières années de son œuvre, à l'apogée, montrent qu'il allait en fait à l'opposé, diluant les formes dans l'espace.

L'été revient. Les deux peintres, si proches en peinture et en amitié, se séparent de nouveau. Braque retourne en terre cézanienne, à l'Estaque. Picasso reprend un bain d'Espagne ; mais pas à Horta, pas en montagne, cette année. Plus près de Barcelone, il s'installe avec Fernande au bord de la mer, à Cadaquès, en voisin de Ramon Pichot et de Derain qu'il y a entraîné. Non à cause d'un commun exercice de la peinture, Derain s'étant vite éloigné de la ligne tracée par Braque et Picasso, mais par amitié. Il s'entendent bien, leurs compagnes aussi, et ce sont les vacances... Pablo travaille à une série d'eaux-fortes destinées à illustrer un livre de Max Jacob, *Saint Matorel*, que doit publier Kahnweiler. Il peint également quelques natures mortes dans lesquelles le motif a tendance à disparaître. Sa peinture deviendrait-elle abstraite, comme on dira bientôt, comme elle est en train de naître sous les pinceaux de Wassili Kandinsky ? Non. Il se tient toujours au sujet et c'est au problème de la représentation qu'il se confronte encore, avec une intuition : il n'y a pas une solution définitive, pas de méthode indiscutable. Il ne s'agit pas d'offrir à l'histoire de la peinture une révolution aussi importante que celle de la perspective, telle qu'elle fut imposée par la Renaissance. Il faut peindre, c'est-à-dire mettre dans des tableaux sa propre expérience de la vie, sa propre vision du monde, sa propre pratique de la peinture.

Toujours aussi peu désireux de s'enfermer dans un genre, Picasso saisit avec empressement la gageure que lui propose, par l'intermédiaire d'un de ses amis, un riche Américain : une décoration monumentale pour sa bibliothèque. Il y travaille avec tout le sérieux qui lui est naturel, mais se rend vite compte que toute contrainte lui est insupportable et que mieux vaut ne pas répondre à de telles commandes. Un autre signe d'intérêt lui vient des États-Unis, où le photographe Alfred Stieglitz, éditeur de la revue d'avant-garde *Camera Work* et animateur de la galerie 291, qui est venu le voir boulevard de Clichy, expose au cours de l'été 1911 un ensemble de ses dessins et de ses aquarelles. À ce moment-là, Picasso est de nouveau en Catalogne, mais du côté français. À Céret, un gros bourg des Pyrénées-Orientales plus riche et plus souriant qu'Horta, Manolo s'est installé deux ans auparavant. Le sculpteur y accueille un autre étonnant personnage, franco-américain, héritier d'une grande famille de porcelainiers de Limoges, amateur d'art et collectionneur d'art nègre : Frank Burty Haviland. Pablo est arrivé seul en juillet. Au mois d'août Fernande l'a rejoint, ainsi que Braque et sa compagne Marcelle, et ce petit groupe d'artistes met, par ses tenues, ses rires et ses vives discussions une animation nouvelle dans une cité qui, loin d'être somnolente, est un foyer de culture catalane. Céret devient le point de rencontre du cubisme et de la sardane.

Ces vacances sont heureuses et, quand il se sent bien, Picasso travaille bien. Il joue avec Braque. Moins unis dans une commune recherche (Braque parlera de « cordée »), ils rivalisent, dialoguent par tableaux interposés, s'empruntent des thèmes, cherchent de nouvelles ouvertures. Des lettres d'imprimerie apparaissent dans leurs tableaux, d'autres signes également. Le cubisme, au moins pour Picasso, qui est trop mobile pour s'enfermer dans quelque cadre que ce soit, est un jeu où tout est possible. Mais la lecture d'un journal, au début du mois de septembre, brise ce bien-être catalan : *La Joconde* a été volée, au Louvre ! La nouvelle a son importance, certes, mais elle ne le toucherait pas aussi vivement si l'article ne racontait que quelqu'un a remis au rédacteur en chef de *Paris-Journal* une petite sculpture ibérique, précédemment dérobée dans le même musée, afin de montrer combien il est aisé de s'y emparer de quelques trésors. Or Picasso, qui a acheté, il y a quelque temps déjà, deux statuettes de même style à un certain Géry-Piéret, une relation d'Apollinaire, s'interroge : seraient-elles de même provenance ? Mieux vaut vite rentrer à Paris et discuter de l'affaire avec son ami, lui-même très inquiet car il a eu en main la sculpture volée et restituée et peut donc craindre d'être accusé de recel. De plus, voici maintenant que Géry-Piéret, de Belgique où il a jugé prudent de se retirer, se vante d'avoir lui-même subtilisé le célèbre tableau de Léonard de Vinci ! La police, qui a des antennes, fait irruption chez Apollinaire, perquisitionne, ne trouve rien, mais l'arrête. Cet homme (un étranger !) est certainement le chef de la bande. Et Picasso (un autre étranger !) est son complice... Lui, on ne l'arrête pas, mais le juge d'instruction le fait venir dans son bureau pour l'interroger en même temps que le poète suspect. Ils y sont si penauds et maladroits que le juge ne trouve pas auprès de ce duo pitoyable de quoi nourrir son dossier. Quelques jours plus tard, Apollinaire est relâché. Mais Picasso, homme plus sensible qu'on pourrait le croire, vit très mal ses péripéties rocambolesques et tombe malade !

Au Salon d'automne, le cubisme se montre conquérant. De manière encore plus spectaculaire que ne le fut son intrusion aux Indépendants. De ce spectacle Braque et Picasso se tiennent à l'écart. Ils préfèrent aller au cirque Médrano, assister à des combats de boxe ou passer la soirée à l'Ermitage, un café du quartier Pigalle, haut lieu de toute une bande d'artistes, écrivains et comédiens qui se mêlent aux voyous et maquereaux locaux. Ils vont bien encore quelquefois chez Gertrude et Leo Stein, où Pablo se montre toujours accompagné de Fernande. Pourtant la passion est morte, l'amour n'est plus guère de saison et l'amitié elle-même bat de l'aile. Fernande, oisive alors que son compagnon s'enferme de plus en plus dans son atelier, trouve ailleurs d'autres distractions. Pablo, lui, a l'œil sur une jolie jeune femme, compagne d'un peintre polonais qui fait du cubisme sous le nom francisé de Louis Marcoussis. Éva Gouel, qui est déjà depuis quelque temps sa maîtresse, s'installe peu après dans l'appartement du boulevard de Clichy, où Fernande n'a plus sa place. Elle est fine, sensible, délicate et beaucoup plus raisonnable que celle qui l'a précédée. Pablo est amoureux, et il aime être amoureux.

La couleur revient dans sa peinture. Son cubisme s'aère, laisse mieux voir ses motifs, joue de plus en plus de la typographie, fait danser des natures mortes, choque Braque par ses fantaisies, lorsqu'il utilise un morceau de toile cirée imitant le cannage d'une chaise pour figurer celle-ci. Cela ne serait qu'anecdotique si Picasso n'était en train d'inventer le collage, qui va connaître une riche destinée au cours du XXe siècle. Au même moment, avec un peu de carton, de tôle et de fil de fer, il compose une guitare légère et pleine d'humour qui réinvente la sculpture.

À nouvel amour, nouvelle demeure. Montmartre, ce furent la bohème et Fernande ; mais Montmartre, c'est fini. Et Pigalle aussi. Un nouveau cœur artistique bat à Paris, à Montparnasse. Pablo et Éva passent la Seine et s'installent boulevard Raspail. En fait, c'est Kahnweiler qui s'occupe des modalités pratiques de ce déménagement tandis que le couple est à Céret, dès mai 1912. Mais, un mois plus tard, ils s'en vont, à l'annonce de l'arrivée prochaine de Fernande, avec le couple Pichot. Ils vont près d'Avignon, à Sorgues, où résident les Braque et où ils louent la villa Les Clochettes. Les deux peintres travaillent, avec toujours autant d'énergie. Leur amitié reste inchangée, bien que tendue par une rivalité qui pour n'être pas clairement exprimée n'en est pas moins évidente. Braque colle du papier peint sur une toile, non pour parfaire une illusion comme l'a fait Picasso avec sa chaise, mais pour s'en servir comme pur élément plastique. La porte est désormais ouverte à d'autres jeux.

Mondanités et surréalisme

Au Salon d'automne de 1912, le cubisme fait scandale. Paris s'émeut de voir déferler les vandales, ces émules de Braque et de Picasso qui se haussent du col dans un monument national, le Grand Palais. On en débat même à la Chambre des députés où les partisans de la liberté d'expression et de la création s'opposent aux défenseurs d'une tradition qu'ils aimeraient voir bouger le moins possible. Les impressionnistes étaient des fumistes qui peignaient mal ; les cubistes, eux, sont des malfaiteurs, pour la plupart étrangers, qui agressent la nation... Le scandale n'intéresse pas Picasso, qui se tient à l'écart des Salons. Il n'attaque personne, ne défend personne, ne s'avance pas en héraut du cubisme, regarde de haut ses suiveurs, les Gleizes, Metzinger, Delaunay, qui tirent les marrons du feu (maigres châtaignes dans des braises hésitantes). Et tant pis si l'ami Apollinaire fait preuve d'un fâcheux aveuglement à l'égard de ces cubistes mineurs. Tant pis aussi si Leo Stein le lâche au profit de Matisse. Heureusement, Gertrude lui reste fidèle. En ces temps de polémique dérisoire et alors que monte la tension plus grave qui prélude à la guerre, Picasso préfère quitter Paris et retourner à Céret. En emmenant, bien sûr, Éva, auprès de laquelle il connaît une bien satisfaisante paix amoureuse, qui le change des foucades de Fernande.

Le printemps s'éveille sur la montagne. Manolo et Burty Haviland sont toujours aussi chaleureux, détendus, heureux d'avoir jeté là leur ancre. Pablo s'installe à un étage d'une grande bâtisse, la maison Delcros, où il a déjà séjourné en 1911. Il y fait venir Max Jacob qui, continuellement fauché, n'hésite pas à profiter de l'hospitalité de son ami. Mais, comme l'année précédente, une ombre passe sur le tableau du bonheur catalan : José Ruiz y Blasco meurt et Pablo part l'enterrer à Barcelone. Personne n'aime la mort et Picasso moins que d'autres. Son père, depuis longtemps, s'est éloigné de lui, mais il a été son premier maître, l'a encouragé très jeune, lui a fait confiance, l'a aidé à s'engager le mieux possible sur la voie de la peinture. Ensuite, certes, il n'a pas compris ce que peignait Pablo, mais c'était son fils et il connaissait son talent. Picasso est sombre quand il revient à Céret, où ses amis l'entourent. Les Braque, eux aussi, maintenant sont venus, de même que Juan Gris, un jeune Madrilène qu'il a connu au Bateau-Lavoir et qui a emprunté comme tant d'autres le chemin du cubisme.

Il faut imaginer cette petite bande à la terrasse du Grand Café, sous les platanes ; et quand les *coblas*, ces formations musicales catalanes, donnent leurs sérénades ; quand Max s'essaie à danser la sardane ; quand un autocar emmène Pablo et quelques autres à Figueiras, en Espagne, pour assister à une corrida... Mais voici qu'Éva est malade. Une angine, semble-t-il, qui s'attarde et lui laisse une mauvaise toux. Puis c'est Pablo, qui souffre d'une « petite typhoïde » (sans doute une dysenterie), qui l'incite à rentrer vite à Paris, où il doit rester alité pendant une quinzaine de jours. Picasso ne supporte pas plus la maladie que lorsqu'il était jeune : la maladie, c'est la vie qui perd du terrain — et la vie, c'est le travail, la peinture, et aussi tout ce qu'il peut faire sur la voie ouverte par les collages et les papiers collés, des objets bricolés avec ce qui lui tombe sous la main, bouts de bois, carton, ficelle et fil de fer, des objets qui réinventent la sculpture. Une fois remis sur pied, il passe du boulevard Raspail à la rue Schœlcher, dans un bel atelier qui domine le boulevard du Montparnasse.

À Montparnasse, la revue *Les Soirées de Paris*, dirigée par Apollinaire, tient maintenant le haut du pavé littéraire et artistique grâce à de généreux mécènes. Brandissant le drapeau du cubisme, dont le bouillant Guillaume est plus que jamais le thuriféraire, elle accorde à Picasso, au Picasso le plus récent, la place d'honneur. *Les Soirées*, ce sont aussi des soirées organisées par leurs riches propriétaires, Serge Jastrebzoff, qui a pris le pseudonyme de Férat, et sa sœur la baronne Hélène d'Oettingen, peintres et collectionneurs d'origine russe et grands amateurs de l'œuvre du Douanier Rousseau. On y rencontre tout ce que Paris compte alors de plus brillant et de plus prometteur et Picasso n'y est pas la moindre des vedettes. Il est la figure dominante du cubisme, le héros des avant-gardes et il peut s'en amuser, lui qui, se sentant plus libre que jamais, a déjà dépassé le cubisme. Le cubisme n'est pas pour lui un système, ce n'est qu'une nouvelle possibilité de la figuration, qui n'a de sens qu'à s'ouvrir sur de nouvelles libertés, plutôt qu'à se figer, comme elle est en train de le faire en d'autres mains, dans un nouvel académisme. Le cubisme n'est pas l'affaire de Picasso ; c'est celle de quelques peintres qui se sont engouffrés dans la brèche qu'il a ouverte avec Braque, de quelques écrivains, amateurs, marchands qui y voient l'avant-garde artistique ; c'est le rêve théorique d'Apollinaire, qui s'en fait l'apologiste dans ses *Méditations esthétiques* et lui invente trois catégories (« scientifique », « physique », « instinctif ») ; c'est une marchandise lancée sur le marché de l'art. Ce sera plus tard celle d'historiens de l'art instituant cela comme vérité première : l'art moderne du XXe siècle est né avec le cubisme. Ce n'est pas si simple et, si Picasso profite du mouvement créé autour de cette malencontreuse étiquette dans les années 1910, elle réduit considérablement ce qu'il y toujours d'élan et d'improvisation, dans une œuvre qui à aucun moment ne se laisse aussi facilement, étroitement saisir.

En 1914, Picasso, amoureux et célèbre, vendant assez ses œuvres pour en vivre bien, se joue de la

« La peinture est plus forte que moi,
elle me fait faire ce qu'elle veut. »

1 Picasso, rue des Grands-Augustins, Paris, 1952. Photo Denise Colomb.

« Que croyez-vous que soit un artiste ?
Un imbécile qui n'a que des yeux s'il est peintre.
Bien au contraire, il est en même temps un être
politique, constamment en éveil devant les
déchirants, ardents ou doux événements du monde...
Non, la peinture n'est pas faite pour décorer
les appartements. C'est un instrument de guerre
offensive et défensive contre l'ennemi. »

3

4

2 *Portrait de Gertrude Stein,* huile sur toile, 1906. New York, Metropolitan Museum of Art.

3 Esquisse pour *Les Demoiselles d'Avignon,* pastel sur papier, 1907. Bâle, Öffentliche Kunstsammlung.

4 « Étude de la tête du marin », carnet d'études pour les *Demoiselles d'Avignon,* aquarelle, 1907. Paris, musée Picasso.

5 *Portrait d'Olga dans un fauteuil,* huile sur toile, 1917. Paris, musée Picasso.

6 *Portrait de Marie-Thérèse,* huile sur toile, 1937. Paris, musée Picasso.

7 *Portrait de Dora Maar,* huile sur toile, 1937. Paris, musée Picasso.

8 *Françoise au bandeau,* mine de plomb, 1946. Paris, musée Picasso.

9 *Jacqueline en mantille sur fond rouge,* huile sur toile, 1959. Christie's London.

« *Lorsque ce n'est plus moi qui parle, mais mes dessins, lorsqu'ils s'échappent et se moquent de moi, alors je sais que je suis parvenu à mon but.* »

5

6

7

8

9

10 *Maternité*, huile sur toile, 1971. Paris, musée Picasso.

11 *Paul dessinant,* huile sur toile, 1923. Paris, musée Picasso.

12 Maya à la poupée, huile sur toile, 1938. Paris, musée Picasso.

13 *Claude dessinant, Françoise et Paloma,*
huile sur toile, 1954. Paris, musée Picasso.

« Il faut une règle, même si elle est mauvaise, parce que la puissance de l'art s'affirme dans la rupture des tabous. »

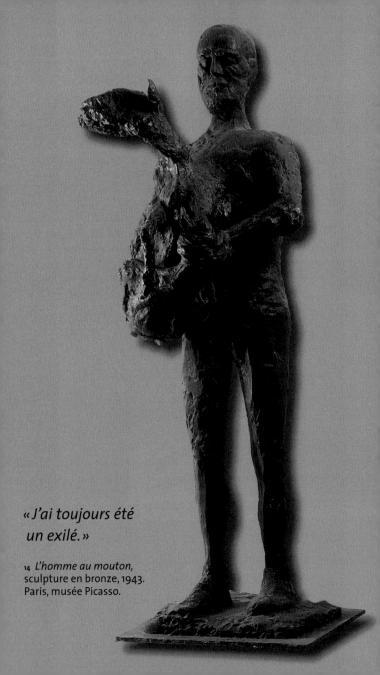

« J'ai toujours été
un exilé. »

14 *L'homme au mouton*,
sculpture en bronze, 1943.
Paris, musée Picasso.

peinture et de la sculpture avec autant d'imagination que de désinvolture. Son œuvre est joyeuse, diverse, colorée, inventive, déclinant à l'extrême, et en trois comme en deux dimensions, les procédés du cubisme. Mais, en douce, il dessine, peint même, de manière tout à fait classique, bien que de cela il ne montre rien. L'été, il est à Avignon, avec Éva bien sûr, alors que les Braque et les Derain ne sont pas loin et que subsiste en amitié le trio qui fut à l'origine du cubisme. La guerre les surprend donc en Provence. Les deux Français partent rejoindre leur garnison. Picasso, lui, est espagnol et l'Espagne se tient à l'écart du conflit. Il pourrait s'engager comme le fait Apollinaire, lui aussi étranger, mais un artiste n'a-t-il pas mieux à faire que la guerre, c'est-à-dire de l'art ? Il ne voit pas de raison de se mêler à la grande boucherie et le mieux qu'il puisse faire, échappant ainsi à l'enfer, c'est de travailler. Et d'aimer Éva.

Il ne rentre à Paris qu'au cours de l'automne. La ville est morose. La plupart des amis français sont partis au front. Les étrangers et ceux dont l'armée n'a pas voulu, pour une raison ou une autre, connaissent des jours difficiles. Le marché de l'art sommeille, le débat autour du cubisme n'intéresse plus grand monde et les bourses se vident. Kahnweiler, allemand et considéré par conséquent comme un ennemi, mais peu désireux d'aller se battre pour le Kaiser, s'est réfugié en Suisse. Ses biens, galerie et tableaux compris, sont placés sous séquestre, ce qui n'arrange pas les artistes qu'il défendait, tel Juan Gris qui sombre dans la misère au Bateau-Lavoir. Picasso, qui a bénéficié d'un plus grand succès, s'en tire mieux. De même que Matisse, qui a passé l'âge de faire la guerre. Ils se voient quelquefois, rivaux mais pas ennemis et encore conviés à dîner par Gertrude Stein, qui s'est séparée de son frère (à lui les Matisse, à elle les Picasso). Serge Férat et sa sœur continuent eux aussi de recevoir à leur table écrivains et artistes. Puisque l'armée française ne se rue pas sur Berlin comme elle le promettait et que la guerre paraît devoir durer, une certaine vie mondaine reprend, ne serait-ce que pour soutenir le moral des permissionnaires.

Max Jacob a échappé lui aussi à la conscription. Les médecins militaires l'ont trouvé trop myope. Certes, il a la vue faible, mais cela ne l'empêche pas d'avoir des visions. Jésus lui est apparu et il a honte de sa vie dissolue. Il se verrait bien maintenant faire le moine. Mais il lui faut d'abord se convertir puisque, juif, il n'a pas été élevé dans la religion catholique. Il décide de se faire baptiser et, en février 1915, Pablo sera son parrain. Ce n'est pas que celui-ci soit très porté sur la religion, mais il n'est pas contre non plus et Max, qui devient Cyprien par la grâce baptismale, est son ami...

Picasso n'est pas assez indifférent à la marche du monde pour n'être pas bouleversé par la guerre. D'autant plus que son ami Braque est grièvement blessé. Elle n'entre pas comme sujet dans sa peinture, mais elle maintient son travail dans une certaine gravité. L'*Arlequin* qu'il peint en cette même année n'a ni la douce mélancolie ni la légèreté souriante qu'ont eues certains de ses prédécesseurs. Avec sa tête en bille de bois et ses dents en rictus, et malgré son costume qui est une fête de couleur, il n'est rien d'autre qu'un pantin. Comme si toute humanité avait déserté l'art. Mais la guerre n'est peut-être pas seule responsable de cette dramatisation, car Éva est malade. En janvier 1915, elle passe un mois dans une maison de santé, où elle est opérée, ce qui bien sûr inquiète son compagnon. De quelle maladie souffre-t-elle ? Nous ne le savons pas avec précision. Cette femme très aimée de Picasso a laissé peu de traces de son passage dans sa vie. Les témoignages dont nous disposons sont rares et pauvres. N'a-t-elle été là que pour être dessinée ou peinte par son amant ? Après un léger mieux, elle rechute au printemps, puis son état empire. Tout indique qu'il s'agit de la tuberculose. Elle est fatiguée, épuisée, elle maigrit de plus en plus et doit être de nouveau hospitalisée. À Auteuil, ce qui est bien loin pour Pablo, qui doit faire d'incessants allers-retours pour aller la voir. Elle se meurt et elle le sait. Elle l'écrit à une amie. Pablo doit aussi se faire à cette idée, mais il se plaint surtout, dans une lettre à Gertrude Stein, de ce que sa vie « est un enfer » ! À Jean Cocteau, qui vient le voir pour la première fois, conduit par le musicien Edgard Varèse, il confie sa tristesse, alors qu'il est d'ordinaire si fièrement pudique. Eva meurt le 14 décembre. Picasso, si affecté soit-il, ne s'en console pas moins avec une certaine

Gaby dont, pendant les derniers jours de sa campagne, les charmes lui ont déjà apporté quelque réconfort. Ne voyons pas là du cynisme : c'est sa
façon de tourner le dos à la mort, de prendre passionnément le parti de la vie. Pablo n'aime pas
vivre seul ; il a besoin d'une présence féminine,
amoureuse et charnelle, dans sa vie ; son art, tout
d'énergie, n'admet pas qu'il se laisse aller à se
morfondre. Picasso est vivant et il déclare son
amour à Gaby, qu'il voudrait même, dit-il, épouser.
L'histoire fait long feu et d'autres dames contribuent lui donner le goût de vivre, Irène Lagut,
Émilienne Pâquerette...

Ces derniers mois, il n'a pas travaillé comme il
l'aurait voulu, mais l'année 1916 le revoit assidu
et dynamique dans son atelier, où il continue d'explorer la voie que *Les Demoiselles* ont ouverte, peignant de nombreuses toiles solidement construites,
les lignes enserrant fermement la couleur qui est
revenue. Il décline, varie, guette ce qui peut adve-
nir. Léonce Rosenberg, dans sa galerie L'Effort
moderne, a pris la relève marchande de Kahnweiler. Dans Paris qui s'habitue à la guerre, Picasso
tient bon. Il accepte, à l'encontre du principe qu'il
observe d'ordinaire, de participer au Salon d'Antin organisé par André Salmon en juillet 1916, qui
réunit fauves, cubistes et quelques autres dans les
locaux du couturier Paul Poiret. Pour l'occasion, il
va même jusqu'à faire sortir, déroulées et remon-
tées sur un châssis, *Les Demoiselles d'Avignon*,
qui pour la première fois se proposent ainsi à l'ap-
préciation du public et au ricanement des journa-

listes. Il arrive aussi qu'on voie de ses œuvres ici ou là, appartenant à un marchand ou à un collectionneur à d'autres occasions, comme cela fut le cas en mars, dans la boutique de Germaine Bongard, la sœur de Paul Poiret, lors d'une exposition regroupant quelques artistes importants de la nouvelle génération, tels Matisse, Derain, Modigliani, Léger, Severini, Marie Laurencin. Au mois de juin, on a pu lire son nom sur le catalogue accompagnant une exposition du Cabaret Voltaire, le haut lieu de Dada, qui vient de naître à Zurich.

Jean Cocteau, permissionnaire, est venu le voir vêtu d'un costume d'Arlequin pour lui montrer son admiration et le convaincre de faire son portrait. Ce jeune poète, déjà bien introduit dans la société parisienne, et dont le visage ne le laisse pas indifférent, sait s'imposer. Picasso, depuis Els Quatre Gats, a toujours aimé la compagnie des poètes et l'hommage insistant de ce brillant feu follet force son amitié. Cocteau, peu enclin à l'ombre qui est le prix de la modestie, s'efforce d'entraîner Picasso dans une aventure où la complicité d'un artiste aussi célèbre serait un atout pour sa propre renommée : les Ballets russes de Serge de Diaghilev doivent bientôt danser un ballet sur un argument dont il est l'auteur. Ce sera *Parade*, musique d'Erik Satie, chorégraphie de Léonide Massine, costumes et décors de... Picasso. Telle est l'idée de ce jeune homme ambitieux, auquel un bon scandale artistique, tel celui qui a marqué *Le Sacre du Printemps* (musique d'Igor Stravinski) juste avant la guerre, ne fait pas peur, au contraire. Picasso a toujours aimé les arts du spectacle, s'en est inspiré comme bien des peintres. Voici qu'une belle occasion lui est donnée de monter sur scène.

Picasso s'entend bien avec Erik Satie, son aîné de quinze ans qu'il a connu naguère à Montmartre et dont l'esprit est aussi peu conventionnel que le sien. Ils discutent beaucoup ensemble de *Parade*. Le musicien soutient le peintre dans son effort pour orienter à sa manière le projet aux dépens de l'argument initial de Cocteau. Celui-ci, diplomate, se soumet : l'ami sur lequel il comptait pour donner un éclat supplémentaire au spectacle en accentue le côté saltimbanque, en fait une fête néocubiste tout en dressant un pont rétrospectif entre le cubisme et ses périodes rose et bleue. La parade est ce moment où les bateleurs rameutent le public du boulevard et tentent de l'inciter à venir voir leur spectacle en leur montrant quelques tours. Dans ce monde d'arlequins et d'acrobates, le peintre est chez lui. Il s'engage totalement dans cette affaire et peu importe qu'on l'accuse de faire sombrer le cubisme dans l'art décoratif et l'imagerie populaire. D'ailleurs, le rideau de scène ne sera guère cubiste, non plus que la plupart des costumes parmi lesquels, vraiment cubistes, trancheront d'autant plus ceux des « managers », ces crieurs de tréteaux qui font la réclame du spectacle. Mais Picasso ne nous a-t-il pas déjà montré qu'il ne craint pas de se dédoubler ? À trente-cinq ans, il se retourne sur son parcours de peintre et réinvestit pour le théâtre les deux grands moments artistiques qu'il a traversés comme si l'un et l'autre appartenaient à un même capital historique dans lequel il pourrait piocher selon son désir.

En février 1917, le peintre et le poète partent pour Rome, où ils rejoignent la troupe des Ballets. Jean s'amuse et dessine. Pablo, dans un atelier de la via Margutta, met au point les décors et les costumes, dessine aussi, dans une veine des plus classiques, et ne peint presque pas. Les vieilles pierres l'intéressent peu. La peinture, si généreuse dans cette ville qui est un vaste musée, le requiert plus. Ici, l'avant-garde est « futuriste » et malmène autant la figuration traditionnelle que l'a fait le cubisme, quoique dans un esprit différent, plus polémique, plus politique, surtout obsédée par l'idée de mettre du mouvement dans la peinture. Mais la rue, les cafés, les scènes populaires l'intéressent davantage, tout comme les danseuses d'ailleurs. L'une d'entre elles surtout, Olga Kokhlova, à laquelle il fait une cour pressante. Cette belle fille de colonel, de dix ans sa cadette, lui résistant, sa conquête en est d'autant plus indispensable. Enfin, elle cède et, ô surprise ! c'est une vraie jeune fille — ce dont Pablo se vante auprès de Gertrude Stein. Jean Cocteau, lui, selon son biographe Richard Buckle, est l'amant d'une autre danseuse de la troupe. Mais il a moins de succès auprès du pape, qui ne lui accorde pas l'audience souhaitée !

Fin avril, Picasso est de retour à Paris. Plus précisément à Montrouge, où il a emménagé dans une maison, quelques mois auparavant, histoire de tourner la page du temps d'Éva. Le 18 mai, au théâtre du Châtelet, tout ce qu'il y a d'élégant, de mondain ou de résolument moderne dans ce Paris en guerre que menacent les troupes du Kaiser est réuni pour la première de *Parade*. Apollinaire, soldat grièvement blessé, a été requis pour écrire un texte de présentation dont il a fait un manifeste qui n'a rien pour rassurer les plus frileux des spectateurs : l'alliance, ici réussie, de la chorégraphie et des décors et costumes crée « une sorte de surréalisme », qui est « le point de départ d'une série de manifestations de cet esprit nouveau qui [...] se promet de modifier de fond en comble les arts et les mœurs dans l'allégresse universelle car le bon sens veut qu'ils soient au moins à la hauteur des progrès scientifiques et industriels[1] ». Massine, en prestidigitateur chinois rouge, jaune et noir, avale un œuf. Le manager français, en chapeau haut de forme, donne ses ordres au moyen d'un mégaphone. Son collègue américain, en chemise rouge et pantalon de cow-boy, porte des gratte-ciel sur ses épaules et une cheminée d'usine sur la tête... Il en faut plus pour impressionner Paul Morand, qui écrit dans son journal[2] : « Salle comble, hier, au Châtelet, pour *Parade*. Décors de toile, genre spectacle forain, de Picasso, une musique gracieuse de Satie, tantôt Rimski tantôt bastringue [...]. Beaucoup d'applaudissements et quelques sifflets. » Il n'empêche que l'onde de choc de *Parade* secoue Paris. Trois mois après le succès de la révolution qui, en Russie, a instauré un nouveau régime, le spectacle paraît d'autant plus subversif que, quelques jours plus tôt, le drapeau rouge est apparu sur la scène du même théâtre, au final de *L'Oiseau de feu*, dont Stravinski a signé la musique. Cocteau, Satie et Picasso font l'objet d'une même réprobation : des Boches, des Bolcheviks ! Erik Satie insulte un critique méprisant et est condamné pour diffamation. Le scandale, souhaité par le poète comme opération publicitaire, est une réussite et il déclare, non sans culot, que cela fut « la plus grande bataille de la guerre ».

Le mois suivant, les Ballets partent pour Barcelone. Y suivre sa belle s'impose pour ce Catalan d'adoption, qui reste à Barcelone de juin à novembre. Olga demeure sagement à l'hôtel où sont logées les ballerines, tandis que Pablo s'installe dans l'appartement où vivaient ses parents et que sa mère a délaissé pour habiter chez Lola. Elle n'en pose pas moins pour lui, avec sur ses épaules une mantille que Maria a tenu à offrir à la nouvelle fiancée de son fils, tout en la mettant en garde sur les capacités de Pablo à faire un bon mari. Léonide Massine, le danseur-chorégraphe, lui aussi portraituré, l'est en Arlequin. Le réalisme prend le dessus et ce qui reste de cubisme dans quelques-unes des toiles peintes alors est bien édulcoré, joliment décoratif. Les Ballets partent ensuite pour Madrid, où, prudents, pas plus qu'à Barcelone ils ne montrent *Parade*. Pablo reste seul à Barcelone où ses amis de jeunesse organisent un banquet en son honneur. Les Ballets doivent ensuite gagner l'Amérique du Sud. Olga décide de ne pas les suivre. C'en est fini de sa carrière de ballerine, elle reste auprès de Picasso, l'accompagne à Paris, découvre avec stupeur le désordre (le mot est faible) qui règne à Montrouge, plus encore que dans ses précédents ateliers. Au moins une bonne peut-elle être appelée au secours. Mais la bohème n'est pas sa tasse de thé et cette grande bourgeoise se sent mieux quand, au printemps suivant, peu après que Paul Guillaume a organisé une exposition Matisse-Picasso, Pablo, assez fortuné, accepte de s'installer à l'hôtel Lutetia. Quitte à retourner peindre à Montrouge, même la nuit si le cœur lui en dit. Mais l'important pour Olga, n'est-ce pas qu'il l'épouse ? Et même à l'église, selon le rite orthodoxe.

Le 12 juillet 1918, à l'église russe de la rue Daru, Jean Cocteau, témoin de la mariée, a l'impression de jouer dans *Boris Godounov*, ainsi qu'il l'écrit à sa mère. Max Jacob et Guillaume Apollinaire, qui lui-même s'est marié deux ans plus tôt, sont les témoins du marié. Deux mois plus tôt, le couple dînait chez Gertrude Stein et Alice Toklas en compagnie d'Igor Stravinski, cet autre complice des Ballets russes, de Marcel Proust et de James Joyce. Malgré la guerre, le jeune XXe siècle se porte bien et Pablo Picasso, désormais accompagné d'Olga Kokhlova, est de ceux qui l'ouvrent sur de nouveaux horizons.

Les Ballets russes ont ajouté à sa renommée, l'ont lancé dans un monde d'argent et de paillettes qu'il n'avait encore fait qu'effleurer. Olga, qui pour être danseuse n'est pas du tout saltimbanque, l'entraîne à jouer un nouveau personnage : celui de l'artiste mondain, qui soigne sa mise, joue poliment son rôle dans les salons, goûte les fruits de la célébrité. Les jeunes mariés passent l'été à Biarritz, la station chic du Pays basque où une internationale argentée attend avec désinvolture que prenne fin l'enfer des tranchées. Leur hôtesse, Eugenia Errazuriz, mécène qui se pique de modernité et porte à Pablo une amitié sincère, est un bel exemple de ce nouveau réseau de relations qui entraînent Picasso à mille lieues du Bateau-Lavoir de ses années de bohème. Amoureux, heureux, détendu, le peintre glisse du cubisme vers un élégant réalisme qui doit beaucoup à Ingres, mais ne se tient jamais longtemps à une rigueur classique. Il lui faut se jouer des formes, autrement qu'en cubiste, quitte à revenir à cet allongement qui lui a tant plu chez le Greco. Mais avec le sourire en plus. D'un style ou d'un autre il peint Olga, des portraits de ses commensaux, des *Baigneuses*.

La guerre, enfin, prend fin. Mais Guillaume Apollinaire meurt. Le poète, trépané, remis sur pied, est emporté par la grippe espagnole. Une page se tourne. Pablo Picasso a perdu un de ses meilleurs complices, le poète qui s'était amusé à le faire apparaître dans son roman *La Femme assise* sous les traits de Pablo Canouris, « le peintre aux mains bleues célestes » et aux « yeux d'oiseau » et aux côtés d'un Max Jacob devenu Moïse Deléchelle, « un homme couleur de cendre dont le corps, en toutes ses parties, est musical ». Avec Apollinaire disparaît aussi le héraut du cubisme, qui fut le premier souffle du siècle et dont certains, maintenant, sans se rendre compte de ce que leur cheval de bataille n'est plus qu'une vieille rosse, défendent l'orthodoxie contre les « trahisons » de celui qui en a été le plus ardent créateur. Picasso s'installe 23 rue La Boétie, à l'écart de Montparnasse autant que de Montmartre, dans ce qu'on appelle un « beau quartier », disons : un quartier bourgeois. Paul Rosenberg, le frère de Léonce et lui aussi marchand de tableaux, chargé à cette occasion de mission immobilière, a trouvé deux appartements tout près de sa galerie. Dans son nouvel atelier, un étage au-dessus de l'appartement dans lequel règne Olga, Pablo a vite fait de reconstituer le désordre sans lequel il semble qu'il ne puisse ni vivre ni peindre. Là, il est chez lui, où elle n'a pas son mot à dire.

Encore plus clairement qu'il ne l'a fait aux temps de Fernande et d'Éva, parce que Olga lui impose sa règle là où elle est souveraine, il distingue deux territoires. Il coupe sa vie en deux : d'un côté, l'ordre, Olga, l'appartement, les réceptions, la vie mondaine, les beaux costumes ; de l'autre le capharnaüm, le travail, la solitude, la confrontation avec les démons de la peinture, les amis de la bohème auxquels il reste fidèle, mais que n'apprécie pas son épouse. Il ne fait pas de coups d'éclat, n'invente pas de nouveau style. Il peint — et pour lui peindre, c'est vivre. Bientôt il aura quarante ans et il a déjà derrière lui une carrière importante, une œuvre considérable, multiple, célébrée, influente. Il regarde le chemin qu'il a parcouru, s'interroge sur ce qu'il a réalisé, sur ce qu'il peut encore entreprendre. Il multiplie les natures mortes, dissèque Manet, se soucie moins d'accomplir des œuvres définitives que de peindre ce qui lui plaît, comme et quand cela lui plaît. Aussi sa peinture paraît-elle moins austère, plus accessible. Il profite du nouvel élan pris par le marché de l'art ainsi que de l'habileté marchande de Paul Rosenberg. Il est le peintre moderne numéro 1. Cocteau le célèbre dans son *Ode à Picasso* en se réjouissant de le voir revenir au classicisme. Un jeune peintre catalan, Joan Miró, vient le voir, lui montre des tableaux et a la joie de lui en vendre un, son très original *Autoportrait*.

Au printemps 1919, Diaghilev appelle pour une nouvelle collaboration Picasso, qui rejoint la troupe des Ballets russes à Londres, où celle-ci prépare *Le Tricorne* sur une musique de Manuel de Falla. C'est pour lui l'occasion d'une grande imagerie espagnole (folklore, corrida et Goya...) dont le rideau de scène, qu'il peint en grande partie lui-même, est un brillant exemple. Il s'amuse et Olga retrouve ses amies ballerines. Londres l'admire et le fête. Il déjeune chez une lady, à Oxford, et se laisse habiller par son épouse chez les meilleurs tailleurs et chemisiers londoniens. Quand il rentre en France, pour passer l'été au bord de la Méditerranée, à Saint-Raphaël, cette plongée espagnole lui a donné une nouvelle fraîcheur, un nouvel entrain : baigneuses et faunes chantent et dansent une évidente joie de vivre dans une allégresse venue de l'Antiquité grecque et romaine. Et, comme la bonne humeur l'incite à l'humour, il se moque des ballerines de Diaghilev, ces athlètes rigoureuses dont l'apparente légèreté n'est qu'artifice, rigueur disciplinaire, au contraire de celle d'Arlequin ou de Pierrot, auxquels il ne cesse de revenir. L'année suivante, il libère ces danseuses de leur poids, accuse leurs formes, les arrondit, les rend énormes, mais légères tels des ballons qui s'élancent dans l'air ensoleillé. Entre-temps, il s'est amusé avec l'esprit de la commedia dell'arte, c'est-à-dire l'art des saltimbanques, et les clichés napolitains, en faisant les décors et les costumes de *Pulcinella*, le ballet qu'a monté Diaghilev sur une musique de Stravinski et qui remportera un vif succès à l'Opéra de Paris. Si les femmes s'arrondissent, c'est peut-être aussi parce que Olga est enceinte. Les nouvelles baigneuses sont des mères, des matrones, des porteuses de vie. Paulo naît en février 1921 et Pablo se réjouit d'être père.

Kahnweiler est rentré à Paris où, fidèle au cubisme austère d'avant-guerre, il a ouvert une nouvelle galerie, rue d'Astorg, non loin de celle de Paul Rosenberg et du domicile de Picasso. C'est la galerie Simon, du nom d'un associé du marchand, qui a apporté des fonds nécessaires. Ainsi rebondit-il, mais sans pouvoir récupérer les tableaux qui lui ont été confisqués en raison de sa nationalité allemande. Cependant l'évolution du peintre le déçoit et celui-ci, qui aime bien que les marchands piaffent devant sa porte en réclamant ses tableaux, ne fait pas d'effort pour celui qui a naguère si bien promu son œuvre. Les géantes qui sortent alors de l'atelier de la rue La Boétie, et qui semblent venir d'un fonds mythologique antique, en témoignant de l'intérêt que l'artiste porte à la sculpture antique, ne seront pas accrochées dans la nouvelle galerie. Les *Trois Femmes à la fontaine*, peintes à Fontainebleau, où Picasso a emmené Olga et Paulo passer leur premier été en famille, ne le seront pas non plus. C'est une sorte de manifeste de son retour au classicisme, du moins une synthèse de ses derniers travaux, mûrie au fil de nombreuses esquisses et que Pierre Cabanne décrit ainsi : « Voici, dans une harmonie ocre de vase grec, ces trois femmes aux membres pareils à des colonnes, dont les tuniques creusées de cannelures ont l'air sculptées, et dont la chair, d'un rose plâtreux, semble refuser les reflets du jour[3]. »

On retrouve là, en effet, une référence au noble équilibre, qui n'est pas sans rappeler Nicolas Poussin, le plus grand des peintres classiques français, et qui montre une nouvelle fois comment Picasso, loin d'être un barbare, ne cesse de revenir à l'histoire de l'art, de regarder et d'interroger les grands artistes qui en ont été les principaux maillons. Hier c'était le Greco ou Goya, ou bien l'art primitif d'Afrique ou d'Océanie ; maintenant c'est Poussin. Oui, mais… Il n'en peint pas moins au même moment une autre grande œuvre, *Les Trois Musiciens*, d'une belle assurance plastique et d'une grande force décorative unissant l'expérience de la recomposition cubiste et celle de la décoration scénique. Nous en empruntons aussi la description à Pierre Cabanne :

Une décomposition géométrique violente, quoique hiératique, des couleurs éclatantes, tons chauds et tons froids opposés, se détachant sur un fond sombre[4].

Picasso, en 1921, est l'agent double de la peinture moderne. Mais il évolue moins sur deux voies parallèles qu'il n'oscille entre deux pôles, revenant en arrière et dans le même temps se projetant dans le futur. L'été suivant, passant de la Méditerranée à la Manche, avec une énergie que rien n'altère, il mêle les paysages, les natures mortes, les maternités et encore des matrones qui s'élancent gaiement sur une plage.

Pour Charles Dullin, qui monte l'*Antigone* de Jean Cocteau, il crée un décor simple et majestueux en faisant tomber des cintres une grande toile de jute passée au bleu de méthylène et froissée, sur laquelle il peint sans hésitation aucune, à l'encre sur un fond de sanguine, devant des témoins ébahis, trois colonnes doriques. L'inspiration antique, il y reviendra sur scène, l'année suivante, pour le ballet *Mercure* de Léonide Massine, dont Erik Satie aura composé la musique.

Alors qu'il semble que Picasso soit rentré dans l'ordre d'une peinture plus raisonnable, plus évidente (Jean Cocteau s'en réjouit) ; alors que le cubisme, malgré les efforts de Kahnweiler et de Juan Gris, devenu son principal poulain, paraît démodé, une avant-garde d'une insolence extrême secoue le Paris des lettres et des arts. Quelques jeunes gens commencent à faire un singulier tapage. Tristan Tzara apporte à Paris l'humour subversif de Dada, le mouvement qu'il a fondé en Suisse. Il a vingt-cinq ans, déjà une belle réputation d'esprit non conformiste et réussit à réunir autour de lui et de Francis Picabia (un « vieux », lui, un quadragénaire, qui a joué les trouble-fêtes à New York avec Marcel Duchamp) quelques écrivains encore peu réputés, qui cherchent eux aussi à porter le fer de la révolution au cœur même des fondements de la civilisation occidentale. Mais Dada, nihiliste, ce n'est encore que du Jarry extrême, de l'esprit collégien poussé à son comble. André Breton, Louis Aragon et Paul Éluard qui en apprécient l'appel à faire table rase, veulent aller plus loin, ouvrir des voies nouvelles, construire un autre monde, « changer la vie », comme disait Arthur Rimbaud. Pour eux, contrairement à Picabia quelque peu jaloux de son brillant cadet, Picasso est un exemple de liberté, d'imagination et ils le lui font savoir. De même, Tzara, moins systématique qu'il ne s'en donne l'air, l'admire, voit dans le cubisme une porte ouverte sur l'avenir. Breton et Aragon tentent d'entraîner Picasso dans leur élan contestataire, ou de se faire parrainer par lui. Il est touché par l'intérêt qu'ils lui portent et attentif à ce qu'il sent en eux d'ardeur, mais l'homme heureux, le peintre sage qu'il est alors ne se laisse pas « mettre le grappin dessus » (ainsi que disait Cézanne). Il les reçoit volontiers dans le désordre de son atelier, mais trouve quelquefois excessive leur insistance à faire de lui un héros révolutionnaire. Lui, c'est de peinture qu'il se soucie, non de révolution, et Cocteau est son ami. Au moins ces jeunes gens si peu académiques ont-ils une fantaisie qui lui rappelle celle d'Apollinaire, celle aussi de Max Jacob quand il ne s'était pas encore plongé dans le catholicisme (il vient de s'installer à l'ombre du monastère de Saint-Benoît-sur-Loire).

Plutôt que de chambouler la société, Picasso se préoccupe de peindre son fils en Arlequin, en Pierrot, en torero. De peindre des saltimbanques, des scènes bucoliques. De peindre également Sara Murphy, une belle jeune Américaine dont l'écrivain Francis Scott Fitzgerald fut amoureux avant lui et dont le mari, un homme fort riche, s'est entiché des œuvres des fondateurs du cubisme jusqu'à vouloir être peintre lui-même. Les deux couples se sont connus à Paris, où les Murphy, qui passent eux aussi leurs vacances au cap d'Antibes, donnaient des fêtes brillantes. Picasso est fasciné par cette femme joyeuse qui lui inspire de nombreux tableaux et ce n'est sans doute pas qu'une amitié amoureuse qui les unit. Une double vie, en amour comme en peinture, ne lui fait pas peur, à condition d'éviter la jalousie d'Olga, d'autant plus possessive qu'elle le sent lui échapper. Avec une duplicité maligne, il lui arrive de peindre des tableaux qui empruntent des traits à l'une et à l'autre. Sa peinture est harmonieuse, sensuelle, œuvre d'un homme épanoui qui peint comme un de ses plus élégants personnages joue de la flûte de Pan. C'est l'œuvre d'un peintre qui a retrouvé la veine du classicisme sans pour autant être académique. Il ne manque pas de raisons de l'être en ce moment où la vie lui sourit. Sa peinture se vend bien, à tel point qu'il s'achète une automobile, une Hispano-Suiza, qu'il fait conduire par un chauffeur, alors que l'appartement de la rue La Boétie est aux mains d'une escouade de domestiques.

En 1924, deux livres lui sont consacrés, l'un écrit par Jean Cocteau, l'autre par Pierre Reverdy, un poète qui, plus loin qu'Apollinaire, s'est fait théoricien d'un cubisme qu'il transpose en littérature. Enfin, s'il compte de nombreux ennemis toujours empressés à le dénigrer, il peut se flatter d'être reçu dans les salons les plus chics tout en étant admiré par les ex-dadaïstes qui, sous la houlette d'André Breton, viennent de fonder le surréalisme. Le cubisme, qu'il assume dans un entretien publié en Amérique, dans la revue *The Arts* et auquel il a donné son accord (ce qui ne veut pas dire que ce sont exactement ses propos), serait-il surréaliste ? Oui, dans la mesure où il relève d'une attitude critique à l'égard de la perception conventionnelle de la réalité, ainsi que l'a expliqué le peintre à son interviewer Manuel de Zayas :

Nous donnons à la forme et à la couleur leur signification propre, aussi loin que nous puissions voir ; nous conservons la joie de la découverte, le plaisir de l'imprévu, notre inspiration elle-même est une source de délectation. Mais à quoi cela sert-il de dire ce que nous faisons quand chacun peut le voir, s'il le désire[5] ?

Breton cherche à développer dans le champ artistique une théorie et une stratégie nées dans l'espace littéraire et Picasso est alors le seul artiste à être allé assez loin pour que l'avant-garde la plus agressive puisse se réclamer de lui. À ceci près que réduire Picasso à son expérience du cubisme c'est ne pas comprendre à quel point il ne se tient lui-même que dans le jeu d'une permanente contradiction. Quant à voir dans le cubisme une refondation révolutionnaire de l'art, c'est attendre de lui plus qu'il ne peut donner et simplifier à l'excès ce que sera l'histoire de l'art du XXe siècle. Les surréalistes, d'ailleurs, lui tourneront bientôt le dos, dès qu'ils auront trouvé des peintres engagés dans des aventures autrement surprenantes et moins formalistes. Au cours d'une soirée marquée par une représentation du *Cœur à gaz* de Tristan Tzara, en juillet 1923, André Breton s'avance en brandissant sa canne (eh oui ! les jeunes gens, même révolutionnaires, sortent alors volontiers dans la rue avec une canne) contre quelques dadaïstes qui insultent Picasso et rompt le bras de l'un d'eux. Deux ans plus tard, plus sérieusement, le poète fait preuve de sa juste intuition en publiant dans *La Révolution surréaliste* des photographies de deux tableaux de ce peintre auquel il a accordé une place dans son panthéon surréaliste, deux œuvres qui font un grand écart par-dessus le cubisme. Le premier, ce sont *Les Demoiselles d'Avignon*, qui avaient repris leur position roulée après l'exposition du Salon d'Antin et dont Breton a incité leur auteur à les faire remettre sur un châssis afin de pouvoir les vendre au couturier Jacques Doucet. Le second est plus récent, c'est *La Danse*, une composition aussi étrange que son aînée et dans laquelle les jeux paniques de Picasso ont pris soudain une coloration dramatique. Ces deux tableaux prouvent combien le cubisme de Picasso (si vraiment cubisme il y a) n'est pas une affaire de méthode, mais d'aventure, d'intuition, et combien le peintre est un artiste sérieux, grave. Il s'est montré léger pendant quelques années. Il a prouvé sa merveilleuse habileté, sa capacité à toujours se renouveler, à ne pas s'enfermer dans la répétition de ce qu'il sait bien faire, à toujours s'avancer sur des sentiers nouveaux ; mais il s'avère qu'il n'est jamais aussi grand que lorsqu'il est grave et donne à sa peinture une densité qui vient du plus profond de lui-même.

Est-ce la mort de son vieil ami Ramon Pichot qui lui a soudain redonné cette humeur sombre ? Sans doute, au moins en partie. C'est aussi que son mariage bat de l'aile, que la mésentente avec Olga est devenue constante, que leur lien n'est plus que familial, justifié par la présence de Paulo. Ces deux êtres, à l'évidence, ne sont vraiment pas faits pour s'entendre. Olga ne peut pas comprendre la peinture de Pablo, lequel est trop obsédé par son travail de peintre pour lui offrir l'attention et le mode de vie qui lui conviendraient. La grande bourgeoise et l'artiste ne font pas bon ménage. Il n'y a plus entre eux l'élan qui emporte les contradictions, aveugle sur les incompatibilités. Olga aimerait avoir Pablo à elle et être tout pour lui. Son mari la néglige et elle lui en veut. Elle se sent humiliée de n'être pas mieux aimée. Il la trompe et elle s'en doute. Si leur mariage ne se défait pas, se poursuivant dans la mésentente, c'est que l'une pense que le mariage et la famille sont indissolubles et que l'autre, ainsi qu'il l'expliquera plus tard à Gertrude Stein, a toujours beaucoup de mal à régler les problèmes de la vie quotidienne et évite autant que possible de prendre des décisions. Malheureuse et oisive, sans autre activité que son existence mondaine et déchargée des tâches pratiques par ses domestiques, Olga s'aigrit, harcèle son mari, lui fait des scènes, qu'il ignore ou qui provoquent sa colère. C'est qu'il ne saurait, lui, Pablo Picasso, appartenir à qui que ce soit. Il ne peint plus sa femme, même plus son fils, et dans son œuvre apparaissent de nouvelles figures féminines, plus sorcières que nymphes joyeuses ou matrones épanouies. Elles grimacent, montrent les dents. Et Sara n'est plus dans les parages pour contrebalancer cette inspiration sinistre.

Est-ce toutes ces tensions qui le stimulent ? Toujours est-il qu'il a soudain un de ces coups de génie qui surgissent en rupture dans la continuité de son travail. Une serpillière ou une vieille chemise, quelques clous, des aiguilles à tricoter et, en quelques gestes, ce sont des guitares qui viennent chanter dans la nuit de Picasso. Il a retrouvé la veine des collages anciens, la sûreté du geste, la libre inspiration. De quoi plaire aux surréalistes qui apprécient l'ironie et s'émerveillent d'un tel art de la métamorphose. Au fond, il s'ennuie. À Paris, où les années sont devenues folles, à Juan-les-Pins, à Dinard, il mène grand train pour un peintre qui, vingt ans plus tôt, vivait dans la misère. L'appartement, les villas louées sont luxueux, les domestiques omniprésents, mais cela n'a d'intérêt pour lui que dans la mesure où il n'a pas à s'occuper de problèmes matériels, des petites choses du « quotidien ». Tout irait bien si Olga était une épouse efficace et discrète, assurant sa tranquillité, protégeant son travail. Ce n'est pas le cas. De moins en moins. Aussi est-il là comme un figurant dans le monde d'Olga, l'accompagnant à des soirées qui l'ennuient, s'en échappant dès que possible, trouvant dans la peinture le meilleur exutoire, bénéficiant ici ou là d'autres complicités pour ses jeux amoureux.

Les surréalistes sont pourfendeurs des conventions, défenseurs de l'imagination libre et de l'amour fou. Picasso, qui n'est pas vraiment lui-même dans les rôles qu'il joue hors de son atelier, ne peut se départir de la sympathie qu'il nourrit à leur égard. Il n'est pas dupe de l'excès de leurs proclamations ni du ridicule de leurs enfantillages, il ne les lit guère, mais il connaît la qualité de leur énergie, la force de leur démarche, l'originalité de certaines de leurs œuvres. Aussi, tout en se gardant de ce qui pourrait paraître de sa part comme une allégeance à André Breton et au *Manifeste du surréalisme* ou comme un parrainage, il accepte de participer à la première Exposition surréaliste, en novembre 1925. Il n'est plus un jeune peintre, il approche de la cinquantaine, il est célèbre et il sait être attentif à ceux qui, plus jeunes, connaissent des difficultés dont lui-même a eu du mal à triompher. Il garde l'œil sur Joan Miró, le plus original des peintres avançant sous la bannière surréaliste, qui flotte surtout sur la littérature. Il reçoit dans son atelier un jeune Russe d'Odessa, Philippe Hosiasson, se dérange pour aller voir chez lui ce que peint ce cadet bien peu cubiste et lui dit des mots qui lui font chaud au cœur. Il aide aussi considérablement le sculpteur catalan Apel-les Fenosa. Celui-ci se débattant dans une sombre misère, il lui achète plusieurs de ses œuvres avant même sa première exposition.

Picasso, en fait, est seul avec sa peinture. Il se montre dans un milieu qui le distrait mais ne le comble pas, ce qui le rend d'autant plus conscient d'appartenir à la communauté informelle et marginale des artistes. Sans esprit excessif de confraternité, sans complaisance pour ceux qu'il n'estime pas, en particulier pour les petits suiveurs du cubisme, il peut néanmoins se montrer généreux, amical, encourageant. C'est aussi ce qui le rend si sensible à la mort de ceux qui ont été, de plus ou moins près, ses compagnons, même s'il n'avait pas, ou plus, grand-chose en commun avec eux. On l'a vu bouleversé par la mort de Ramon Pichot. Il le fut aussi, en 1920, par celle de Modigliani, qu'il avait un peu aidé, sans toutefois se lier d'amitié avec lui. Il l'est encore par celle de Juan Gris, qu'il a pourtant souvent dénigré auprès de Gertrude Stein quand il trouvait que celle-ci lui accordait trop d'importance et auquel il lui est arrivé de barrer la route en lui enlevant une collaboration avec Diaghilev. Quand il apprend la mort de ce compatriote qui a été moins gâté que lui par la vie et qui était loin d'être un mauvais peintre, il se précipite chez Gertrude pour le pleurer avec elle. Alors qu'elle lui reproche une démonstration peu conforme à l'inimitié qu'il a montrée à son égard, il avoue qu'il a toujours eu pour cet artiste plus de considération qu'il n'y paraissait. Peut-être est-ce justement parce que Gris était trop bon peintre, et d'une rigueur qui lui est bien étrangère, qu'il se comporta avec lui comme avec un rival.

Il arrive aussi que les morts reviennent. C'est le cas de Guillaume Apollinaire. Au lendemain de sa mort, quelques écrivains, artistes et simples admirateurs ont constitué un comité chargé de veiller à ce que sa mémoire soit honorée par l'érection d'un monument qui serait financé par une souscription. Picasso a été contacté dès 1921 pour en être l'auteur, mais l'affaire a traîné. Par manque de fonds mais en raison aussi de l'indécision de Picasso, gêné par les contraintes générées par une telle commande et sentant que le comité qui a fait appel à lui craint son audace. Une vente aux enchères d'œuvres d'art offertes dans ce but (Picasso n'a pas manqué d'en donner une) a permis, en juin 1924, de disposer d'une somme permettant d'élever la statue, mais l'auteur présumé n'a pas encore proposé de projet. Il y a tout de même réfléchi, ainsi qu'en témoignent plusieurs croquis. À la fin de 1927, il invite ses commanditaires à venir voir un projet dans son atelier. Mais ces personnes plutôt conventionnelles et peu au fait de l'art moderne, horrifiées par une œuvre qu'elles taxent de pornographie, pensent que Picasso se paie leur tête. Il en va de leurs goûts, certes, mais il leur faut aussi tenir compte de la réaction que pourra avoir l'administration du Père-Lachaise, le cimetière où a été enterré Apollinaire et où le monument sera érigé. Pornographique, Apollinaire l'a été bien plus que Picasso, et avant lui, mais c'est là une partie de son œuvre qu'on préfère, sur la place publique où se fait l'histoire littéraire, garder secrète. L'affaire en resterait là si l'artiste n'avait pas une très grande envie de réaliser un monument, d'inscrire ainsi son œuvre quelque part dans le paysage, en grande dimension. Aussi continue-t-il de travailler à ce projet et d'en faire le prétexte à une nouvelle réflexion sur la sculpture, qui l'amène à concevoir de nombreuses pièces, soit en ronde bosse dans des formes organiques, rondes, avec d'évidents attributs sexuels ; soit en fil de fer et avec la complicité du sculpteur Julio González, qui l'initia dix ans plus tôt à la technique de la soudure.

Le Minotaure

Le 8 janvier 1927, une très jolie jeune fille sort des Galeries Lafayette. À moins que ce ne soit du métro qu'elle a pris pour se rendre au grand magasin. Elle est seule, ou peut-être accompagnée de sa sœur. Elle n'a que dix-sept ans, mais paraît sortie depuis longtemps de l'adolescence. Sa beauté va entrer dans l'histoire de l'art. Pablo Picasso, au même moment, passe boulevard Haussmann. L'homme est séduit, le peintre est ébloui.

Marie-Thérèse Walter a raconté elle-même cette histoire, quarante ans plus tard, dans un entretien accordé à un journaliste de *Life*, puis une autre fois à Pierre Cabanne. Picasso l'aurait abordée, la prenant par le bras, se présentant, lui faisant part de son intention de faire d'elle un portrait et proclamant qu'ils réaliseraient de « grandes choses ensemble ». Une version plus romanesque a été donnée de cette histoire par la sœur de l'intéressée, qui a confié ses souvenirs à un enquêteur diligent. Les deux jeunes filles, emplettes faites, se seraient dirigées vers la gare Saint-Lazare, où Marie-Thérèse devait prendre le train pour regagner le domicile familial à Maisons-Alfort, alors que son aînée, déjà indépendante, résidait à Paris. Le peintre les aurait suivies, les observant à travers un trou fait dans son journal, puis aurait abordé Marie-Thérèse, une fois celle-ci seule. Il lui aurait alors dit que, chaque jour, il l'attendrait ici même, dans la gare, à dix-huit heures. Un peu plus tard, elle serait revenue, avec sa sœur mise dans la confidence, tout simplement pour voir si l'homme avait tenu son engagement.

Plusieurs choses, au moins, sont sûres : Marie-Thérèse Walter est jeune et belle, et le nom même de celui qui l'aborde lui est inconnu ; Pablo Picasso est assez subjugué pour l'aborder de si franche manière ; ils se reverront bientôt et leur vie en sera bouleversée. Marie-Thérèse vient poser dans l'atelier du peintre qui, à Maisons-Alfort, fait la connaissance de la mère de la jeune fille. Celle-ci, qui a eu elle-même quatre enfants « naturels » d'un homme d'affaires qui était son patron, se montre assez complaisante et ne voit aucun inconvénient à ce que sa fille aille poser dans l'atelier du peintre. Marie-Thérèse est mineure et, puisque l'âge de la majorité légale est fixé à vingt et un ans, elle pourrait lui imposer sa volonté et en appeler à la justice contre tout homme qui « détournerait » sa fille. Bien sûr, il y a le prétexte d'un tableau à faire, mais ce sont surtout des promenades et des séances de cinéma qui occupent ce couple incongru, qui s'en tient pendant six mois à des relations amicales, bien que Pablo fasse une cour assez pressante pour ne rien cacher de ses intentions. Marie-Thérèse est sous le charme de cet homme qui peut lui paraître vieux, mais qui se montre intensément amoureux. La citadelle tombe enfin le 13 juillet 1927.

Marie-Thérèse n'a jamais oublié cette date et un aveu écrit de Picasso, dix-sept ans plus tard, en témoigne. Entre eux, c'est ce que les surréalistes appellent « l'amour fou », qui bouscule les règles morales et sociales, emporte les amants dans sa tourmente incontrôlée. Ils sont heureux. Mais Picasso est marié et Marie-Thérèse est mineure. Divorcer ? Picasso y songe, bien que sa maîtresse ne l'exige pas. Mais ce n'est pas aussi simple qu'il pourrait y paraître. Bien qu'Olga et Pablo soient passés devant un maire français, le fait qu'il soit ressortissant d'un pays où le divorce n'est pas reconnu l'empêche de bénéficier des dispositions plus favorables de la loi française. De toute façon, Olga ne veut rien céder : son mari est son mari, quoi qu'il en soit de leurs relations, et rien ne pourra dissoudre leur mariage. De plus, pour peu qu'elle change d'idée à ce sujet et se montre avide ou vengeresse, elle pourrait exiger, puisqu'ils sont mariés sous le régime de la communauté, la moitié des biens, donc des tableaux, de son mari. Aussi les amours de Marie-Thérèse et de Pablo doivent-elles rester secrètes. Bistrots de bord de Marne et hôtels discrets les abritent. Cette double vie ne déplaît nullement à Pablo, non plus que le romanesque de la situation. Quant à Marie-Thérèse, elle est assez heureuse pour se satisfaire de son bonheur, prenant ce qui lui est donné sans demander plus ; du moins sans laisser son amour, leur amour, être gâché par trop d'attentes ou de récriminations. Et la peinture de Pablo Picasso en connaît même un nouvel élan. Il n'a de cesse de célébrer la beauté de Marie-Thérèse, tout en jouant à ne pas trop révéler l'objet de sa passion. Il sait trop bien jouer des formes pour parvenir en même temps à montrer et à masquer la réalité. Un profil peut paraître réduit à un signe, né de l'imagination, tout en étant celui de la jeune fille. Une *Guitare* apparemment anodine peut voir inscrites dans ses courbes les initiales de la jeune fille. Personne d'autre qu'eux ne peut alors comprendre ce qui se dissimule dans les tableaux. Mais Picasso peint pour lui-même avant de tenter de séduire un public. La peinture est, comme il le dira plus d'une fois, son journal intime. Elle reflète ses humeurs, ses élans, ses amours, ses angoisses. Elle suit au jour le jour le fil de sa vie, voilà pourquoi il prend toujours soin de noter avec précision sur chaque tableau, chaque dessin, chaque gravure, la date de sa réalisation. C'est aussi la raison pour laquelle il n'aime pas se séparer de ses toiles les meilleures, ou qui lui sont particulièrement chères parce qu'elles portent le témoignage d'un moment précis de sa vie.

Son art, en ce temps de bonheur amoureux, d'exaltation des sens, se fait plus harmonieux et plus sensuel. Du moins quand il est inspiré par sa voluptueuse amante aux formes pleines. Ambroise Vollard lui a demandé des illustrations pour l'édition qu'il veut faire de la nouvelle de Balzac, *Le Chef-d'œuvre inconnu*, un texte auquel Cézanne se référait pour dire combien la peinture était pour lui un destin ignorant la demi-mesure. Picasso, lui aussi, est engagé sans retenue dans cet art qui a coûté la raison à Frenhofer, le héros de Balzac, et auquel Cézanne a donné sa vie. À ceci près qu'il a, lui, un goût très prononcé pour les plaisirs charnels qui fut étranger au peintre des *Baigneuses*. Sans trop se soucier d'être fidèle à l'auteur qu'il est censé illustrer, il développe le thème du peintre et de son modèle féminin. Parallèlement, il multiplie des figures de femmes féroces, cruelles, aux allures de sorcières, qu'il brise, désarticule comme il sait si bien le faire. Toujours la dualité. On peut dire : voici l'épouse face à la maîtresse, le devoir opposé à l'allégresse sensuelle, mais Picasso ne souffre peut-être pas autant du mariage et de la vie familiale qu'il le dit. S'il était vraiment romantique, il ne se poserait aucune question, se donnerait entièrement à son nouvel amour. S'il était vraiment surréaliste, il aurait encore moins de raisons de composer avec l'ordre bourgeois. S'il n'y avait à choisir qu'entre Olga et Marie-Thérèse, ce serait plus simple, peut-être, mais concevoir ainsi l'alternative c'est oublier un troisième élément, le plus important : la peinture.

C'est elle la maîtresse toute-puissante, qui dicte sa loi. L'équilibre dans lequel vit Pablo Picasso, peintre célèbre, mari désinvolte et amant fougueux, est fragile, mais il existe comme tel et le faire tomber d'un jet de boule comme un jeu de quilles serait mettre en danger la peinture. Sur un plan psychologique, d'abord, parce que les tourments d'un divorce qui ne pourrait être prononcé qu'à ses torts le gêneraient pour travailler. Sur le plan pratique ensuite, parce que cela impliquerait un tel changement que Picasso en serait déstabilisé.

Mais pourquoi choisir ? Pourquoi demander à Pablo Picasso de se comporter comme un homme ordinaire, de choisir entre femme et maîtresse, de mettre de l'ordre dans son existence ? N'est-il pas le roi ainsi qu'il le déclarait, jeune, en faisant son autoportrait ? Et le roi peut bien avoir femme et enfant publics (avec les domestiques qui leur sont attachés) et maîtresse clandestine. Pablo Picasso, dans sa vie privée comme dans sa vie de peintre, ne peut que se tenir à l'écart, considérant que la loi commune ne saurait s'appliquer à lui. Depuis toujours il sait qu'il n'est pas un homme ordinaire.

L'été 1928, il est à Cannes, avec Olga et Paulo. L'année suivante, ils sont à Dinard, là où, six ans plus tôt, ils avaient passé tous les trois leurs premières vacances, interrompues par la maladie de la jeune mère. Marie-Thérèse, elle, a pris place dans une colonie de vacances de la même station balnéaire. Les deux amants peuvent ainsi profiter l'un de l'autre tandis que des *Baigneuses* d'un nouveau cru, qui ne doivent rien à celles de Cézanne et qui exaltent une évidente sensualité, sont peintes par le maître. L'année suivante, au même endroit, elles paraîtront moins sereines, obsédées par la clef d'une cabine dont on ne sait si elle est la leur et qui peut leur servir autant à protéger un secret qu'à ouvrir la porte de leur liberté. À moins que, au diable les symboles, elles ne soient que de simples dames sur une plage estivale. Mais, alors, pourquoi se montrent-elles de plus en plus agressives ? Ne serait-ce pas qu'une Olga encombrante les inspire ? Et si ce n'était là qu'une femme au double visage, l'intuition qu'en la plus douce des compagnes il y a toujours un peu de sorcière qui sommeille ? Mais deux femmes, est-ce suffisant ? Picasso aime tant la compagnie des belles admiratrices avec lesquelles il se montre ici ou là dans Paris...

Pris dans la complication de sa double vie et sans grand projet artistique particulier, Picasso, bien soutenu par ses marchands, ne se soucie guère de la vie artistique parisienne. Le cubisme n'est plus pour lui qu'une vieille lune et il s'est bien gardé de s'affilier au surréalisme, se satisfaisant de peindre sans principe, sans ligne directrice, comme cela lui vient, s'impose à lui, le surprend, ouvrant toujours devant lui des voies nouvelles. Alors que la France s'enivre d'une nouvelle mode, celles des « arts déco », qu'il juge dérisoirement moderniste, sans âme, chichiteuse, Picasso se tient au-dessus de la mêlée d'un art qui s'essouffle à se vouloir moderne et se perd en discussions oiseuses et pratiques délétères. Il n'a plus rien en commun avec quelque peintre que ce soit, loin du toujours élégant Matisse, qui veille à ne laisser aucune ombre glisser sur sa peinture, comme du peu expansif Braque, en quête d'un incertain classicisme. La sculpture, surtout, qu'il a moins pratiquée que la peinture, mais en laquelle il a montré un talent inné, une liberté totale, sans aucun préjugé, lui permet de laisser libre cours à son imagination. Pour l'instant, elle est fille du dessin, projet de monuments improbables au sujet peu évident, aux formes arrondies, fantasques, comme de gigantesques organismes non identifiés ; ou bien elle se fait jeu de fil de fer, abstraite, bien que leur auteur proclame son mépris pour un art non figuratif. De là pourrait sortir un monument à la mémoire d'Apollinaire, si le comité qui veut l'ériger se montrait davantage aventureux. Picasso ne croit certes pas à un éventuel pouvoir de l'artiste qui contribuerait au changement social. La décoration, le design, l'urbanisme, il s'en moque. L'art, pour lui, est une aventure solitaire en laquelle l'artiste s'engage de tout son tempérament, se perd et se gagne, avance à l'aveuglette, ne parvient jamais à un point où il pourrait s'arrêter. Il vit sa vie et peint sa peinture, il vit sa peinture et peint sa vie et, pour le moment, c'est un problème de femmes qui l'obsède et qui le fait multiplier les innombrables figures féminines, à l'animalité évidente, au sexe dessiné d'une main ferme. Quelque chose, là, le hante plus profondément que le bonheur d'aimer Marie-Thérèse.

Derrière l'écran de sa prodigieuse vitalité, une douleur peut-être le taraude qui finit par s'exprimer dans une bouleversante série de scènes du calvaire de Jésus. Ce sont d'abord des dessins,

comme il ne cesse d'en faire dans ses carnets, no-
tant toujours les idées, les images qui lui viennent
et qu'il élabore en multipliant les variations, d'où
finissent par naître des tableaux. Picasso, contrairement aux surréalistes, est un artiste qui respecte
la tradition dont il est issu, connaît ses classiques
et ne cesse d'interroger les grands maîtres qui
l'ont précédé. Il ne ressent aucun besoin de couper
le fil de l'histoire de l'art et la grande peinture religieuse, ce fondement de l'art occidental, ne lui
est pas insupportable. D'autre part, son attitude à
l'égard de la religion n'est pas claire. Ce n'est pas
un sujet dont il parle et, s'il ne montre apparemment aucun intérêt pour le christianisme dans lequel il a été élevé et qui en Espagne est si influent,
ce n'est pas lui qui, tel André Breton, brandirait
le drapeau de l'athéisme et se lancerait dans des
diatribes anticléricales. Superstitieux, il a le sens
des puissances magiques. D'ailleurs, il peut bien
être à la fois pour et contre : la contradiction ne
lui fait pas peur. À ses yeux, le thème de la Crucifixion n'est pas seulement un élément de l'enseignement du christianisme ; c'est, au-delà de toute
religion, l'illustration de la tragédie humaine dominée par la souffrance et la mort. Pour un Andalou comme Picasso crucifixion et corrida sont
sœurs : dans l'une et l'autre, il s'agit d'un sacrifice,
d'une mise à mort. Pablo a beau être amoureux,
la mort le hante. Il y a bien quelque cynisme dans
sa façon de mener une double vie, mais la situation n'en est pas moins dramatique. Il n'a pas le
courage, peut-être pas tout à fait l'envie, de la dé-

nouer et, même s'il s'y complaît, il en souffre. Mais la Crucifixion est aussi une métamorphose, celle de l'homme en fils de Dieu, et Picasso est obsédé par les métamorphoses, la sienne en tant qu'artiste se renouvelant sans cesse, en tant qu'homme qui ne sait où le mène le destin, celle aussi de ses modèles, de ses motifs, dont il est l'agent et le catalyseur. Entre ses yeux et ses mains tout se transforme. Aussi le jeune éditeur Albert Skira est-il bien inspiré de lui demander d'illustrer *Les Métamorphoses* d'Ovide. Les sujets n'en sont pas tous légers et le poète latin n'a pas éludé la cruauté des mythes antiques, mais le graveur s'en joue avec toute la grâce dont il est capable. La gravure, pourtant, quand elle attaque le cuivre au burin ou à l'acide, le fait avec violence. Peut-être l'aime-t-il pour cette raison. Créer de la douceur par la violence est une gageure d'homme et d'artiste : Picasso ira jusqu'à graver des viols. Ce séducteur ne cache rien de ses fantasmes. En 1928, il a peint un *Minotaure*, cet homme-taureau dont on sait que le mythe en fit un grand consommateur de jeunes filles. C'est le premier d'une grande série qui sera déclinée surtout en gravures et dans laquelle Marie-Thérèse sera plus d'une fois représentée en compagnie du beau monstre.

Picasso manque de place mais pas d'argent. L'atelier de la rue La Boétie est trop petit pour que puissent y travailler ensemble un peintre, un graveur et un sculpteur. Surtout qu'il produit beaucoup, tient à garder bon nombre de ses œuvres, possède une collection personnelle et accumule papiers et objets divers parce qu'il renâcle à jeter quoi que ce soit, autant dans l'idée que cela pourrait, un jour, lui servir que par une très nette compulsion fétichiste. Il a besoin d'espace pour se livrer à ses différents travaux, de tranquillité aussi, c'est-à-dire d'un endroit où ne régnerait pas Olga. Le château de Boisgeloup, près de Gisors, dans l'Eure, est à vendre à un prix qui en fait une aubaine, la crise économique mondiale étant néfaste à l'immobilier. Picasso l'achète au début de 1930. Une distance de soixante kilomètres de Paris ne représente pas une longue expédition et l'Hispano-Suiza, que conduit le chauffeur Marcel, pourra faire sans relâche des allers-retours avec la capitale. Car il ne s'agit pas de s'enfermer à la campagne. Dans cette belle demeure du XVIIᵉ siècle, qui comprend une vingtaine de chambres, de vastes écuries, un colombier, une chapelle en mauvais état et un parc planté de beaux arbres, pas question de jouer au châtelain, encore moins de laisser Olga faire la châtelaine, elle qui aime le luxueux mobilier, le beau monde, les réceptions. Boisgeloup doit être un outil pour son travail, rien de plus. L'installation reste sommaire et la sculpture, dans un premier temps, s'y épanouit. Joueur impénitent qui aime s'emparer des techniques, des matières, des langages qu'il n'a pas appris et les soumettre à son imagination fertile, Picasso a envie d'explorer plus avant le champ de l'art en trois dimensions. Il a beaucoup réfléchi ces derniers temps à des projets de sculpture monumentale. Sa main de bricoleur génial, qui jubile aux collages, le démange d'autant plus qu'il vient d'être initié au travail du métal par son ami Julio González, un roi de la soudure, avec l'aide duquel il a pu réaliser une étonnante *Tête de femme* en assemblant plusieurs objets métalliques, dont deux passoires. Quelles que soient ses idées et ses désirs, il pourra les satisfaire. González fait plus d'une fois le trajet pour venir lui donner un coup de main dans ce triomphe du collage qui implique l'accumulation d'un étonnant bric-à-brac dans lequel s'entasse tout ce qui pourrait, un jour ou l'autre, se transformer en sculpture. Le graveur Louis Fort, lui, a installé une presse sur laquelle il peut tirer les épreuves que leur auteur peut aussitôt apprécier et éventuellement corriger.

À Boisgeloup, Picasso revit. D'autant mieux qu'Olga s'en tient à l'écart. Il y passe le plus clair de son temps, y reçoit Marie-Thérèse, y travaille avec un nouvel élan. Il en profite même pour ne pas suivre Olga et Paulo à Juan-les-Pins au cours de l'été de 1932 et pour couler des jours heureux avec sa maîtresse dans sa nouvelle demeure. Et voici qu'apparaissent dans les écuries des têtes monumentales de la femme aimée, grands modelages de plâtre qui seront coulés en bronze et qui accompagnent dans un même mouvement d'inspiration toute une série de tableaux, qui sont eux aussi des portraits de Marie-Thérèse, dans une exaltation sensuelle à laquelle il ne s'était jamais à ce point laissé aller. L'amour le dynamise et la vie lui sourit : en 1931, une importante exposition de ses œuvres a lieu à New York et une rétrospective réunissant une quarantaine de tableaux lui est consacrée à Londres. En 1932, la rétrospective qui est présentée à la galerie Georges Petit, à Paris, est un événement que, pour une fois, il ne manque pas, contrairement à l'habitude qu'il a de ne jamais se rendre au vernissage de ses expositions. C'est nœud papillon au cou qu'il y reçoit l'hommage de ses admirateurs, dans un décor de velours pourpre. Comme Marie-Thérèse a maintenant vingt et un ans et qu'elle est donc majeure, il peut se permettre de l'installer à Paris dans un appartement proche de son domicile de la rue La Boétie. Non sans tout de même garder leur liaison secrète, afin de ne pas déchaîner l'ire d'Olga, qui risquerait d'alerter ses avocats. Par tact aussi, affirmeront certains, Picasso étant selon eux assez gentilhomme pour ne pas l'humilier en la trompant ouvertement. Heureusement pour lui, Olga a assez peu l'œil sur sa peinture pour ne pas se rendre compte qu'une nouvelle muse y est célébrée, qui a sur elle l'avantage de la jeunesse, de la joie et de belles formes rondes. Déjà qu'elle ne supporte pas d'entendre la moindre allusion à Fernande... Gageons qu'elle a suffisamment d'intuition pour savoir que son mari n'est pas des plus fidèles, bien qu'une liaison qui semble aussi solide aurait de quoi lui faire perdre patience.

Dans son « château », Picasso est chez lui. La grande demeure et ses dépendances ne sont plus que le vaste atelier d'un artiste polymorphe, pour lequel un désordre extravagant est un terreau nécessaire à la création et qui se laisse moins distraire qu'à Paris par les visites. Peu de choses suffisent à son bonheur : voir là celle qu'il aime, ceux qui l'aident dans son travail, en sculpture et en gravure, et quelques amis de choix, dont Braque, avec lequel il vient de renouer, et Kahnweiler qui, bouleversé par deux nus que le peintre lui montre, imagine la toile « peinte par un satyre qui vient de tuer une femme ». Kahnweiler vient souvent accompagné d'un écrivain censé être son beau-frère, mais qui est presque son gendre : il s'agit de Michel Leiris, qui a épousé la fille naturelle de l'épouse du marchand. Cet esprit original, tourmenté, porté à l'introspection, qui a fréquenté les surréalistes et qui est en passe de devenir un ethnologue renommé, anime aux côtés de Georges Bataille, un autre écrivain peu orthodoxe, la revue *Documents*, où s'allient de façon originale art, ethnographie, réflexion philosophique. Il souhaite ardemment publier des articles sur un peintre qu'il considère comme le plus important de son temps. *Documents* n'est pas la seule revue à vouloir se pencher sur le cas Picasso, ainsi les *Cahiers d'art* de Christian Zervos lui consacrent-ils un numéro spécial en 1932, à l'occasion de la rétrospective parisienne de son œuvre. Une troisième publication, nouvelle, qui a pris pour titre *Minotaure*, dépêche rue La Boétie et à Boisgeloup le photographe Brassaï, qui gagne assez vite la confiance du sujet de ses reportages pour devenir pendant quelque temps son photographe attitré. Cette très belle revue, publiée par Albert Skira, fait la part belle au surréalisme et André Breton lui-même y fait l'éloge de Picasso en fermant les yeux sur le double jeu artistique que mène celui-ci et sur les *Crucifixions* inspirées du célèbre retable de Grünewald que publie le même numéro. Le surréalisme, Picasso y joue de temps en temps comme pour se divertir, laissant aller son imagination hors de la voie royale qu'il trace en peinture et sculpture dans l'éloge amoureux de Marie-Thérèse, donnant alors à *Minotaure* une série de dessins d'objets imaginaires et incongrus qui paraissent bien dans la ligne du mouvement. Mais ne nous y trompons pas, Picasso ne se laisse jamais enfermer dans un genre, non plus que contraindre par quelque théorie, voilà pourquoi il apparaît toujours plus libre que ne le sont les surréalistes, dont les proclamations érigent pourtant la liberté en déesse absolue. C'est un artiste « arrivé », chic, mondain, mais cela ne l'empêche pas d'être plus subversif que nombre de ses confrères aux airs bohème. Il n'est pas non plus prétentieux ni poseur, et Brassaï, a priori impressionné par la réputation de l'homme qu'il doit photographier, est étonné par sa cordialité. Se souvenant de cette première rencontre, il écrira dans ses *Conversations avec Picasso* :

J'avais devant moi un homme simple, sans affectation, sans morgue, sans pose. Son naturel et sa gentillesse me mirent d'emblée à l'aise[1].

En 1933, un quart de siècle après l'irruption des *Demoiselles d'Avignon* dans l'histoire de l'art,

Pablo Picasso, considéré par beaucoup comme le plus grand peintre vivant, est un personnage historique, une sorte de conquérant de l'art, révolutionnaire et souverain. Gertrude Stein ne disait-elle pas de lui qu'il était son « petit Napoléon » ? Fernande Olivier, compagne des temps héroïques du Bateau-Lavoir, lui fait payer le prix de cette renommée en évoquant le Picasso bohème qu'elle connut. *Picasso et ses amis*, paru grâce à Paul Léautaud, livre décousu, à peine écrit, n'est cependant pas un livre vindicatif, même s'il ne donne pas de l'artiste une image héroïque et souligne quelques-uns de ses travers, dont son formidable égocentrisme. Picasso, peu disert lui-même sur sa vie privée et peu enclin à se pencher sur son passé, n'apprécie ni la curiosité des uns ni les indiscrétions des autres. Qu'une ancienne maîtresse profite ainsi de sa célébrité n'est donc pas pour lui plaire, aussi tente-t-il sans succès d'empêcher la parution de ces souvenirs dès leur publication en une série d'articles publiés dans le journal *Le Soir*, puis dans la revue *Le Mercure de France*.

Olga, qui n'a rien perdu de sa jalousie pour Fernande, voit dans la parution de ce livre une nouvelle occasion de provoquer de ces scènes de ménage dont elle a le secret. C'est dans ce climat que la petite famille se montre « unie », au cours de l'été 1933, à Cannes, puis à Barcelone, où l'Hispano-Suiza fait sensation. Celui qui avait entamé en Catalogne des débuts de peintre pauvre est à présent installé au Ritz. Il paraît tout à fait détendu aux yeux de sa famille et de ses anciens amis du temps d'Els

Quatre Gats, qui lui font fête. C'est en fils de Barcelone que cet enfant de Malaga est accueilli, tel un fils prodigue auréolé d'une gloire qui rejaillit sur la ville. Les journalistes le guettent, avides d'interviews qu'ils n'obtiennent pas, tandis qu'il retrouve avec plaisir les lieux de sa jeunesse et les montre à Paulo. Ce séjour dans une Espagne nouvellement républicaine le réjouit assez pour qu'il y revienne, l'année suivante, avec sa femme et son fils et, cette fois, passant par la Galice et poussant jusqu'à Madrid pour y revoir les tableaux du Prado. Il n'en néglige pas pour autant Marie-Thérèse, à laquelle il envoie chaque jour des lettres passionnées, agrémentées de dessins et accompagnées, curieusement, de quelques traces de ses occupations (menus de restaurants, programmes de spectacles, billets d'entrée dans les musées ou les arènes…).

Est-ce le Minotaure, entré récemment dans son œuvre, qui lui a donné cette envie d'Espagne ? Sont-ce les taureaux des corridas qui réveillent le monstre sommeillant ? Toujours est-il que l'homme-animal mythologique, auquel il est évident qu'il s'identifie, et l'animal sacrificiel du culte solaire resté vif dans son pays paraissent de plus en plus liés chez cet homme hanté par le sexe et la mort. Du sacrifice, l'un et l'autre sont acteurs. À l'un sont offertes les jeunes filles sacrifiées, tandis que l'autre est plus souvent victime que bourreau. Mais il faut aussi voir que le taureau des corridas donne au Minotaure un éclairage particulier : le puissant dérobeur de vierges est également la bête souffrante, sanglante, vaincue. À peine revenu à Boisgeloup, la peinture et la gravure en fournissent des preuves, avec notamment l'apparition d'une étonnante femme-torero emportée par l'animal dont la corne a déchiré l'habit. On la retrouve, en mars 1935, en malheureuse héroïne de *La Minotauromachie* gravée à l'eau-forte : cette fois, elle a les traits de Marie-Thérèse, son ventre est arrondi et c'est un cheval éventré qui l'emporte, sous les yeux du Minotaure visiblement content de lui.

Picasso sait depuis trois mois qu'il va de nouveau être père : Marie-Thérèse est enceinte et il s'est enfin décidé à entamer une procédure de divorce. L'Espagne républicaine a mis fin au tabou religieux qui empêchait toute légalisation du divorce. Le futur père est enfin prêt à affronter son épouse. Celle-ci n'est pas décidée à le laisser partir. Dans une telle situation la mauvaise foi est de bonne guerre, aussi avance-t-il pour principal argument qu'elle l'empêche de travailler et de recevoir ses amis. Une première étape est franchie à la fin du mois de juin ; la justice prenant acte de l'impossibilité de toute conciliation, la séparation est officielle. Olga, dotée d'une pension confortable et recevant en partage Boisgeloup, quitte la rue La Boétie pour s'installer avec son fils à l'hôtel. Pablo, lui, se plaint de rester seul au domicile conjugal. Il ne lui est évidemment pas possible de s'installer avec sa maîtresse tant que la procédure est en cours, d'autant plus qu'Olga a fait appel de cette première décision. En aurait-il d'ailleurs vraiment envie ? C'est qu'il a tellement pris goût au secret...

C'est une fille qui naît « de père inconnu », le 23 mars 1935, à Boulogne. Elle est prénommée Maria de la Concepción, mais prend très vite le surnom de Maya. Picasso, heureux, se révèle un père attentionné à l'égard de la mère et de l'enfant, constamment auprès d'elles, faisant le ménage et la cuisine ! Toutefois, la situation lui pèse : il a une maîtresse et une fille qu'il doit cacher, une épouse dont la menace passe maintenant par des avocats, un fils qu'il ne voit guère, un appartement dans lequel il erre, solitaire, avec son chien Elft, et un atelier où il a du mal à travailler. Ses amis le trouvent triste, déprimé. Lui vient une idée : appeler Sabartès à son secours. Depuis que celui-ci est revenu du Venezuela, il végète à Barcelone, où, quand ils se sont retrouvés, il s'est montré aussi amical et admiratif qu'autrefois. Et s'il venait s'installer rue La Boétie ? Qu'il arrive donc, avec sa femme, et que tous deux s'occupent de lui et de ses affaires. Le couple n'hésite pas qui, dès le mois de novembre, est à Paris. Picasso, ravi de revoir ce vieux complice, fait son portrait un mois plus tard. Mais pas en peinture. Il l'écrit, en fait un poème. Oui, un poème. Parce que maintenant il est poète. Du moins écrit-il des poèmes, en prose ou en vers. Cela lui est venu brutalement. Des mots qui se pressent dans sa tête, animent sa main, se bousculent en phrases interminables sans souci de logique, sans ponctuation, dans une fantaisie quelque peu opaque, à la mode surréaliste. Sabartès y trouve une part de son nouvel emploi : il se charge de les dactylographier. Cet homme conscient de ne pas être l'écrivain qu'il aurait voulu être est bien l'employé de son ami, mais davantage aussi : son homme de compagnie. Il va même jusqu'à lui porter son petit déjeuner au lit, afin qu'il puisse y traîner longuement, le matin, en lisant le courrier et les journaux, surtout les extraits de presse qui le concernent et que lui communique une agence spécialisée.

Ses poèmes, Picasso les lit aussi à ses amis, aux surréalistes qu'il fréquente avec une nouvelle assiduité et qui se réjouissent de le voir ainsi faire preuve de son adhésion à leurs principes d'automatisme en laissant libre cours aux étrangetés de l'inconscient. Le 18 avril, il écrit dans un long poème en castillan :

... les huîtres naissent folles d'amour d'orient et de silence au revers des seins tranquilles ce sont les amandiers qui alentour renvoient les amis sans nombre second à l'étier du singe sans poil rasant le miroir[2]...

Michel Leiris, dans sa préface à l'édition posthume des *Écrits* de Picasso, qualifiera l'écriture poétique de son ami de

train journalier d'un prodigieux artiste qui, en marge de ses travaux d'absolu *montreur*, tient une manière d'agenda où cahin-caha s'inscrivent, non des choses de l'ordre de ce qui se passe vraiment mais les choses qui lui passent par la tête.

Pas question pour lui cependant d'entrer franchement dans le groupe surréaliste, ni de donner un coup de barre à son œuvre pour que, se détachant de ce qu'elle a encore de réaliste, même parfois de classique, elle soit plus conforme au culte de l'imaginaire qu'illustrent les peintres ayant rejoint les écrivains à l'origine du mouvement, tels Max Ernst, Joan Miró, Salvador Dalí. Le surréalisme, pour Picasso, représente certes une certaine complicité, mais c'est notamment l'amitié, avec ceux qui se tiennent en marge du groupe dirigé par André Breton : Michel Leiris depuis plusieurs années déjà, Paul Éluard depuis quelques mois. Le peintre fait le portrait du poète et grave des illustrations pour son livre *Les Yeux fertiles*. Le poète dédie un poème au peintre et fait son éloge à Barcelone, où il a été invité à l'occasion d'une grande exposition de son ami, la première depuis 1902 et la dernière avant longtemps, puisque des militaires rebelles vont bientôt se soulever et faire basculer l'Espagne dans la guerre civile.

Les cafés de Saint-Germain-des-Prés, qui a pris la succession de Montparnasse comme haut lieu de l'avant-garde, accueillent des rencontres amicales où l'on parle de l'art et de la littérature modernes, mais aussi de l'actualité politique. En Espagne, la République a fort à faire avec les tenants de l'ancien régime et des traditions aristocratiques et religieuses. L'Italie a basculé dans un régime dictatorial depuis une quinzaine d'années. L'Allemagne encore plus durement, il y a trois ans. En France, la droite et la gauche sont désormais face à face depuis qu'en février 1934 une émeute antidémocratique, place de la Concorde, a fait vaciller le pouvoir. Le pays serait-il menacé par un coup d'État ? Ou bien pourrait-il suivre l'exemple socialiste de l'URSS ? Breton, Éluard, Bataille, Leiris sont engagés à l'extrême gauche, partisans d'une transformation radicale de la société ; Picasso, lui, ne se montre guère politisé. Il ne s'est jamais beaucoup laissé entraîner aux discussions de café, d'autant plus que ce n'est pas l'eau qu'il se contente d'y boire qui l'échauffe. L'homme aime parler, à condition d'y avoir le beau rôle, et si on l'écoute. Alors, il peut « faire son numéro », lancer quelques idées sur l'art et les artistes qui l'impressionnent, ou railler avec brio quelque rival ou pantin du monde parisien, voire se moquer durement d'un ami qu'il assassine en formules cinglantes, comme par exemple Jean Cocteau, dont le personnage est une cible facile. Ou bien il écoute, regarde. Toujours ce regard qui ne rate rien, enregistre tout, semble percer quiconque est l'objet de son acuité, comme cette femme qu'on voit souvent avec les surréalistes, aux Deux-Magots, jouant avec un couteau, qu'elle laisse tomber entre les doigts de sa main posée sur la table, lequel, ratant parfois sa cible, laisse perler une goutte de sang.

Henriette Theodora Markovic, qui se fait appeler Dora Maar, a vingt-huit ans. Yougoslave par son père, française par sa mère, elle a passé plusieurs années en Argentine, d'où elle est revenue parlant couramment l'espagnol. Elle est photographe et sujette aux mouvements d'humeur. Elle est belle, bien sûr, sinon elle ne plairait pas à Picasso, cet artiste amoureux de la beauté des femmes et qui trouve toujours dans ses amours l'inspiration de peintures et de sculptures nouvelles. Elle a les cheveux aussi noirs que les siens ; quant à ses yeux, peut-être sont-ils de couleur changeante, puisque les témoignages à leur sujet divergent, les donnant verts ou noirs. Elle est aussi intelligente et a du caractère. Au mois de mars 1936, elle prend des photos à Boisgeloup, avec Paul Éluard et sa compagne, la fascinante Nusch, peu avant que Picasso n'aille passer secrètement quelque temps à Juan-les-Pins avec Marie-Thérèse, dont il est apparemment toujours amoureux, à en juger par les dessins qu'il fait d'elle, non sans l'accompagner encore de quelques Minotaures. La Côte d'Azur lui est devenue une habitude. Il y aime le soleil et les bains, bien qu'il soit peu nageur et se contente de barboter. Au mois d'août, il y revient et retrouve Dora Maar à Saint-Tropez, chez Lise Deharme, une égérie des surréalistes. De là tous deux partent pour Mougins, et ne se quittent plus. C'est un joli village dans les terres, non loin de Cannes, où l'on descend se baigner et où l'on dîne en bande. Car cet été-là, alors que l'Espagne se déchire, la France s'exalte en découvrant les vacances grâce à l'instauration par le Front populaire tout neuf des congés payés. Les plages du Midi ne sont toutefois pas encore encombrées et les amis n'ont pas attendu les nouvelles lois sociales pour passer des jours ensemble à Mougins et à Cannes. Il y a là Paul Éluard et Nusch, qui ont quitté eux aussi le Var, le poète René Char, le peintre Max

Ernst, le photographe Man Ray, le marchand de tableaux Paul Rosenberg, l'éditeur Christian Zervos et un Anglais original qui écrit, peint et collectionne, Roland Penrose, qui sera un des premiers biographes de Picasso. Pablo, un jour, monte dans la voiture de celui-ci en revenant de Cannes et un autre automobiliste, maladroit, emboutit le véhicule. Les vertèbres du peintre en souffriront quelque temps.

Dora et Pablo rentrent ensemble à Paris. Voici donc Picasso aux prises maintenant avec trois femmes. Une épouse et deux maîtresses. Dora est au courant, plus ou moins, de la situation. Marie-Thérèse aussi sans doute, ce qui ne l'enchante guère mais elle ne regimbe pas. Elle est installée depuis longtemps dans une vie clandestine dans laquelle elle est loin d'être abandonnée par un amant qui reste assidu auprès d'elle et de sa fille, même quand elle a quitté Paris où elle n'aime pas vivre pour aller au Tremblay-sur-Mauldre, près de Versailles, dans une propriété mise à sa disposition par le bon Vollard. Olga, elle, ne peut pas ignorer longtemps la présence de Dora dans la vie de son mari, puisque cette nouvelle liaison n'est nullement dissimulée. Maintenant qu'ils ne vivent plus ensemble et dès lors qu'elle peut surseoir au divorce, elle ne demande même pas que soit effectuée légalement la séparation de corps... En fait, Marie-Thérèse a pris la place de l'épouse, mais une épouse aimée, régulière, apaisante, avec sa jeune enfant, Maya, que son père adore et qu'il vient voir au moins tous les week-ends. Dora joue le rôle de la maîtresse, dans une relation plus passionnée, intellectuellement plus complice : n'est-elle pas la seule de celles qui furent les compagnes du peintre qui comprenne vraiment son travail, sa fougue créatrice ? C'est elle qu'il emmènera le 1er janvier 1937 voir son vieil ami Max Jacob qui, après une parenthèse de débauche parisienne, s'est de nouveau retiré au pied du monastère de Saint-Benoît-sur-Loire. Max est heureux de cette visite, ravi de n'avoir pas été abandonné par celui qu'il a considéré comme un frère et qu'il aime encore intensément.

Dora, c'est aussi l'entrée de la politique dans la vie de Picasso, à qui on vient de demander de faire le rideau de scène de la pièce de Romain Rolland, *Le 14 Juillet*, montée symboliquement à l'Alhambra le jour même dont elle porte le titre, afin de célébrer la première fête nationale du jeune Front populaire. Par manque de temps il s'est contenté de donner une gouache qui n'est en rien une illustration politique, mais que l'on peut interpréter comme une allégorie des luttes révolutionnaires, bien qu'elle soit le plus pur résumé de la thématique singulière de son auteur : le cadavre du Minotaure, vêtu d'un costume d'Arlequin, est porté par un monstre mi-homme mi-aigle tandis qu'au second plan un homme, vêtu, lui, d'une peau de cheval, porte sur ses épaules un jeune garçon coiffé d'une couronne fleurie. Un Minotaure-Arlequin, quel bel autoportrait métaphorique !

Mais son pays, c'est toujours l'Espagne et il souffre de le voir déchiré. Il est spontanément, naturellement, pour le *Frente Popular*, la démocratie, le peuple, la liberté. Et il pense à sa mère et sa sœur (Lola, mère de cinq enfants, est veuve) restées à Barcelone. Il n'a pas manqué, très vite, de faire savoir de quel côté il se situe : à l'automne 1936, il est nommé directeur du Prado. Une charge qu'il ne refuse pas, bien qu'il ne l'assume pas et ne se rende même pas sur place. De toute façon, le musée est vide, les toiles ont été déménagées pour échapper aux bombardements qui pleuvent sur la ville. En revanche, et cela étant davantage de son ressort, il accepte sans réserve de réaliser une grande toile pour le pavillon espagnol de l'Exposition universelle qui se tient à Paris pendant l'été 1937 et en profite pour graver une série de planches violemment satiriques, *Songe et mensonge de Franco*, dans lesquelles il montre qu'il n'a pas oublié le Père Ubu d'Alfred Jarry. Accompagnée d'un poème dont il est l'auteur, elle devient un album, qui sera vendu pendant l'exposition au profit de la république menacée. Il est aussi président d'honneur du comité France-Espagne.

Dora est entrée dans la vie de Picasso et Sabartès en sort. Un peu amèrement. La vie de son ami est trop compliquée et il se sent de trop rue La Boétie. Dora ne voit aucune raison qu'il y reste plus longtemps maintenant que deux jeunes femmes ont pris en main la « maison » du peintre, c'est-à-dire son appartement, la cuisine et le ménage (car il n'est pas question que qui que ce soit intervienne dans son atelier). Il s'agit de deux sœurs employées à l'hôtel où Pablo et Dora séjournaient à Mougins et que Picasso a emmenées avec lui. L'une d'elles, Inès, restera pendant de longues années l'intendante du peintre. Quand celui-ci, un peu poussé par Dora, décide en mars 1937 d'installer son atelier rue des Grands-Augustins, sur la rive gauche, à quelques pas de Saint-Germain-des-Prés, elle le suit dans ce bel immeuble où vécut Nicolas Poussin et dont se serait inspiré Balzac pour situer l'action de son *Chef-d'œuvre inconnu*. Là, mieux que rue La Boétie, il disposera de l'espace nécessaire pour peindre une œuvre d'envergure, à la mesure des circonstances qui la provoquent. C'est un duplex, mais il n'est pas divisé comme l'ont été les deux appartements précédents, dont il ne s'est d'ailleurs pas séparé. Ici, seul à décider, il peut laisser proliférer le capharnaüm hors duquel il semble qu'il ne puisse pas vivre. Deux grandes pièces, à l'étage inférieur, qui prennent vite des allures d'entrepôt et, au-dessus, l'atelier et un appartement d'artiste célibataire, espace privé dans lequel vit à sa manière désordonnée cet homme couvert de femmes, mais qui n'accepte qu'aucune ne lui dicte sa loi. Rue de Savoie, Dora sera donc sa voisine.

Les commandes, Picasso n'aime pas beaucoup cela ; mais, cette fois, il a les mains entièrement libres. La gageure n'est pas mince : montrer qu'il est bien le grand peintre espagnol contemporain, le porte-parole de l'Espagne républicaine en lutte. Pas question, bien sûr, de prendre dans ses réserves quelque œuvre déjà réalisée et de l'agrandir (ou de faire réaliser ce travail par un artiste moins célèbre que lui). Il lui faut peindre une grande peinture, qui soit du grand Picasso, en même temps qu'une grande peinture d'histoire. Il y a eu le *Dos de Mayo* de Goya, *La Liberté guidant le peuple* de Delacroix... Il faudrait peindre quelque chose d'aussi fort, d'aussi personnel, d'aussi pictural. Entre cubisme et classicisme, il est un peintre de l'intime, de la sensibilité individuelle, peu porté aux grands sujets, ne cherchant jamais à délivrer un quelconque message, peignant pour lui-même, comme on tient son journal, aime-t-il dire, ne craignant pas d'être le peintre d'une peinture autobiographique, surtout tissée de ses amours, de ses plaisirs et de ses inquiétudes. Ce n'est donc qu'en lui-même qu'il peut chercher les signes dont il fera le tableau demandé.

Le mois d'avril passe et Picasso n'a pas encore commencé. Il a assez confiance en lui et il sait que ce n'est pas une question de temps. Mais il faut que cela vienne. Il faut qu'il trouve. Chercher, cela n'a pas de sens, aime-t-il aussi à dire, c'est trouver qui importe. Et il trouvera. L'actualité, si on ose dire, vient à son secours. Elle a nom Guernica. La ville de Guernica est une petite cité du pays basque relativement paisible en ce temps de guerre civile, bien qu'elle ne soit qu'à une trentaine de kilomètres du front. Située dans une région encore contrôlée par le *Frente Popular*, elle n'a pas un grand intérêt stratégique ; les avions de Franco et de ses alliés n'ont pas cherché jusqu'alors à la bombarder. Il y a bien une usine produisant du matériel militaire et deux casernes, mais elles ne semblent pas préoccuper l'aviation allemande, qui ignore ces trois objectifs jusqu'à ce lundi 26 avril 1937.

En ce jour de marché, en plein après-midi, alors que beaucoup de monde est dans la rue, les cloches sonnent à toute volée pour annoncer qu'une attaque de la ville est imminente. En effet, quelques minutes plus tard, une escadrille d'avions que la croix gammée permet d'identifier comme allemande la survole, lâchant des bombes et mitraillant tous ceux qui n'ont pas eu le temps de se protéger. Pendant trois heures, par vagues successives, d'autres bombardements se succèdent, détruisant le centre de la ville et faisant mille six cent cinquante-quatre morts et huit cent quatre-vingt-neuf blessés. La nouvelle fait vite le tour du monde, qui est bouleversé par un tel massacre de civils auquel on ne peut reconnaître aucune justification militaire. On comprendra plus tard que l'aviation nazie s'est servie de Guernica comme champ d'expérience afin de montrer sa puissance et sa détermination aux dépens d'une ville où siégeait jadis le Parlement basque.

Le 30 avril, Pablo Picasso voit des photos de la ville martyre dans le quotidien *Le Soir*. Profondément choqué par les images d'une telle barbarie, il sent enfin venir en lui l'élan nécessaire à la réalisation de la toile qu'il doit bientôt livrer. Comme toujours, c'est la main qui précède la pensée. Dès le lendemain surgit fougueusement une série de dessins où apparaissent, dans une ambiance des plus dramatiques, ses figures familières que sont le cheval et le taureau, accompagnés d'une femme porteuse de lumière qu'on a déjà vu apparaître dans des œuvres antérieures. Il passe très vite à la toile, brossant des études, puis en faisant livrer une, très grande, dans l'atelier de la rue des Grands-Augustins. Devant réaliser une décoration murale, il lui faut couvrir une ample surface et huit mètres de large, ce ne sera pas trop. Il dispose heureusement de l'espace nécessaire. À ceci près que, le plafond n'étant pas assez haut, la toile doit rester inclinée. Il lui en faut plus pour l'arrêter. Et tant pis s'il lui faut aussi s'accroupir pour peindre le bas du tableau. Le confort n'est jamais pour lui un problème et quand la peinture le tient... Le 11 mai, une première esquisse est dessinée sur la toile même. Le tableau sera terminé le 4 juin.

Picasso a déjà pensé qu'il serait intéressant de photographier les différentes étapes de la création d'un tableau afin d'en enregistrer les métamorphoses successives. Cela ne présenterait guère d'intérêt s'il concevait précisément le tableau avant de le peindre. Mais, lui, c'est toujours à l'aventure qu'il part, certes avec une idée initiale, mais qui se transforme au fil du temps en fonction du mouvement de l'imagination et des problèmes plastiques rencontrés. Dora se charge d'en photographier les différents états à titre documentaire et c'est grâce à elle que nous pouvons avoir une idée de ce qu'a été la réalisation de cette grande œuvre historique que Picasso a peinte en à peine plus d'un mois et qui porte le nom de *Guernica*. Curieusement, alors qu'il n'aime pas montrer, même à ses amis, le travail qui est en cours dans son atelier, il n'hésite pas, cette fois, à faire intervenir plusieurs participants. Pendant qu'il y travaille, pour ne laisser subsister aucun doute sur sa position politique, il rédige (avec l'aide probable de Paul Éluard) une déclaration qui est publiée dans un journal américain et dans laquelle il affirme son « horreur de la caste militaire qui a fait sombrer l'Espagne dans un océan de douleur et de mort », qui a bombardé le Prado, assassiné le poète Federico Garcia Lorca et dont un des représentants, le général Millán Astray, n'a pas hésité à crier « Mort à l'intelligence ! ».

Guernica, audacieusement, est un tableau en noir et blanc.

Guernica est noir, écrit Jean-Louis Ferrier comme les gros titres des journaux de l'époque qui disent à l'homme de la rue, noir sur blanc, sa terrible vérité. Il est noir, gris et blanc comme les films d'actualités et les photos du front de Biscaye câblées par bélinographe, à la trame si contrastée qu'elles blessent le regard avant même qu'on en ait identifié l'image[3].

La composition très plastique, ordonnée, harmonieuse, est puissante, monumentale, comme il se devait pour une décoration murale en une telle circonstance. Elle est clairement figurative, violemment expressive, dans une grande intensité dramatique qui dépasse le fait d'actualité en signifiant ce qu'il y a en lui d'universel et d'intemporel. La ville est à peine symbolisée dans une architecture élémentaire en fond de décor. Rien qui montre un Guernica réel. Pas d'avions non plus, ni de bombes. La seule arme est une épée brisée, dans la main d'un homme gisant à terre au premier plan, l'œil encore ouvert. À gauche, une mère, qui tient un enfant mort (à en juger par la manière dont sa tête tombe en arrière), hurle sa douleur devant un taureau majestueux, paisible. De l'autre côté, son double lève les bras au ciel. Devant elle, une troisième femme, partiellement agenouillée, le visage moins tourmenté, se tend vers la double lumière d'une lampe électrique au plafond et d'une lampe à pétrole brandie par une quatrième figure féminine dont n'apparaît que la tête, énorme. Au centre, un cheval, qui part vers le fond du tableau, se retourne en hennissant. Nombreux seront ceux qui tenteront de décrypter cet ensemble de signes, comme si chacun d'eux devait recevoir une signification précise, mais Picasso, lui, se contentera toujours de dire que le cheval est un cheval, le taureau un taureau et que c'est la force et la richesse mêmes des symboles qu'on puisse les interpréter largement. Certains, sur le moment, aimeraient un message plus réaliste, un engagement plus clair. Ils reprochent à *Guernica* son esthétisme, son formalisme, mais tous ceux qui ont un peu le sens de l'art moderne et ont compris qu'il n'est plus de son ressort de coller à quelque information que ce soit, encore moins de se faire outil de propagande, savent que Picasso a donné là la plus formidable peinture d'histoire qu'on pouvait alors espérer. Aussi ce chef-d'œuvre, venu trente ans après *Les Demoiselles d'Avignon*, est-il aussitôt considéré comme l'icône de la lutte contre le fascisme. Longtemps exposé à New York, *Guernica* a été restitué à l'Espagne en 1981. Il est aujourd'hui visible au Museo de la Reina Sofia, à Madrid.

Peindre malgré tout

Pablo Picasso, avec une formidable maestria, a rempli son contrat : *Guernica* est un sommet de son art, nourri de ce que fut jadis l'expérience graphique du cubisme déconstructeur et reconstructeur, riche aussi de toute son expérience personnelle, telle qu'elle s'est cristallisée dans les figures emblématiques du cheval, du taureau et de la femme portant la lumière dans les ténèbres. Il s'est dépassé. La revue de Christian Zervos, *Cahiers d'art*, en prend acte en lui consacrant un numéro spécial auquel ont collaboré une demi-douzaine d'auteurs, parmi lesquels Michel Leiris et l'écrivain espagnol José Bergamin. Son importance est aussi reconnue dans l'exposition *Les Maîtres de l'art indépendant*, organisée dans le cadre de l'Exposition internationale des arts et techniques, en mai 1937, et dans laquelle il est représenté par une trentaine d'œuvres. Loin pourtant d'y avoir une place d'honneur, il est mis sur le même pied que des artistes de moindre importance.

Maintenant il redescend dans une vie, un art plus ordinaires, des sujets plus personnels. Du moins en apparence : s'il peint des femmes en larmes qui ont le visage de Dora Maar, c'est parce qu'il voit ainsi cette femme dont la gaieté n'est pas la plus grande des qualités. Le portrait des femmes qu'il aime est une pratique essentielle de son art. Tout en peignant *Guernica*, il n'a cessé, dans les moments de détente qu'il s'est accordé au Tremblay-sur-Mauldre, de faire des portraits de Marie-Thérèse. Dora pleure (mais pas toujours, même en peinture) et, en 1937, on ne manque pas de raison de pleurer. Aussi *La Femme qui pleure* est-elle plus qu'un portrait-charge d'une compagne peu joyeuse, c'est aussi un écho, bien que dans un style différent, des quatre femmes de *Guernica* — une image de l'Espagne blessée, de la douleur même, de ce deuil qu'il faut bien porter quand, comme l'a écrit Leiris dans les *Cahiers d'art*, « tout ce que nous aimons va mourir ».

À Mougins, l'été, où de nouveau il s'est installé avec Dora et le lévrier afghan Kazbek, le successeur d'Elft, il peint d'autres figures de femmes moins dramatiques, des portraits de celles qui sont auprès de lui, Dora bien sûr, mais aussi Nusch puisque les Éluard sont aussi revenus à Mougins, et Lee Miller, une jolie jeune femme, ancien mannequin, photographe, américaine comme son ami Man Ray et future épouse de Roland Penrose (ces deux hommes sont aussi présents). Dans la chambre d'hôtel qu'il a prise pour atelier, il les peint « par cœur », comme il dit, déformant leurs traits jusqu'à la limite de la ressemblance, mêlant vision de face et vision de profil et les habillant de costu-

mes imaginaires. La peinture, l'amitié, la plage…
c'est ainsi qu'il aime l'été, au bord de la Méditerranée. Là se recharge, s'épanouit son étonnante vitalité. Là s'exalte son plaisir de peindre qui, dans la
bonne humeur de ce temps de vacances, manie
l'humour avec une aisance particulière.

Un autre peintre, mais lui venu du Nord, a trouvé
dans la lumière du Midi la complice indispensable
de sa peinture : Henri Matisse, le rival de Picasso
au début du siècle, s'est installé à Nice. Il y est fidèle à une pratique sereine de la peinture, qui ex-
clut toute dramatisation et célèbre, grâce à des
modèles bien choisis, un culte sensuel de la fémi-
nité. Ils n'ont jamais été vraiment amis, ont même
eu quelques raisons d'inimitié quand ils rivali-
saient auprès de Gertrude et Leo Stein. Ils se sont
peu vus durant toutes ces années, pendant lesquelles ils sont l'un et l'autre devenus célèbres, mais ils
ont toujours gardé de l'estime l'un pour l'autre. Ils
se reconnaissent mutuellement comme de grands
peintres, peut-être les deux seuls qui comptent
vraiment à une époque où la mode est à une figuration plus ou moins médiocre, à l'imaginaire surréaliste et à l'abstraction. Matisse est grand parce
qu'il « porte un soleil dans le ventre », aurait dit Picasso quelques années plus tôt à Tériade. Picasso, lui
aussi, porte un soleil dans le ventre, mais avec une
importante part d'ombre. Il envie Matisse d'être si
serein, détaché, du moins en peinture, des lour-
deurs de la vie quotidienne et des tracas du monde.
Matisse ne veut mettre que du bonheur dans sa

peinture et en faire don à ceux qui aiment son art. Picasso, lui, se met en peinture tel qu'il est, avec ses joies et ses douleurs, ses fantasmes et ses inquiétudes. Il ne craint pas de surprendre, de troubler, de provoquer. Picasso, proche de Matisse dans la célébration de Marie-Thérèse, s'en éloigne quand il penche vers Dora. Pourtant c'est elle qu'il emmène voir son aîné à Cimiez, sur les hauteurs de Nice, plusieurs fois au cours de cet été, alors que se noue entre eux une nouvelle relation, faite d'estime et de confraternité plus que d'amitié. À l'automne, il profite d'un voyage en Suisse, où il accompagne son fils Paulo malade, pour aller voir un autre peintre qui élude le drame dans son œuvre, Paul Klee, dont il a fait la connaissance une douzaine d'années plus tôt, lors de l'exposition surréaliste organisée à la galerie Pierre. Entre ses deux femmes et ses deux humeurs de peintre, entre la joie sensuelle et l'inquiétude dramatique, Picasso oscille, vivant pleinement une contradiction qui est à la mesure de la conjoncture historique : hésitant, comme le monde, entre la paix et la guerre, l'horreur et l'espérance. Il a beau être souvent d'humeur sombre, peu maître d'une angoisse profonde, Picasso est d'accord avec Matisse sur un point essentiel : c'est à la vie qu'il faut toujours faire confiance, sur elle qu'il faut parier, et la vie c'est la peinture, l'élan de la création, l'incoercible force de l'art. Le père maintenant peint sa fille, Maya, qui n'est plus un bébé, mais une petite fille, qui serre précieusement contre elle ses jouets, un petit bout de femme qu'il aime d'un amour immense. Mais apparaissent aussi des coqs, qu'une main de femme s'apprête à égorger ou qui s'égosillent en de tragiques cocoricos.

Au mois de mars 1938, Barcelone est durement bombardée par des avions italiens. Pablo plus que jamais s'inquiète pour sa mère, sa sœur, ceux de ses amis qui n'ont toujours pas quitté la Catalogne. Hitler, lui, s'empare de l'Autriche sans même avoir à y faire la guerre. La guerre d'Espagne tourne mal, de plus en plus mal. Désormais c'est une autre guerre qui menace : une guerre européenne. Picasso soutient financièrement, largement, les républicains espagnols, mais contre Hitler il ne peut rien. Quant au troisième conflit, dont il est entièrement responsable, celui-là, tout en s'abstenant de prendre parti, celui qui oppose Marie-Thérèse et Dora, il ne fait rien pour l'éteindre. Les deux femmes se rencontrent, s'insultent et se résolvent tant bien que mal à partager leur amant. En revanche, il profite d'une rencontre de hasard pour renouer avec Sabartès. Celui-ci, on s'en souvient, avait quitté tristement la rue La Boétie, blessé du comportement plutôt lâche de son ami employeur. Or voici qu'au printemps ils tombent l'un sur l'autre à Saint-Germain-des-Prés, se donnent une chaleureuse accolade : dans l'euphorie des retrouvailles le peintre invite son vieux camarade à venir le voir dans l'atelier de la rue des Grands-Augustins, qu'il ne connaît pas. Comme Sabartès ne semble pas pressé de s'y rendre, Picasso lui envoie un mot pour lui fixer un rendez-vous, précis, avec un troisième complice de leur jeunesse, Paco Durrio. L'ancien journaliste se laisse convaincre de reprendre du service auprès du peintre, qui a plus besoin d'un homme de compagnie que d'un secrétaire. Sabartès comprend que Picasso, malgré ses deux maîtresses (mais aucune ne vit avec lui, rue La Boétie, où il a encore son domicile), est un homme seul qui n'aime pas être seul. Il a pour lui de l'amitié, qui va jusqu'au dévouement. L'automne venu, une fois Dora et Pablo rentrés de Mougins, il est chaque jour auprès de son maître et ami, à l'appartement de la rive droite, à l'atelier de la rive gauche ou, à l'heure de la pause, dans les cafés et les restaurants de Saint-Germain.

Dora s'intéresse désormais plus à la peinture qu'à la photographie. Elle délaisse ses appareils pour des pinceaux. Est-ce pour se sentir plus proche d'un amant qui la tient prudemment à distance ? Sans doute est-elle aussi déçue de ne pas inspirer au peintre des images de femmes plus paisibles. Car il n'en finit pas de les multiplier, terribles et monstrueuses. Et ce n'est pas elle qui le soigne quand, au début de l'hiver, il est immobilisé par une sciatique ; c'est Sabartès. Picasso peint de même des natures mortes, austères, dramatiques, dans lesquelles revient une tête de taureau — le Minotaure décapité. Ou bien il s'amuse à caricaturer son ami en gentilhomme d'un autre siècle. Il grave aussi, beaucoup : à Montmartre, à l'atelier Lacourière, où il étonne les ouvriers par son art de défier les règles ; rue des Grands-Augustins, où il a fait venir la presse qui était à Boisgeloup et où il est maintenant totalement installé, après que de sérieux travaux ont été réalisés sous l'œil attentif de Dora, qui a pallié l'absence totale d'intérêt de Pablo pour les questions matérielles. Il dispose d'une salle de bains et du chauffage central, mais n'invite pas pour autant sa maîtresse parisienne à habiter avec lui. Encore moins Marie-Thérèse, qui a compris depuis longtemps qu'il ne fallait pas en demander tant et qui se contente des visites qu'il lui fait au Tremblay-sur-Mauldre, où il coule des moments plus paisibles qu'à Paris, travaillant à une peinture plus sereine.

Au cours du mois de janvier 1939, marqué par une exposition de trente-trois natures mortes récentes chez Paul Rosenberg, deux mauvaises nouvelles tombent à quelques jours d'intervalle. D'abord celle de la mort de Maria Picasso y Lopez, la mère de Pablo, puis, le 26 janvier, celle de la prise de Barcelone par les troupes franquistes, qui mettent aussitôt fin à l'autonomie de la Catalogne et imposent le castillan comme langue nationale. Deux mois plus tard, la chute de Madrid met fin à la guerre civile tandis qu'une dictature sévère prend le pouvoir en Espagne. Le champ de la démocratie en Europe se restreint, et cela d'autant plus que la Tchécoslovaquie est brutalement annexée à l'Allemagne par Hitler. La probabilité d'une guerre ne cesse d'augmenter et la peinture de Picasso enregistre ce durcissement du climat international : dans ses tableaux les femmes sont plus que jamais souffrantes, désarticulées, métaphoriquement torturées. L'une de ses peintures représentant un chat dévorant un oiseau apparaît comme une nouvelle image de la cruauté absolue. Que peut faire un peintre en de telles circonstances, sinon peindre ? Sinon vivre ? Affirmer avec force, quoi qu'il advienne, la peinture qui est la vie même ? Picasso a pris une décision importante : il ne retournera pas en Espagne tant que la démocratie n'y aura pas été restaurée. L'Espagne, elle, a pris une autre décision pour lui : il ne pourra pas divorcer. En effet, l'Église, bonne alliée de Franco, a fait abolir le divorce que la république avait légalisé. Il pourrait passer outre en renonçant à la nationalité espagnole, mais il n'en est pas question : Pablo Picasso est né espagnol et le restera. Quitte à rester marié avec Olga.

Serait-ce le dernier été avant la guerre ? Certains le pensent, qu'on ne prend plus pour des pessimistes invétérés. Autant donc en profiter. Aller au sud, au soleil, sur les bords de la Méditerranée. Cette année, ce n'est pas à Mougins, mais à Antibes, où Man Ray dispose d'un appartement qu'il n'occupe pas et dans lequel s'installent Pablo et Dora. Là, mieux qu'à Mougins, ils sont près de la mer. Et ne manquent pas d'amis. Roland Penrose et Lee Miller, entre autres, sont là et Sabartès les rejoint. Pablo aime l'avoir près de lui, lui donne d'autres poèmes à dactylographier, aime faire avec lui de longues promenades. Sabartès, l'ami dévoué, c'est un peu de l'Espagne lointaine encore à ses côtés. Dora le trouve quant à elle un peu encombrant, mais il n'éprouve pas non plus pour elle beaucoup de sympathie. Pas plus pour elle que pour Marie-Thérèse, parce qu'il juge durement la vie amoureuse de cet ami qu'il vénère sans toujours bien le comprendre. Picasso, en souverain, ne prend pas en considération les humeurs de sa cour. Sans chercher non plus à résoudre ses propres contradictions. Il règne. Et c'est à l'absente, Marie-Thérèse, qu'il envoie des lettres d'amour passionnées.

Une autre mauvaise nouvelle trouble ces vacances. Ambroise Vollard vient de mourir dans un accident d'automobile peu banal : tué par une statue de Maillol qui l'a frappé à la tête, alors qu'il dormait sur le siège arrière de sa voiture et que son chauffeur avait dû donner un brusque coup de volant. Picasso et Sabartès remontent à Paris pour l'enterrement et reviennent très vite pour assister à une corrida, à Saint-Raphaël. C'est aussi l'un des charmes du Midi : des arènes et des taureaux. Mais ce n'est pas assez pour faire le bonheur d'un homme que cette année malmène et qui peine à peindre. Du moins jusqu'à ce qu'une scène nocturne ne le relance, avec toute l'aisance qu'il peut avoir, sur une grande toile. Il est sorti se promener, au clair de lune, avec Dora, sur le port. Ils ont vu les pêcheurs, leurs bateaux dans la nuit, les reflets sur la mer, les flâneurs et les flâneuses, des cyclistes et tous ces gens qui mangent (c'est une nouvelle mode) des glaces. Pablo Picasso, sortant d'une grande série de femmes monstrueuses ou blessées et d'une suite de natures mortes au parfum de *vanités*, peint un grand tableau de genre : *Pêche de nuit à Antibes*. Un hommage aux nuits et aux foules méditerranéennes. Une œuvre qui pourrait aussi se nommer *Encore un moment de bonheur...* et qui, à peine quelques jours plus tard, peut se regarder avec nostalgie : Staline et Hitler ont signé entre leurs deux pays, le 23 août, un pacte de non-agression, qui laisse au dictateur nazi les mains libres en Europe. Comment douterait-on encore de l'imminence de la guerre ? Pablo, Dora et Sabartès rentrent à Paris, mais ne s'y attardent pas. Alors que les Allemands ont envahi la Pologne, contraignant la France et la Grande-Bretagne à lui déclarer la guerre, ils prennent la route, conduits comme d'habitude dans l'Hispano-Suiza par le chauffeur Marcel, pour Royan, loin d'un front éventuel. Pourquoi Royan ? Parce que Marie-Thérèse y a déjà passé l'été avec Maya. Dora, elle, connaît cette coquette station balnéaire sur l'océan pour y être venue plusieurs fois, dans sa jeunesse, en vacances avec sa mère. On peut bien croire alors que Royan est un bon endroit pour y attendre la fin de la guerre.

L'important, comme toujours, c'est de travailler. Improviser un atelier n'est pas un problème pour Picasso : où qu'il soit, il trouve constamment le moyen de dessiner, de peindre, quitte à écumer les boutiques locales pour acquérir le matériel qu'il n'a pu emporter de Paris dans sa hâte. Quelques crayons, un peu de papier, d'encre, de peinture peuvent lui suffire. L'important, c'est donc de tra-

vailler, plus que de produire des œuvres, des tableaux pour les marchands, les collectionneurs.
Dans une chambre de l'hôtel du Tigre, dont le
nom évoque Georges Clemenceau, qui sut donner
à la France le courage de gagner le conflit précédent,
Pablo Picasso, à sa manière, dit non à la guerre.
Il peint, se partage entre Dora et Marie-Thérèse
(qui, ne pouvant ignorer leur commune présence à
Royan, font tout pour éviter de se rencontrer, ce
qui n'est pas forcément aisé dans une aussi petite
ville), joue avec Maya, se promène avec Sabartès.
Un aller et retour rapide à Paris lui permet de régler sa situation à l'égard d'une administration
pointilleuse, qui se méfie des étrangers présents sur
son sol, puis il y revient un peu plus longuement,
à la mi-septembre, pour faire provision de matériel, parce qu'il ne trouve pas à Royan ce dont il a
besoin. Brassaï, chargé par *Life Magazine* de faire
un reportage sur lui, en profite pour le photographier au Flore et chez Lipp. Il continue son œuvre
sans rupture apparente, peignant encore ses deux
femmes à la manière violente des derniers temps,
ou bien des natures mortes, d'autres *vanités*, des
images de la mort, qui depuis un an le hante plus
que jamais, des têtes de moutons écorchées, qu'il
a achetées pour son chien. Il emplit plusieurs carnets, peint quelques toiles. Il écrit aussi, de nouveaux poèmes, toujours à la manière surréaliste.
Sabartès, lui, commence la rédaction d'un livre de
souvenirs, un témoignage sur l'ami qui a pris une
si grande place dans sa vie. Il est désormais mieux
placé qu'aucun autre pour parler de Picasso, dont

il est le confident régulier et dont il peut rapporter maint propos, mais qu'on ne compte pas sur lui pour livrer quelque indiscrétion sur une vie privée qui est pourtant riche en péripéties diverses.

Ainsi passent les saisons de cette *drôle de guerre*, pas si drôle que ça et qui finit mal. En novembre, à New York, au musée d'Art moderne, à Chicago ensuite, une grande rétrospective de son travail en près de trois cent cinquante œuvres fait de lui la grande vedette de l'art moderne. À cette occasion, *Life Magazine* publie le reportage photographique que lui a consacré Brassaï. En janvier, Picasso trouve à louer un appartement dans une villa, devant la mer, pour en faire son atelier, à l'écart de ses deux maîtresses, qui n'y sont jamais conviées. Là, il peint une grande *Femme nue se coiffant* particulièrement monstrueuse, image terrible qui est moins d'une femme que d'une frayeur intime, profonde, doublée de cette menace qui pèse alors sur le monde. Au printemps, avec Dora, il séjourne près de deux mois à Paris, où Yvonne Zervos, la femme de Christian, qui a ouvert une galerie, expose de ses aquarelles et de ses gouaches. Il a quelques affaires à régler dans cette ville qui se protège d'éventuels bombardements en entassant des sacs de sable et en éteignant ses lumières. Il retrouve avec plaisir à Saint-Germain-des-Prés quelques amis, dont son cher Paul Éluard. Il rencontre Henri Matisse et tous deux comparent les généraux français peu compétents aux professeurs académiques de l'École des Beaux-Arts. Il met à l'abri

ses œuvres dans sa banque du boulevard Haussmann. Il peint : des femmes et des natures mortes,
des poissons, des crustacés. Il dit que Royan lui
manque, mais il a du mal à quitter Paris et ne s'y
résout que quand l'armée allemande, après avoir
traversé la Belgique, a forcé la frontière. Les routes
de France sont envahies par les réfugiés qui fuient
devant l'envahisseur. Royan, comme tant d'autres
villes à l'époque, est débordée par une telle af-
fluence de population. Que faire d'autre, sinon attendre ? À peine un mois plus tard, les Allemands
eux aussi sont là et la France, vaincue, signe l'armistice, confiant sa destinée à la collaboration et
au maréchal Pétain. Un an auparavant, c'était
l'Espagne qui tombait dans la dictature. Picasso
regarde Maya dormir et la dessine en parfaite néga-
tion de la douloureuse actualité. Rester à Royan ?
Revenir à Paris ? Aller à Mougins ou à Antibes,
dans la zone non occupée ? Partir pour le Mexique
ou l'Amérique comme d'autres artistes ou écrivains ? Il pourrait prendre un bateau à Bordeaux.
Sa célébrité serait son passeport. C'est à Paris
qu'il est chez lui et ce ne sont pas les Allemands
qui vont l'en chasser. Certes, il est Pablo Picasso,
mais avant tout pour les nazis un représentant célèbre de cet « art dégénéré » qu'ils stigmatisent,
un antifranquiste notoire aussi et mieux vaudrait
se faire le plus discret possible. Pablo Picasso, qui
a mauvais caractère, n'est pas homme à se cacher.
Fin août, il entraîne Dora, Sabartès et le chien
Kazbek sur le chemin du retour. Marie-Thérèse et
Maya, elles, restent à Royan pour quelque temps.

Paris est morose. Sauf pour ceux qui ont décidé de profiter de l'Occupation. Picasso reprend ses habitudes, tant bien que mal. La proximité de Saint-Germain-des-Prés, où Lipp, le Flore et les Deux-Magots n'ont guère perdu de leur animation. Là, il peut, avant le couvre-feu, retrouver quelques-uns de ses amis, bien que beaucoup d'entre eux soient partis dans l'espoir de couler ailleurs des jours meilleurs. Kahnweiler a eu la prudence d'aller se cacher dans le Limousin avec une bonne partie de ses tableaux, les autres restant dans la galerie rebaptisée du nom de sa belle-fille, Louise Leiris, la femme de Michel. Paul Rosenberg est à New York. André Breton, André Masson, Max Ernst ont eux aussi pris un bateau pour l'Amérique. Leiris, Éluard, en revanche, sont encore parisiens. Dora Maar, elle, a réintégré la rue de Savoie, tandis que Marie-Thérèse et Maya, revenues de Royan, ont trouvé un appartement à louer, pas trop loin, boulevard Henri-IV. Ainsi Pablo pourra-t-il, comme avant la guerre, passer les week-ends avec elles. Olga et Paulo sont encore dans les parages, avant de partir pour la Suisse, où ils attendront la fin de la guerre. Au fil des mois la situation se durcit et l'occupant, qui a d'abord tenté de séduire la population, laisse plus clairement s'exprimer sa vraie nature. Mieux vaut alors ne pas se faire remarquer, ne pas être juif, ne pas avoir la réputation d'être un homme ou une femme proche des « rouges ». Picasso sent que la Gestapo l'a à l'œil, ce qu'elle ne manque pas elle-même de lui faire comprendre. Toutefois, elle ne porte pas atteinte à sa liberté et, s'il est officiellement exclu que son œuvre soit publiquement exposée, elle n'est pas non plus réduite à une entière clandestinité : il suffit d'aller à la galerie Louise Leiris pour voir de ses tableaux. Ou bien de passer à l'atelier, comme certains Allemands n'hésitent pas à le faire, moins dogmatiques qu'ils sont censés l'être.

Il a l'avantage de ne pas être pauvre, donc de pouvoir vivre décemment, en continuant de travailler, ce qui n'est certes pas donné à tout le monde en la circonstance. Bien que les conditions de travail ne soient pas des meilleures, il continue de peindre, de sculpter, sans se faire plus qu'auparavant témoin du temps qui est le sien. Il parvient tant bien que mal à se procurer le matériel nécessaire, même du bronze pour faire des moulages, alors que ce métal, en ces temps de guerre, est réquisitionné pour la fabrication de canons. Un jour, il a même la grande joie de pouvoir se procurer un stock de papier japon. Incapable de rester inoccupé, il se débrouille avec ce qu'il a sous la main : de la terre, du plâtre, du fil de fer, des couleurs industrielles et tout ce qu'il amasse dans le fantastique bric-à-brac qui l'a fait sacrer « roi des chiffonniers » par Jean Cocteau. Voici, modelée, une tête monumentale de Dora Maar et de nombreux objets réalisés par assemblage d'éléments divers. Et il écrit. Les débuts qu'il a faits dans cet art nouveau pour lui ont été encourageants : dès lors que des experts en modernité littéraire tels qu'Éluard, Breton et Leiris ont apprécié ses poèmes, c'est qu'il n'est pas absurde pour lui de se considérer comme un écrivain. Il aime toujours trouver des voies nouvelles et l'écriture, qui n'était pas la plus évidente de celles qui pouvaient s'offrir à lui, lui plaît en ce qu'elle diffère totalement des voies plastiques qui sont déjà depuis longtemps les siennes. Il s'y laisse aller avec une très grande spontanéité et moins de réflexion, moins de lucidité aussi qu'en peinture, s'étonnant de cette parole imprévue qui sourd de lui. La logique et la grammaire ne le contraignent pas plus que ne le fait ailleurs la règle du dessin académique et les mots, les images s'enchaînent comme bon leur semble. Toutefois, en écriture il se comporte autrement qu'en peinture, ainsi que le remarque justement Antonina Vallentin :

L'influence surréaliste, qu'il ne veut pas reconnaître sur ses tableaux, domine sa poésie. Il pourrait aisément peindre ce qu'il trace en mots sur le papier : voisinage d'objets, de sensations visuelles séparées. Mais, en peignant, il aurait soumis ces fragments discontinus du réel à des lois picturales, qu'il peut bien bouleverser mais qui existent toujours pour lui. En écrivant, il laisse sa pensée vagabonder, l'association d'idées assembler les éléments disparates[1].

Quitte à faire de ses manuscrits d'étonnantes pages graphiques en couleurs, dans lesquelles corrections et ajouts sont aussi d'évidents éléments plastiques.

Le poème est sans doute la forme la plus naturelle d'un tel épanchement, mais, en janvier 1941, quelques jours après avoir réveillonné avec Paul

Éluard et Nusch, Picasso se surprend lui-même à écrire une pièce de théâtre. Il la boucle en quatre jours, et en français ! C'est *Le Désir attrapé par la queue*, un texte d'une franche fantaisie collégienne, dans la ligne d'insolente dérision ouverte par Alfred Jarry. Le Gros-Pied, la Tarte, l'Oignon, l'Angoisse grasse, l'Angoisse maigre, le Bout-Rond, le Silence, les Toutous et le Rideau y tiennent des dialogues cocasses sur le fil échevelé d'une action délirante, quelque peu marquée par ces préoccupations de l'époque que sont le froid et la difficulté, pour cause de rationnement, de se bien nourrir. Lui-même a beau avoir le chauffage central, il ne peut le faire marcher. Quant au grand poêle de fonte de son atelier, il est trop gourmand pour le peu de charbon disponible. Quant à la bonne chère, il faut pour l'assumer l'art et les moyens du marché noir, ou bien la complicité accueillante du restaurant proche de l'atelier et bien nommé, Le Catalan, qui n'est pas très regardant sur les restrictions alimentaires. L'humour, cette grande vertu dadaïste, que les surréalistes n'aimaient vraiment que noir, n'est pas la plus vaine des réactions qu'on puisse avoir en temps d'oppression. C'est au moins une preuve de santé, une forme de résistance morale. Les lecteurs amicaux de cette pochade l'apprécient, non sans s'étonner une fois encore du talent original de cet écrivain amateur. Sans doute peut-il se laisser aller plus facilement dans l'écriture que dans la peinture, puisqu'il écrit sans souci d'une œuvre à accomplir, d'une renommée à maintenir. Les dessins, les tableaux, les sculptures sont moins légers et restent dans la ligne de ceux des dernières années : des femmes, des natures mortes (encore qu'y apparaissent plus qu'auparavant des denrées alimentaires !), quelques paysages aussi, des vues de la Seine et de ses deux grandes îles parisiennes. Avec tout de même une pointe d'ironie qu'on peut recevoir comme un éclat de rire sardonique : il faut voir, par exemple, cet *Enfant à la langouste* aux membres désarticulés, au sexe pendant au-dessus d'un plat de poisson et dont la tête, simultanément de face et de profil, tient plus du gag que de l'effet artistique.

En 1941 et 1942, Picasso n'a ni de grand élan ni de grand projet. Sa vie est tranquille, régulière, entre Dora et Marie-Thérèse, dans une ville où il ne fait plus bon vivre, où vivre devient de plus en plus difficile, sous un régime d'occupation étrangère de plus en plus rigoureux. Picasso s'ennuie. Sabartès a repris son rôle de secrétaire et Inès, nouvellement mariée, qui est revenue de Mougins où elle s'était retirée au début de la guerre, veille sur le double appartement de la rue des Grands-Augustins et son locataire. Installée avec son mari dans le même immeuble, elle est toujours sur place, au service de ce patron auquel elle voue une grande dévotion et qui lui témoigne une réelle affection. L'art aussi sommeille dans une relative répétition des thèmes et du style.

Une grande toile (à peu près deux mètres de haut et trois de large) sort du lot, *L'Aubade*, au printemps 1942. Le sursaut se préparait depuis quelque temps à force d'études consacrées au thème du nu couché dont Manet a donné avec *Olympia* l'exemple le plus troublant de la figuration moderne au XIXe siècle. Une femme nue, bien peu vivante, est allongée sur un lit non défait tandis qu'une autre, vêtue, tient une mandoline dont visiblement elle ne joue pas. L'aubade est sans musique comme la femme est sans vie : on peut bien voir là quelque illustration de l'ambiance étouffante, mortifère, qui sévit alors dans la France occupée. Mais l'important est moins dans le thème que dans la manière : la distorsion des plans, qui est apparue avec *Les Demoiselles d'Avignon* et qui a été le principe du cubisme, est ici pratiquée avec une rigueur et une violence particulières, emprisonnant les deux personnages dans un réseau triangulaire qui les caricature en les géométrisant à l'excès. Jamais encore Picasso n'est allé aussi loin dans la réduction des formes perçues en signes qui les dénotent sans les représenter. C'est *Vénus écoutant de la musique* de Titien « transposé au temps de la pire terreur nazie avec la torture et la mort qui guettent[2] », écrira plus tard Pierre Daix. Vlaminck, qui fut un ami de sa jeunesse et qui est désormais de ceux qui trouvent que l'Occupation n'est pas une si mauvaise chose pour la France, qu'elle l'a bien méritée et qu'elle peut l'aider à se régénérer, n'a pas vu cette *Aubade*, mais il est certain qu'elle l'aurait conforté dans cette opinion qu'il publie alors dans le journal *Comœdia* :

> Pablo Picasso est coupable d'avoir entraîné la peinture fran-
> çaise dans la plus mortelle impasse, dans une indescriptible
> confusion. De 1900 à 1930, il l'a conduite à la négation, à l'im-
> puissance, à la mort[3].

Écrire cela en juin 1942, c'est hurler avec les loups.

Seigneur de la peinture moderne, Picasso traverse cette période terrible de l'histoire en faisant ce qu'il a à faire et ce qu'il fait le mieux : de la peinture et de la sculpture. Sans en avoir l'air, en se jouant d'un thème éculé, il a peint un grand tableau d'histoire qui en dit long sur la douleur du temps présent. Peu après, prouvant qu'il a retrouvé son dynamisme, son ambition, il entreprend une sculpture dont la maturation, à partir des premiers dessins, durera près de six mois. C'est l'*Homme au mouton*, qui, dans une forme relativement classique, s'oppose à *L'Aubade* comme la vie à la mort. Hitler, rompant le pacte qui l'unissait à Staline, a lancé ses troupes sur l'Union soviétique et, en France, les Allemands ont envahi la zone sud, jusqu'alors soumise uniquement au régime de Vichy. La mainmise de la Gestapo, secondée par la Milice, se renforce sur l'ensemble du pays, tandis que se développe la Résistance, dans laquelle s'engagent désormais efficacement les communistes. L'heure n'est donc pas à l'optimisme, bien que le débarquement des Alliés en Afrique du Nord leur ait au moins donné un important point d'appui au sud de l'Europe. Picasso a beaucoup réfléchi, il a fait provision d'une grande quantité de glaise, il a monté une armature métallique et, quand il se sent prêt, il passe à la réalisation, avec sa merveilleuse aisance. Ainsi prend forme, plus grand que nature, ce berger simple, serein, humain comme on peut l'être selon les critères de l'humanisme, tenant fermement dans ses bras un mouton qui résiste à sa prise. Le réalisme est saisissant, pourtant il y a longtemps que Picasso n'a vu un berger ni un mouton vivant, sans doute depuis Horta. Son œil, sa mémoire et sa main ont fait un prodige. Non sans difficulté, puisque la sculpture s'écroule en cours de fabrication et n'est sauvée que grâce à l'aide de Paul Éluard, heureusement présent dans l'atelier où il s'est réfugié pour écrire parce qu'il y a là un peu de chauffage. Pablo, en effet, grâce à ses relations, bénéficie d'une dotation particulière de charbon, dont il fait aussi profiter Marie-Thérèse et Maya. Ainsi, en moins d'un an, se sont montrées les deux faces de Pablo Picasso, tantôt classique, tantôt révolutionnaire. Pour aller plus loin en prouvant qu'il ne se réduit pas à une si claire contradiction, il accomplit en ce début 1943 un autre geste formidable — celui qui lui fait associer une selle et un guidon de vélo pour en faire une *Tête de taureau*.

Un soir de mai de cette même année, Pablo Picasso dîne au Catalan avec Dora Maar et Marie-Laure de Noailles. Un mois plus tôt, il était là en train de déjeuner avec quelques amis, dont l'écrivain Léon-Paul Fargue, quand celui-ci fut frappé d'une attaque d'hémiplégie et qu'il dut prévenir l'épouse du malade. Ce soir, l'humeur est plus gaie. À une table voisine, l'acteur Alain Cuny est assis en compagnie de deux jolies jeunes femmes qui attirent l'attention du peintre. Il le leur fait comprendre par l'insistance de son regard, mais aussi en élevant la voix pour se faire entendre d'elles. Il se trouve qu'Alain Cuny ne lui est pas inconnu. Sans doute est-ce en compagnie de Jacques Prévert qu'il a déjà rencontré cet acteur du film *Les Visiteurs du soir* de Marcel Carné, sorti récemment à Paris et dont Prévert a écrit le scénario et les dialogues. C'est à lui qu'il s'adresse, au moment du dessert, s'étant approché en tenant un plat de cerises et lui demandant de le présenter aux deux jeunes femmes. Il s'étonne d'apprendre que Françoise Gilot et son amie Geneviève Aliquot sont toutes deux peintres, car il ne leur trouve pas l'allure de l'emploi et, puisqu'en guise de confirmation, elles lui confient qu'elles exposent actuellement des tableaux rue La Boétie, il les convie à venir lui rendre visite dans son atelier. Ce qu'elles font quelques jours plus tard, découvrant avec surprise le capharnaüm dans lequel vit et travaille le peintre : un vestibule plein de plantes et d'oiseaux, puis dans une pièce tout en longueur une table et deux établis couverts d'un amoncellement d'objets divers, de journaux, de livres et de vieux canapés, des chaises Louis XIII, des guitares, des mandolines, des vêtements, des chaussures, un crâne en bronze, un bloc d'améthyste ; dans une autre pièce, qui sert d'atelier de sculpture, l'*Homme au mou-*

ton, des têtes de femmes, un christ espagnol polychrome du XVIe siècle et des tableaux posés çà et
là, des œuvres de Matisse, Vuillard, Modigliani, et
du Douanier Rousseau. Après avoir pris un escalier en colimaçon elles trouvent Picasso au premier étage, en compagnie d'une demi-douzaine de
personnes, dans une ambiance dévote, mais il se
montre cordial avec elles et les invite à revenir. Peu
après, elles apprennent qu'il est passé voir leur exposition. Françoise décide de retourner rue des
Grands-Augustins et y entraîne Geneviève. Picasso,
de nouveau très attentif, leur fait des compliments
sur ce qu'il a vu d'elles dans la galerie où il s'est
rendu sans se faire connaître, mais où tout le
monde l'a reconnu. Il leur montre des tableaux
dont elles s'étonnent qu'ils soient installés en
échafaudage et non avec l'ordre et les précautions
qui, d'ordinaire, s'imposent. Par la suite, Françoise reprendra seule le chemin de l'atelier de ce
peintre qui la fascine et dont elle se rend vite
compte qu'il s'intéresse singulièrement à elle, bien
qu'il soit toujours entouré de bon nombre d'amis
et d'admirateurs. Un jour de pluie, comme elle est
arrivée les cheveux trempés, il l'entraîne dans sa
salle de bains pour les lui sécher lui-même, avant
de lui faire visiter son « musée », ce qui n'est pas
un mince privilège.

Dans cette petite pièce contiguë à l'atelier de
sculpture, elle voit un pied de statue égyptienne,
une main de l'île de Pâques, un bronze du *Verre
d'absinthe,* d'autres petits bronzes fondus d'après
des originaux en bois, des théâtres miniatures dans

des boîtes de cigares... Picasso profite de ce moment d'intimité pour l'embrasser sur la bouche. Curieusement, se disant déçu de son peu de résistance, il n'insiste pas. Ce n'est qu'après quelques autres visites que, l'ayant invitée à monter dans une toute petite pièce juste sous le toit pour lui faire admirer la vue, il s'aventure un peu plus loin en lui touchant les seins. Mais ce sont bientôt les vacances et Françoise part pour le Midi, où elle décide de rompre avec ses parents, des bourgeois conventionnels, en leur annonçant qu'elle souhaite se consacrer désormais à la peinture. S'installant alors chez une grand-mère complice, elle ne revient pas voir Picasso avant le mois de novembre. Celui-ci l'invite à venir lui rendre visite à un moment plus calme, quand Sabartès n'est pas là, ni tous ces visiteurs qui souvent l'ennuient, mais dont le mouvement quotidien lui est nécessaire pour le mettre en forme avant de travailler. Il lui donnera des leçons de gravure.

À son premier rendez-vous d'élève particulière, Françoise, nullement effarouchée, se présente dans une robe de velours noir surmontée d'une collerette blanche et son professeur lui fait remarquer que ce n'est pas une tenue adéquate pour faire de la gravure. Ce à quoi elle répond que ce n'est pas en pensant à la gravure qu'elle s'est habillée de la sorte. Il lui montre alors une centaine d'eaux-fortes réalisées dans les années trente pour Vollard et fait défiler sous ses yeux des faunes et des minotaures, qu'il accompagne de cette réflexion, rapportée par Françoise Gilot : « Le Minotaure ne peut pas être aimé pour lui-même[4]. » Puis il l'emmène dans sa chambre, la déshabille, la regarde, la fait venir sur ses genoux, s'allonge près d'elle, très doux, la prend dans ses bras. C'est tout pour aujourd'hui, à en croire l'intéressée, qui plus tard consacrera un livre à cette histoire d'amour : *Vivre avec Picasso*.

Picasso a la réputation, nullement usurpée, d'être d'ordinaire autrement cavalier avec les dames. C'est qu'il ne lui est pas nécessaire d'être amoureux pour s'intéresser de très près à elles, surtout quand elles savent lui faire comprendre qu'elles n'attendent que cela. Quand il est amoureux, et ce n'est pas si souvent, c'est autre chose. Il est plus délicat, parce qu'ému, inquiet sans doute. Avec Marie-Thérèse ne s'est-il pas montré patient ? Troublé par Françoise, impressionné par sa jeunesse et sa façon généreuse d'aller vers lui, il a évité de se déclarer immédiatement à la légère, s'est efforcé d'en savoir sur elle plus qu'elle ne lui en disait. Or Brassaï l'a connue avant lui, par l'intermédiaire du maître qu'elle a eu en peinture, un artiste d'origine hongroise comme lui-même, et il a été invité dans sa famille. Son témoignage rassure Pablo, qui se retrouve maintenant avec trois femmes dans sa vie, même quatre, si on compte Olga, plus lointaine que les trois autres mais présente, et qu'il entretient, voit de temps à autre, lui envoyant sans cesse des lettres de récrimination. Marie-Thérèse, on l'a compris, est solidement installée dans sa vie, et puis il y a Maya... Mais Dora, que faire de

Dora ? Rompre avec elle ? Picasso n'aime pas rompre et la question d'un choix entre elle et Françoise ne se pose pas. C'est l'avantage de la vie de célibataire : aucune favorite n'étant installée à demeure, on est libre de ses actions. Et la vie en temps de guerre est assez difficile pour ne pas la compliquer avec des problèmes intimes. Bon témoin de ce qui est en train de se passer entre Françoise et Pablo, Brassaï remarque qu'il est

fasciné et subjugué par cette petite bouche un peu boudeuse, ce nez droit, ce grain de beauté sur la joue, ces amples cheveux châtain clair déployés autour du visage, ces yeux verts grands ouverts et asymétriques, ces sourcils arqués, ce corps d'adolescente à la taille mince qui offre déjà les rondeurs de la femme[5].

La situation reste incertaine malgré l'entrée en guerre des Américains et l'Occupation est de plus en plus terrible. Avec ses morts, ses torturés, ses déportés, ses clandestins. Paul Éluard, en communiste logique, est passé à la clandestinité, où il a fondé le Comité national des écrivains et où il brave la censure avec les Éditions de Minuit. Michel Leiris, le voisin de Picasso, rue des Grands-Augustins, cache chez lui Laurent Casanova, un des leaders du Parti communiste. La Gestapo est toujours plus ou moins dans les parages de l'atelier et sans doute n'est-ce qu'en raison d'une certaine bienveillance, ou indulgence, des autorités allemandes qu'elle épargne Picasso, bénéficiant aussi de quelque soutien à la Préfecture de police de Paris, où quelques-uns, au risque de leur vie, tentent d'agir au mieux pour atténuer les rigueurs de l'Occupation. Certains Allemands montrent de l'intérêt pour son travail, comme l'écrivain Ernst Jünger qui vient passer avec lui un long moment, au cours duquel ils décident qu'à eux deux ils pourraient aussitôt déclarer l'armistice.

Si l'on en croit le témoignage d'Arno Breker, sculpteur officiel de l'Allemagne nazie et alors à Paris, c'est grâce à son intervention que Picasso doit d'échapper à la Gestapo. Pour cette dernière, qui le soupçonne d'être au moins moralement complice de la Résistance, il est une incarnation du diable puisque faisant partie de ces artistes dont certaines œuvres, avec d'autres issues de collections parisiennes, ont subi les flammes d'un autodafé. C'est Jean Cocteau (lui-même l'a affirmé) qui aurait demandé à Breker d'user de son influence. Une raison au moins prévaut, laissera entendre le sculpteur : Picasso est trop célèbre pour que son arrestation ne provoque pas un scandale. Ses amis Max Jacob et Robert Desnos ont moins de chance. Max, arrêté à Saint-Benoît-sur-Loire, meurt au camp de Drancy, le 5 mars 1944. Cocteau est intervenu une nouvelle fois, avec succès, et le poète, juif converti, allait être libéré quand une pneumonie a eu raison de lui. Desnos, un des surréalistes les plus originaux et les moins dogmatiques, est déporté au même moment. Il mourra du typhus à Terezin.

Tenir bon. Quoi qu'il en soit, garder le moral. Garder sa confiance. Croire en la puissance des armées alliées. Comprendre que se délite peu à peu la puissance nazie et attendre. Se soutenir mutuellement avec les amis qui sont encore dans les parages. L'humour, dont dadaïstes et surréalistes ont recommandé l'usage, n'est pas un mauvais remède et, puisque Picasso en a donné un bel exemple avec son *Désir attrapé par la queue*, Michel Leiris, le 19 mars, en organise chez lui une lecture, avec une distribution étonnante. L'hôte et sa femme, bien sûr, en font partie. À leurs côtés interviennent Dora Maar, Simone de Beauvoir, Albert Camus, Jean-Paul Sartre, Raymond Queneau et quelques autres, devant un public de complices réunis pour rire en rendant hommage à cet auteur imprévu. Georges Braque, Pierre Reverdy, Jacques Lacan, Valentine Hugo, Brassaï et l'inévitable Sabartès n'ont pas, eux non plus, manqué cette soirée historique. Françoise, elle, ne fait pas encore partie de la bande, mais *Le Désir attrapé par la queue*, quel titre pour qualifier son amant sexagénaire !

Rire, c'est résister au désespoir. Aimer, c'est dire non à la guerre. Peindre, c'est vivre. L'homme qui rit, qui aime et qui peint est un homme libre qui échappe à l'histoire. Pablo Picasso, en cette année 1944, vit de peindre, de rire et d'aimer. Il peint des natures mortes, des portraits, quelques vues de Paris même, lui si peu paysager, des femmes aussi, surtout, à leur toilette, comme un écho à celles de Degas, mais torturées, disloquées, chair souffrante plus qu'épanouie, effrayante plus que séduisante. Est-ce sa façon d'inscrire sur ses toiles un temps dramatique ? Peut-être. Mais il n'a pas attendu la guerre pour peindre de telles mégères difformes. Et le fond de son humeur n'a jamais manqué de violence. Ici, c'est moins le sujet qui importe que la peinture, moins les corps que le travail de formes, de lignes, de couleurs, dont ils sont le prétexte. Une façon aussi de s'opposer à la jolie peinture, aux charmes de la peinture telle qu'elle fut louée aussi bien par les tenants de l'académisme que par ceux de l'impressionnisme. Depuis *Les Demoiselles d'Avignon*, Picasso n'en finit pas de lutter contre la mièvrerie, de remettre en question l'idée même de beauté. Et l'histoire, d'une guerre à l'autre, lui donne raison contre l'utopie moderniste qui croyait possible un monde harmonieux et pacifié. À ceci près qu'on ne se débarrasse jamais entièrement d'un rêve de bonheur paisible, ni d'une fascination pour la beauté dans ce qu'elle a de plus classique, et celui qui plus qu'aucun autre sait exprimer la violence de son siècle a lui aussi, de temps à autre, ses moments d'harmonie, de rêverie esthétique. Le fantôme de Jean-Dominique Ingres vient parfois le visiter dans son atelier. Il est vrai, toutefois, qu'il se fait en ce moment plutôt discret et que même la beauté si fraîche de Françoise tarde à venir sur les toiles. Maya, elle, entretient au moins cette douceur de peindre contre laquelle la plus grande partie de l'œuvre de Picasso se dresse avec insolence. Et c'est auprès d'elle, de Marie-Thérèse aussi, toujours si paisiblement présente, patiente, disponible, n'exigeant rien de ce qui ne lui est pas offert, qu'il se réfugie quand Paris devient champ de bataille, où s'affrontent libérateurs de la capitale et Allemands qui n'acceptent pas facilement la déroute. C'est là, boulevard Henri-IV, qu'il vit les dernières heures de l'humiliation de la ville, en rendant hommage à Poussin et en célébrant Pan, le dieu de la force vitale.

Communiste et superstar

Picasso pendant la guerre a tenu bon, en peignant. Il a traversé le temps de l'Occupation sans rien changer à ses habitudes, recevant des Allemands dans son atelier quand il ne pouvait faire autrement, tout en confortant ses amitiés avec certains qui s'impliquaient dans la Résistance. Il n'a pas abandonné la peinture pour la clandestinité, mais il ne s'est aucunement compromis et, dans Paris libéré, il apparaît comme le triomphe de l'art moderne sur la barbarie. Il est fêté, couronné d'une gloire qu'il n'a pas recherchée, visité comme un monument historique. Ernest Hemingway, écrivain-soldat, sort du Ritz où il a ses quartiers pour venir le saluer et, ne le trouvant pas, lui laisse en cadeau une caisse de grenades. Le photographe Robert Capa, rescapé du débarquement, le photographie et bien d'autres G.I.s tentent leur chance auprès de Sabartès pour l'approcher. Françoise Gilot en voit même dormir dans l'escalier ! Des amis sortent de l'ombre dans laquelle ils s'étaient cachés, auréolés du prestige d'un autre courage, tel Paul Éluard, plus fraternel encore et avec une idée en tête : entraîner Picasso au Parti communiste, où lui-même a rejoint Louis Aragon. D'autres aimeraient au contraire qu'un peu d'ombre leur permette de faire oublier qu'ils n'ont pas été exemplaires. Pablo retrouve aussi son fils, Paulo, un jeune homme de vingt-trois ans, qui revient de Suisse. De nombreuses jeunes filles, selon Pierre Cabanne, viennent à lui, qui ne demandent qu'à se laisser séduire. L'une d'elles, encore lycéenne, se présente sans arrière-pensée, désireuse d'un entretien pour le journal de son établissement. Elle est jolie, intelligente et se pique de poésie. Pablo lui montre des dessins, des gravures, l'invite à revenir, témoigne à son égard d'une amicale affection, sans faire le Minotaure. Il lui offre du chocolat et lui prépare du thé. Elle se nomme Geneviève Laporte.

Picasso est entré dans l'histoire avec *Guernica* et ce grand tableau, rétrospectivement, paraît prophétique : il vaut aussi bien pour la Seconde Guerre mondiale que pour la guerre d'Espagne ; il est, au moment où s'effondre l'empire nazi, l'image même du nécessaire passage de l'horreur à l'espoir. Il faut construire un monde meilleur où de telles horreurs ne soient plus possibles, donc fondé sur des valeurs nouvelles. Le Parti communiste, qui a gagné ses lettres d'honorabilité dans la Résistance, a le vent en poupe, attirant la sympathie, sinon l'adhésion, de la plupart des intellectuels, des artistes, des écrivains qui comptent alors en France, ou du moins qui s'y expriment publiquement. Le 5 octobre 1944, *L'Humanité* l'annonce fièrement en première page : Pablo Picasso vient d'adhérer au Parti communiste. Éluard s'en réjouit, qui n'y est pas pour rien. D'autres s'en étonnent, qui connaissent l'égocentrisme du peintre et savent que rien n'a vraiment d'importance pour lui que son œuvre. Il y a là de la provocation de la part d'un homme qui n'a jamais accepté de se ranger dans l'ordre social, de la part d'un artiste dont l'art s'est épanoui en choquant les bien-pensants. Il y a aussi un réel engagement, une façon de couper court à toute tentative de récupération, à toute glorification qui serait fondée sur une mauvaise compréhension de son travail. Une façon aussi de faire un pied de nez à Franco, sa bête noire espagnole, et de montrer à ses compatriotes restés au pays, ou comme lui exilés, qu'il n'y a pas à transiger avec le régime du Caudillo. L'engagement politique de Picasso, à la Libération, est une conséquence de son engagement artistique, ainsi qu'il l'affirmera trois semaines plus tard dans *L'Humanité* :

> Mon adhésion au Parti communiste est la suite logique de toute ma vie, de toute mon œuvre. Car, je suis fier de le dire, je n'ai jamais considéré la peinture comme un art de simple agrément, de distraction ; j'ai voulu par le dessin et par la couleur, puisque c'étaient là mes armes, pénétrer toujours plus avant dans la connaissance du monde et des hommes, afin que cette connaissance nous libère chaque jour davantage. J'ai essayé de dire, à ma façon, ce que je considérais comme le plus vrai, le plus juste, le meilleur, et c'était naturellement toujours le plus beau : les plus grands artistes le savent bien.

Révolutionnaire, dit-il, il l'a toujours été, mais « ces années d'oppression terrible » lui ont fait comprendre que le combat dans l'art n'est pas suffisant et il ajoute :

alors je suis allé vers le Parti communiste sans la moindre hésitation, car au fond j'étais avec lui depuis longtemps[1]...

Il a trouvé une famille, il sera au Parti parmi ses frères. Ce n'est certes pas sa façon ordinaire de s'exprimer et sans doute est-ce Laurent Casanova qui a tenu sa plume, mais il assume pleinement ces propos qui ne sont pas faits pour plaire à des collectionneurs qui, en Europe ou en Amérique, ne sont guère tentés par la perspective d'un régime communiste. Qu'on ne demande pas pour autant à Picasso de lire Marx et Engels, ni d'aller prêcher la bonne parole aux ouvriers, ni de changer sa peinture pour illustrer les luttes du prolétariat ou célébrer le culte de la personnalité du camarade Staline ! D'ailleurs, quelques communistes ne sont pas sans s'inquiéter de l'entrée d'un tel loup individualiste et décadent dans leur bergerie. On ne le verra guère dans les réunions de cellule et personne ne le lui reprochera, mais il y va tout de même, au moins une fois, et s'amuse de constater que le secrétaire de celle dont il est membre est le bougnat qui lui livre d'ordinaire son charbon.

Cette adhésion spectaculaire au Parti communiste vient à peine d'être rendue publique que s'ouvre à Paris le Salon d'automne, première grande manifestation artistique au sortir des années de plomb, alors que la guerre est encore loin d'être terminée. Picasso, qui s'est toujours tenu à l'écart des Salons d'art, y est à l'honneur avec soixante-quinze peintures et cinq sculptures, qui témoignent de son travail des dernières années et dont font partie *L'Aubade* et la *Tête de taureau*. Quelques jeunes gens excités ont beau manifester bruyamment dans l'exposition, cela ne fait qu'en renforcer l'impact.

La paix revient. La vie reprend un cours normal. Gertrude Stein et Alice Toklas ont regagné elles aussi Paris. André Malraux se rend dans l'atelier de Picasso, en uniforme, le 15 mai 1945, en présence de Brassaï, d'Éluard, de Nusch et de Françoise. Leur longue conversation (qui tient surtout du monologue) prendra une trentaine d'années plus tard, retranscrites dans *La Tête d'obsidienne*, une place importante. Les marchands, de leur côté, reviennent, les expositions reprennent. Kahnweiler, toujours fidèle bien que choqué par l'engagement politique de son peintre préféré, peut de nouveau se mettre au service d'une œuvre que la galerie Louis Carré, restée ouverte sous l'Occupation, représente désormais elle aussi. Picasso est une star, contestée mais indiscutable. Anarchiste en art et communiste en politique, il n'en est pas à un paradoxe près et l'agitation nouvelle dont il est le centre ne lui fait pas tourner la tête. Les événements n'ont pas entamé sa solidité et il peut enfin, de nouveau, travailler dans de meilleures conditions, sans s'inquiéter pour Maya, qu'il regarde affectueusement grandir et qui est toute heureuse de faire la connaissance de son grand frère.

Françoise a maintenant pris la première place dans la vie de Pablo et Dora en sort. Quand elle l'a connu, cette dernière était une jeune femme fragile, au caractère trouble, aux humeurs changeantes, avec une forte tendance à la mélancolie. Elle n'a cessé d'être la « femme qui pleure » et ce n'est pas auprès de lui qu'elle aurait pu devenir plus forte. Il ne lui a donné que ce qu'il pouvait lui donner, c'est-à-dire lui-même tel qu'il est. Plus exactement, Picasso n'est pas homme qui se donne, excepté à son art, et cela depuis toujours. En revanche, il prend, toujours il prend. Il se sert de celles qu'il aime et qui l'aiment pour nourrir son expérience d'homme, donc de peintre. Il transforme les femmes qui passent dans sa vie en tableaux, en sculptures qui deviennent plus importants que leurs modèles. Dora a accepté Marie-Thérèse qui la précédait et dont elle a compris qu'elle avait un statut particulier. Elle, au moins, était la favorite, la maîtresse avec laquelle Pablo se montrait, la compagne officielle, même si elle n'en partageait pas le domicile. Dès qu'elle a deviné qu'elle avait une autre rivale, nouvelle et d'autant plus dangereuse, elle a été jalouse. Mais pas assez forte pour se battre, ou partir. Elle est restée dominée, malheureuse, mais toujours disponible, attendant son heure. De quoi la rendre insupportable. Picasso, on l'a vu, n'aime pas prendre de décision, surtout s'il s'agit de rompre avec une femme pour éclaircir une situation qui lui pèse plus à elle qu'à lui. Il laisse faire. Et, s'il advient que les deux rivales s'affrontent, il évite d'intervenir. Se montrer avec Françoise au vernissage d'une exposition de Dora, à la galerie Jeanne Bucher, en avril 1945, ne lui paraîtrait pas incongru et il faut que quelques amis communs l'en empêchent pour que soit évité un drame. Pablo se détache de Dora et tente de la détacher de lui, sans rompre clairement, mais en la laissant pendant quinze jours sans aucun signe de lui. Peut-être comprendra-t-elle... Mais le caractère de la jeune femme s'est détérioré, jusqu'à l'émergence de troubles mentaux caractérisés : dépression, délire, complexe de persécution et il n'est pas possible de l'abandonner. Le docteur Jacques Lacan, rencontré jadis auprès des surréalistes, est appelé au chevet de la malade. L'analyse aidera mieux la jeune femme à faire face que les électrochocs. Pablo ne l'abandonnera pas, pas plus qu'il n'a abandonné Olga, et il l'emmène, l'été, dans le Midi, qu'il est heureux de retrouver et où il achète, à Ménerbes, une maison qu'il lui offre. Cadeau de rupture, en quelque sorte. Il voudrait que Françoise le rejoigne à Golfe-Juan, mais celle-ci, peu pressée de répondre à son caprice et peu désireuse de le partager avec Dora, préfère s'abstenir. Ne pas céder à tous ses caprices n'est pas une mauvaise tactique...

La paix, c'est aussi le moment de faire les comptes, de prendre la mesure de l'horreur. Picasso peint *Le Charnier*, avant même, dira-t-il, d'avoir pris connaissance de l'inimaginable, de la réalité des camps de concentration. Roland Penrose décrit ainsi ce tableau :

Un amoncellement d'êtres humains mutilés, ligotés et putréfiés s'est écroulé sous une table où sont posés des récipients vides de nourriture et d'eau[2].

Le réalisme n'est pas ici plus net que dans *Guernica* et aucun détail ne rattache à la guerre qui vient de se terminer cette peinture intemporelle, harmonieuse, élégante plus qu'effrayante, d'une belle sûreté plastique plus qu'expressive — ce qui déçoit encore les nouveaux amis communistes du peintre quand ils la voient à l'exposition *Art et Résistance*. D'autres peuvent estimer au contraire qu'à près de soixante-cinq ans il maîtrise parfaitement son sujet et reste en possession d'un grand style qui n'appartient qu'à lui. Ceux qui craignaient de le voir gâté par le communisme se rassurent : Picasso est toujours Picasso, plus et mieux Picasso qu'il ne l'a jamais été. On l'a bien vu aussi à l'exposition de la galerie Louis Carré, au mois de juin.

L'heure, pour lui, est de nouveau à l'harmonie. Comme la France dans la paix retrouvée, il s'éveille à une vie nouvelle, sous le signe de Françoise qui, en un peu plus de deux ans, lui est devenue nécessaire. En mai, il a coupé sa célèbre mèche, devenue trop blanche. Mais que peut-il encore inventer en peinture ? Ouvrir de nouvelles voies ? Vivre de nouvelles aventures ? Se répéter n'est pas son fort, non plus que se contenter de creuser son sillon, approfondir son expérience, améliorer pas à pas ce qu'il a déjà conquis. Il lui faut inventer, découvrir, se surprendre, et là où la peinture ne lui propose pas de nouvel élan, une nouvelle technique lui permet d'aller de l'avant. Plus d'une fois déjà il a connu de grands moments de gravure et il s'est fait maître de l'eau-forte. La lithographie est pour lui, à l'automne 1945, le nouveau terrain d'aventure dont il a besoin. Cette technique d'estampe déjà ancienne, et qui a beaucoup fait pour la réputation d'Honoré Daumier, permet une grande souplesse graphique, puisque l'artiste dessine ou peint sur la pierre comme il le ferait sur une feuille de papier et qu'il peut aisément revenir sur un premier geste.

Dans l'atelier de Fernand Mourlot, un excellent artisan devenu le grand maître de la lithographie en couleurs, Picasso pendant quatre mois vient presque chaque jour. Fini, le défilé des visiteurs, rue des Grands-Augustins, et Sabartès, le gardien du foyer, le maître des secrets, ne doit pas dire où se trouve l'absent. Celui-ci est heureux, tel un enfant avec un nouveau jouet. Il se plaît parmi les ouvriers, aime cette collaboration avec des artisans auprès desquels il est un élève attentif, capable de tout apprendre d'eux, mais bousculant vite les règles traditionnelles. Comme il l'a fait avec Julio González, son ami mort en 1942, quand celui-ci lui a enseigné la soudure du fer. Il ne lui suffit pas de se servir de la lithographie comme d'un moyen de reproduction de ses dessins ou de ses gouaches, il veut la pousser dans ses retranchements, l'obliger à faire ce qu'elle n'a pas encore fait. Il lui faut jouer. Il lui faut inventer.

Ainsi Françoise, qu'il n'a que peu représentée jusqu'alors, apparaît, encore discrètement, parmi nombre de natures mortes ; puis elle vient en peinture, au printemps 1946, en *Femme-fleur*, à dire vrai plus fleur que femme. C'est le moment où elle s'installe avec Pablo rue des Grands-Augustins, au grand dam de Sabartès, qui voit son rôle de majordome quelque peu entamé par la présence d'une maîtresse de maison. Ce tableau gracieux, dépouillé, d'un symbolisme élémentaire, ne ressemble à aucun de ceux que Picasso a peints auparavant. C'est bien une fleur, un nouveau printemps, une légèreté nouvelle. Les amants reviennent de Golfe-Juan, où ils ont fait une escapade et d'où Picasso a tenu à aller voir Matisse (et il y a du Matisse dans *La Femme-fleur*, du moins la tentation d'un art aussi charmeur que celui de ce vieux rival). Comme si le fougueux, tourmenté Picasso enviait le calme, la sérénité du maître de Nice. Il est, lui, plus sauvage, plus cruel, ou désinvolte. Ainsi, pour ce qui est leur première lune de miel après trois ans de liaison, entraîne-t-il Françoise à Ménerbes, dans la maison de Dora, dont il lui dit qu'il peut en profiter puisqu'il lui en a fait don et que Dora la lui prête. De plus, il lui lit les lettres que lui envoie Marie-Thérèse, avec laquelle il n'a jamais cessé son échange épistolaire amoureux ! Pablo provoque sa maîtresse, mesure sa résistance, éprouve son attachement. Le souverain aime la dévotion. Mais Françoise n'est pas docile. Un jour, elle quitte Ménerbes à pied, décide de faire de l'auto-stop, d'échapper à cet homme impossible... Le quitter, lui ? Marcel, le chauffeur, toujours dans les parages, sort la voiture, emmène Pablo à sa recherche, retrouve la fuyarde. Les amants se réconcilient.

Pablo, bien décidé à dresser cette cavale sauvage, ne doute pas d'y parvenir. Françoise, elle, à l'issue de cette rupture manquée, sait l'intensité de son amour, mais aussi qu'il lui faudra batailler pour n'être ni laminée comme Marie-Thérèse ni abîmée comme Dora. Heureusement, ils partent pour le cap d'Antibes où l'amie et collectionneuse Marie Cuttoli les a invités et où ils retrouvent Paulo qui, jeune homme un peu perdu, fait la fête. Le soleil, la Méditerranée, l'amitié, l'amour rétabli, Picasso est heureux et il tient salon sur la plage de Golfe-Juan, où il reçoit ses amis et ceux qui ne le sont pas mais auxquels il accorde audience, comme Georges Tabaraud, le rédacteur en chef du journal communiste local, au seuil de ce qui sera une longue amitié. C'est là qu'il prête l'oreille à Romuald Dor de La Souchère, le conservateur du château Grimaldi, sur les remparts d'Antibes. Ce professeur, qui a belle allure, qui s'est illustré dans la Résistance locale et qui est lui aussi membre du PC, a sauvé le monument en y installant un musée d'archéologie. Une œuvre de Picasso y serait la bienvenue, si celui-ci acceptait d'en offrir une. Le peintre a une meilleure idée quand il découvre les beaux murs nus du château : en faire un atelier pour y peindre de grandes œuvres, qu'il pourrait y laisser, sans pour autant, du moins pour l'instant, les donner. Dor se réjouit, qui voit ainsi s'animer la belle demeure des Grimaldi sous la main magique du plus imprévu des princes charmants. Picasso y travaille avec entrain jusqu'au mois de novembre, multipliant dessins et répondant, quarante ans plus tard, au *Bonheur de vivre* de Matisse, qui choqua tant le Salon des Indépendants de 1906. Il y a pénurie de matériel pour artistes et Tabaraud a pu se procurer sur des chantiers, grâce à quelques amis ouvriers membres du PC, des plaques de contreplaqué et de fibrociment que le peintre utilise, à défaut de toiles, et c'est avec de la peinture industrielle que Picasso peint une grande fresque, qu'il nomme *Antipolis*, du nom grec d'Antibes, « la ville d'en face », mais qui devient vite *La Joie de vivre*. O'Brian en donne une description suivante :

... au milieu des collines bleues, avec du noir pour les rehausser, des chèvres et des boucs, avec des visages humains souriants, dansent sur un sol doré au son du pipeau d'un centaure avec une créature bleue, ambiguë, qui a escaladé une éminence pourpre tandis qu'une sorte de *femme-fleur* gambade au milieu, avec le soleil prisonnier de ses cheveux, et un bateau qui vogue sur l'azur de la mer[3].

Le centaure, ici le héros de la fête, est un frère, moins dramatique, plus élégiaque, du Minotaure. Cette grande œuvre efface le temps de la guerre en donnant un écho solaire à la *Pêche de nuit à Antibes*, qu'il peignit là dans un dernier été de paix, auprès de Dora.

Les efforts faits par Pablo Picasso pour être un homme tranquille sont déjoués par ce qu'un mauvais scénariste nommerait le destin. D'abord, c'est Gertrude Stein, la complice du temps des *Demoiselles*, qui disparaît au mois de juillet. Ensuite c'est l'amie Nusch, la belle compagne d'Éluard, qui meurt soudainement, laissant Paul frappé en plein cœur tout comme Pablo, qui n'aime pas qu'on meure près de lui, qui aimait Nusch d'estime et d'amitié, qu'il ait ou non profité de ses charmes dont elle faisait généreusement offrande avec la complicité de son mari. La chouette recueillie à Antibes était-elle de mauvais augure ? Pour superstitieux qu'il soit, Picasso ne s'en prend pas aux animaux dont il aime être entouré et qu'il apprivoise avec un talent rare : la chouette, lavée de tout soupçon, a sa place en peinture. Mais Françoise est enceinte, et fait triompher la vie. Claude, troisième enfant de Pablo Picasso, naît en mai 1947. Le père est comblé et le peintre est flatté de voir qu'un musée national s'intéresse enfin à lui. Depuis plus de quarante ans qu'il vit en France, où il est devenu le plus célèbre des peintres, aucune reconnaissance officielle ne lui avait été accordée, aucun tableau de lui n'avait été acquis par l'État. Jean Cassou, écrivain qui a eu d'importantes responsabilités dans la Résistance intérieure et qui est le conservateur du nouveau musée d'Art moderne né paradoxalement et timidement sous l'Occupation, voudrait lui acheter quelque chose. Picasso refuse de lui vendre quoi que ce soit et... lui donne douze œuvres importantes, dont *L'Aubade*.

La lithographie absorbe encore une bonne part de son énergie, lui en laissant tout de même pour écrire une deuxième pièce de théâtre, *Les Quatre Petites Filles*, venue d'un élan moins vif que *Le Désir attrapé par la queue* puisqu'il y a travaillé pendant plusieurs mois, mais aussi exemplaire de ce recours à l'inconscient que les surréalistes ont nommé « écriture automatique ». Parallèlement, une nouvelle passion s'empare de lui. Une nouvelle aventure. La découverte d'une nouvelle technique. À Vallauris, à quatre kilomètres au-dessus de Golfe-Juan, il a rencontré Suzanne et Georges Ramié, dans leur atelier de céramique Madoura, où il s'est amusé à modeler rapidement quelques petites figures, des faunes et des taureaux.

Au cours de l'été 1947, il est de nouveau dans le Midi, en heureux père de famille, entouré de ses enfants, puisque Maya et Paulo sont dans les parages (même si Olga, toujours considérée comme son « épouse officielle », le harcèle, jalouse du bonheur qu'il partage avec Françoise, cette jeune femme qui a quarante ans de moins qu'elle). Il revient, le 26 septembre (Georges Tabaraud, qui fait désormais partie de sa garde rapprochée, a noté précisément la date), à Vallauris, où il constate que ses modelages de l'année précédente ont été cuits. Il décide aussitôt de conquérir l'art de la céramique, avec l'intention, bien sûr, non d'en suivre les préceptes traditionnels, mais de le réinventer. Il connaît le modelage, pour avoir fait suffisamment de sculpture à un moment ou à un autre de son parcours. Mais la céramique est un territoire qu'il ne connaît pas, elle doit subir l'épreuve du feu, garder forme à la cuisson et laisser le feu lui donner ses couleurs à partir d'enduits dont les teintes, quand on les pose, ne sont que latentes. Pas question, pour Picasso, on s'en doute, de se contenter de faire de la poterie. Pas question non plus d'être superficiel, pas plus qu'il ne l'a été en sculpture, en gravure, en lithographie. Il s'engage entièrement, passionnément, emportant l'estime des ouvriers qui collaborent avec lui. Il est ici sculpteur et peintre plus que potier, inventeur de formes et de décors, rénovateur d'un artisanat qui piétine et auquel il donne un nouveau lustre, qui fait le bonheur de Vallauris. Un pot, une cruche, un cendrier deviennent femme, faune, hibou, colombe. Les mois d'été ne lui suffisent pas. Il lui faut revenir pendant l'hiver. Il s'installe avec Françoise à la villa La Galloise, acquiert aussi un grand bâtiment dans lequel il aménage deux ateliers, un pour la peinture, l'autre pour la sculpture, et devient le seigneur de Madoura, l'entreprise des Ramié soudain transformée en haut lieu d'art moderne. Des « picassos » sortent par milliers des fours et cent cinquante pièces seront exposées à Paris en novembre 1948.

Les communistes se réjouissent de voir leur grand peintre travailler en usine (ou presque), où il fait surgir un nouvel art populaire. La peinture, la gravure ne sont pas pour autant oubliées : pour *Le Chant des morts* de Pierre Reverdy, grand poète qui fut de l'aventure cubiste, il grave des illustrations, revenant à l'eau-forte et à la pointe sèche.

Chez l'éditeur Tériade, pour qui les livres sont des lieux de rencontre entre écrivains et artistes, il voit Braque, de passage dans la région. Ils ont beau, dans la vie et l'art, s'être beaucoup éloignés l'un de l'autre, il reste assez entre eux de leur ancienne complicité pour qu'ils ne s'oublient pas. Il va aussi, de temps à autre, voir Matisse, à Nice. Et Paul Éluard reste l'ami le plus cher. C'est lui qui le convainc de donner une nouvelle preuve de son engagement au Parti communiste en se rendant au Congrès des intellectuels pour la paix, qui se tient en août 1948 à Wroclaw, en Pologne, où les communistes ont pris le pouvoir l'année précédente par le très peu démocratique « coup de Prague ».

Pablo est aussi peu voyageur que porté sur les manifestations publiques, mais il accepte d'interrompre son travail et de prendre l'avion pour la première fois. Reçu en vedette, il monte à la tribune pour lancer un appel en faveur du poète chilien Pablo Neruda, persécuté dans son pays. Tout se passe bien jusqu'à ce qu'Aleksandr Fadeïev, président de l'Union des écrivains soviétiques, prononce un discours dans la pire langue de fer stalinienne et traite Jean-Paul Sartre de « hyène dactylographe ». Picasso ne manque pas de signifier son désaccord. Ce congrès fonde le Mouvement pour la paix, qui aura pour tâche d'entraîner dans un grand élan international et dans le sillage des partis communistes le maximum de « compagnons de route ». Tandis que les diverses délégations se séparent, Éluard et Picasso visitent ce qui subsiste du ghetto de Varsovie et les camps d'Auschwitz et de Birkenau. Pierre Daix, un jeune communiste qui a été lui-même déporté, les accompagne, leur communiquant des commentaires que les officiels polonais se gardent de leur donner, pour une raison qui leur paraît évidente : Soviétiques et Polonais communistes ont un problème avec les juifs.

Alors que dans les pays de l'Est la doctrine est au réalisme socialiste, c'est-à-dire à l'illustration admirative des thèses du marxisme-léninisme et à l'hagiographie de ses héros, Pablo n'est pas près de se ranger sous une telle bannière, quitte à passer aux yeux des défenseurs de l'orthodoxie pour un peintre bourgeois. Il veut bien être communiste, mais à sa façon et, si celle-ci est paradoxale, il assumera le paradoxe. À l'opposé des faiseurs de chromos politiques, le peintre de son temps qu'il admire le plus, c'est encore et toujours Matisse, dont il va visiter, la veille du vernissage, l'exposition au musée d'Art moderne, à Paris. Là, il a l'occasion de parler avec Lydia Delectorskaya, égérie du vieux peintre, de la décoration à laquelle celui-ci travaille pour la chapelle du Rosaire, à Vence. Matisse, sans être religieux, voit une proximité évidente entre l'élan religieux et l'élan artistique, entre la foi et la beauté. Picasso, moins esthète et moins serein, croit cependant à une supériorité de l'art sur les autres activités et à une nécessaire autonomie qu'il lui faut assumer à l'égard de l'Histoire. Plus que l'actualité, il lui importe de peindre des femmes-fleurs, ou son second

fils, ou sa femme, de nouveau enceinte, qu'il représente assise devant un ciel étoilé.

Une petite fille, Paloma, naît le 19 avril 1949.
Paloma, en espagnol, c'est la colombe, et la colombe, c'est l'oiseau-symbole de la paix. Or, Louis
Aragon lui demande un dessin pour l'affiche du
premier Congrès mondial des partisans de la paix
(qu'on nommera plus couramment Congrès de la
paix) et c'est une colombe qu'il choisit, une colombe qui fera le tour du monde. À dire vrai — et
cela amuse Picasso —, cette colombe est un pigeon, dont il a fait quelques jours plus tôt une lithographie chez Mourlot. Il ne manquera pas,
d'ailleurs, de faire remarquer que le pigeon est un
oiseau plutôt teigneux et que la colombe n'est jamais qu'un pigeon un peu plus gracieux que les
autres. Peu importe, et voici le symbole du Saint-
Esprit chrétien devenu icône de la gauche procommuniste. Le congrès s'ouvre à Paris le lendemain
de la naissance de Paloma. Mille sept cent quatre-
vingt-quatre délégués venus de soixante-sept nations
y participent. Picasso se montre à la tribune, mais
ne prend pas la parole.

Quatre ans seulement après la fin de la Seconde
Guerre mondiale, la paix est loin d'être assurée
dans un monde partagé en deux par la conférence
de Yalta. Les anciens Alliés d'hier affichent les uns
envers les autres une franche hostilité. À l'est :
l'URSS, Staline et l'Empire soviétique. À l'ouest :
les États-Unis, le président Truman et une Europe
qui leur est liée économiquement par le plan

Marshall et militairement par le Pacte atlantique. Chaque camp accuse l'autre de vouloir la guerre. Il est vrai que les communistes, sûrs de détenir la vérité qui fera le bonheur du monde et rêvant de lui offrir un royaume planétaire, commencent par faire régner la terreur dans leur propre pays. De l'autre côté, Harry Truman, président d'un pays qui se livre parmi ses propres citoyens soupçonnés de complicité communiste à une chasse aux sorcières, n'hésite pas à déclarer :

Si, pour le maintien de la paix dans le monde, l'emploi de la bombe atomique se révélait nécessaire, nous n'hésiterions pas à en faire usage [...]. Nous sommes responsables du bien du monde, que nous le voulions ou non [...]. Deux guerres mondiales nous ont forcés à occuper la place que Dieu nous destinait en 1919[4].

Les plus lucides des intellectuels européens refusent de choisir entre ces deux « blocs ». La paix, en ce printemps 1949, est donc bien l'enjeu majeur, mais il n'empêche que le Mouvement de la paix est une machine de guerre anti-américaine manipulée par les Soviétiques à un moment où l'Armée rouge de Mao Zedong s'apprête à entrer dans Shangai. Paul Éluard, publie un poème de circonstance à la une de *L'Humanité* : « Frères l'URSS est le seul chemin libre / Par où nous passerons pour atteindre la paix. » Heureusement, Picasso a politiquement la tête plus froide. Il lui importe plus de voir, en une petite cérémonie intime, accrochés au Louvre, à côté des œuvres de ses peintres préférés, ses propres tableaux, ceux qu'il a offerts au musée d'Art moderne. Le poète, l'artiste, selon lui, est un asocial et il sait bien, il le dit, qu'il n'y a pas de place pour quelqu'un comme lui en URSS. Il n'en est pas moins mis en avant et utilisé dès qu'Éluard et Aragon jugent cela nécessaire et utile au Parti. Moins de deux mois après le congrès, le 12 juin, Louis Aragon, à Oradour-sur-Glane, brandit au-dessus d'une foule de communistes et sympathisants (la droite a manifesté deux jours plus tôt), comme d'autres ont tenu des images saintes, un dessin de Picasso, représentant la tête d'un jeune homme. Willy Ronis prend la photo. Les communistes ont compris qu'on ne dicte aucune loi à Pablo Picasso et qu'il n'y a de relation possible avec lui qu'au prix de quelques arrangements avec la règle. Ils ont trop intérêt à l'avoir dans leur camp pour ne pas le brusquer. Picasso est communiste, mais il n'a pas la foi. Il n'a de foi qu'en son art, qui est d'abord peinture. Il est un homme libre. Et ce n'est pas parce qu'il vit désormais avec une compagne et leurs deux enfants qu'il est ce qu'on nomme un homme fidèle : sa fidélité, si fidélité il y a, n'implique aucune exclusivité. Pourquoi se refuserait-il quelques plaisirs passagers quand les occasions ne lui manquent pas ? De temps à autre il disparaît de Vallauris, brièvement, à Paris ou quelque part sur la côte. Peccadilles, anecdotes, qui ne l'empêchent pas d'aimer et de peindre Françoise et les enfants. Rien ne semble altérer l'énergie formidable dont il a toujours fait preuve et cette nouvelle vie à l'écart de Paris, où

Sabartès et Inès continuent de veiller sur la rue des Grands-Augustins, lui réussit.

La peinture, la sculpture, la gravure, la céramique... Il passe de l'une à l'autre, toujours à l'ouvrage et rebondissant sur l'une pour se reposer d'une autre. Rien ne lui résiste, ses mains transforment tout en art. Il est le plus formidable alchimiste de son temps. Il crée sans cesse comme un enfant joue. Mais il y a plus encore : son inquiétude d'artiste le fait se mesurer aux plus grands, moins en cherchant à les égaler qu'en se montrant familier avec eux, en perçant leurs secrets, en revisitant leur œuvre à sa manière — respectueuse et désinvolte. En février 1950, il tutoie Courbet et le Greco. Du premier, il donne une nouvelle version des *Demoiselles du bord de Seine*, un grand tableau voluptueux peint par un peintre qui aimait lui aussi charnellement les femmes et maniait l'érotisme sans mauvaise conscience. Du second, il s'inspire de *L'Homme à l'épée* pour le *Portrait d'un peintre d'après le Greco*. Le pinceau est l'épée du chevalier Picasso, qui n'a pas triste figure et qui mène sans relâche un combat non contre quelque ennemi, ni même pour quelque grande cause, mais simplement pour aller au bout de lui-même et donner le meilleur de soi. Françoise, elle aussi, peint. Elle n'a pas renoncé en présence de Pablo. Elle n'est pas écrasée par lui. Elle ne l'imite pas. Elle va son propre chemin et Kahnweiler l'expose. Lui ferait-il l'honneur de ses cimaises si elle était un mauvais peintre ? Certainement pas. Et Pablo supporterait-il qu'elle soit ridicule ? Non plus. Elle sait bien, cependant, que si les portes de la galerie Louise Leiris s'ouvrent pour sa peinture, c'est parce qu'elle est la compagne de Picasso...

Il voit à Vallauris plus de gens simples que d'artistes et d'intellectuels, et cela lui plaît. Il a toujours été à l'aise avec les gens du peuple. Déjà à Gósol, à Horta... Du coiffeur Eugenio Arias, qu'il paie en lui donnant de ses œuvres, il se fait un ami. Il se prend aussi d'affection pour une chèvre, gagnée à une loterie par Claude, mais dont Françoise préfère se débarrasser et qu'il remplace par un animal créé de toutes pièces en assemblant un panier d'osier, des pots en céramique et une feuille de palmier. Il lui ajoute, sous la queue dressée, un sexe bien visible, formé d'un couvercle de boîte de conserve plié en deux. En quelques tours de main et avec beaucoup d'humour, il se montre un sculpteur prodigieux, exaltant en trois dimensions l'art du collage dont il fut l'un des promoteurs. *La Chèvre* est bientôt accompagnée par une *Petite fille sautant à la corde*, une *Femme à la poussette*, puis, un peu plus tard, par une *Guenon* dont la tête est formée de deux petites voitures accolées l'une à l'autre, des jouets d'enfant.

Vallauris est un théâtre dont Picasso, désormais citoyen d'honneur, est la vedette. Le village, jusqu'alors discret, acquiert une célébrité mondiale, s'habitue à se voir en photos dans la presse et à recevoir d'autres personnages de grande renommée, attirés par cet étrange roi qui se montre volontiers en short et vêtu d'un maillot de marin à rayures bleues et blanches, à moins qu'il n'arbore fièrement son torse bronzé. De simples admirateurs, sinon même des curieux, viennent aussi jusqu'ici pour tenter de l'apercevoir et Madoura profite d'une bienheureuse multiplication de sa clientèle. L'été, sur la plage de Golfe-Juan, dans un brillant numéro de patriarche juvénile, entouré de sa famille aux trois rameaux, il attire toujours les regards. Olga, témoin d'un lointain passé, n'est jamais bien loin, lançant des yeux noirs ou jetant des propos peu aimables à l'encontre de Françoise. Depuis qu'elle est grand-mère, elle s'est tout de même un peu calmée. En effet, Paulo depuis un peu plus d'un an a un fils et sa femme, Émilienne, est de nouveau enceinte. Marie-Thérèse et Maya, très étonnée de découvrir l'autre vie de son père et ce grand frère, sont là, elles aussi. Françoise, Claude et Paloma, bien sûr, sont aux premières loges et nombre d'amis élargissent la cour de ce roi bonhomme qui se montre si simple aux yeux d'un public qu'il fascine, alors que celui-ci a le plus souvent du mal à prendre son œuvre au sérieux. Dès qu'une corrida s'empare d'une arène de la région, il y fonce, avec tout ce qu'il a de cour auprès de lui, et volant la vedette aux toros et aux toreros, en brillant ambassadeur de l'Andalousie. Il n'oublie pas, et ne veut pas qu'on oublie, qu'il est espagnol, qu'il est en France un exilé et que son cœur ne bat jamais aussi bien que quand, en plein soleil, l'éclair rouge d'une muleta provoque le taureau.

Pourtant, en cet été 1950, la conjoncture international n'est pas au beau fixe. Le 29 juin, la Corée du Nord procommuniste a envahi sa sœur du Sud liée aux Américains et ceux-ci ont aussitôt décidé d'intervenir, au grand dam de Moscou et de ses fidèles. La guerre, donc, encore, et qui risque de ne pas en rester là. Les Cassandre du Mouvement de la paix n'avaient pas tort de s'inquiéter, même si la responsabilité du conflit ne revient pas qu'aux seuls États-Unis. Comment n'auraient-ils pas cela en tête, ceux qui, le 6 août 1950, assistent à l'hommage que la municipalité communiste de Vallauris rend à son roi ? Il s'agit d'inaugurer la statue de l'*Homme au mouton* offerte à la commune par Picasso et installée sur la place principale. Laurent Casanova, qui est en quelque sorte le ministre de la Culture du PCF, est venu de Paris, en représentant du Comité central, pour prononcer un discours et dévoiler la statue aux yeux d'une foule en liesse, au sein de laquelle on distingue Paul Éluard, Tristan Tzara et Jean Cocteau.

Trois mois plus tard, Picasso ne manque pas de se rendre (mais avec sa voiture et son chauffeur) au troisième congrès du Mouvement de la paix, à Sheffield, en Angleterre. À la tribune, après avoir raconté qu'il a appris de son père à peindre les pigeons, donc les colombes, il explique, sans autre propos plus directement politique, qu'il est pour la mort contre la paix et pour la paix contre la guerre... À dire vrai, il fait acte de présence plus qu'il ne participe, mais sa présence impressionne, à l'intérieur du congrès, où il est fêté en héros, et à l'extérieur, où l'on glose volontiers sur un engagement qui ne cesse d'étonner. Loin de lui toute tentation de jouer à l'homme politique ou à l'intellectuel donneur de leçons. Il est là où il lui semble normal d'être, mais, s'il a quelque chose à dire, il le fait en peinture. Bien que *peindre*, ce ne soit jamais *dire*. Au moins exprime-t-il ce qu'il a sur le cœur, sur les nerfs, et tente-t-il de donner au public des images clefs. Selon un témoignage de Claude Roy, dès l'automne, il pense à faire un tableau en relation avec les événements de Corée et, en janvier 1951, sa préoccupation a assez mûri pour qu'il entreprenne un tableau qu'il nommera *Massacres en Corée*. Un groupe de robots armés paraît prêt à faire feu sur un autre groupe de civils désarmés. L'allusion à l'actualité n'y est pas plus précise qu'elle ne le fut dans *Guernica*. Kahnweiler, qui a bon œil, y voit même l'influence d'une bande dessinée consacrée aux exploits d'Ivanhoé que le peintre a dû découvrir dans *L'Humanité*. Exposé au Salon de Mai (auquel son auteur participe pour la première fois, lui qui s'est toujours tenu à l'écart des Salons), ce grand tableau est assez peu explicite pour décevoir les responsables et les militants communistes les plus orthodoxes, qui de plus en plus préfèrent à Picasso des artistes au réalisme plus affirmé, tel André Fougeron, même s'ils se sentent obligés de lui rendre un hommage public à la Mutualité après que lui a été décerné le Grand Prix international de la paix.

Marcel Boudin, chauffeur et confident depuis plus de quinze ans, utilise à des fins personnelles la belle Oldsmobile que le marchand américain Samuel Kootz a offerte à Picasso pour l'amadouer. Accidentée sur la route de Deauville, la limousine est hors d'usage et son conducteur est aussitôt licencié. Le maître, fâché, est sans indulgence. Paulo, fils noceur et sans emploi, mais passionné de mécanique (malgré son souhait d'être coureur motocycliste, il a obéi aux injonctions de son père qui ne voulait pas le voir ainsi risquer sa vie), prend la relève en sortant du garage l'Hispano-Suiza, à laquelle viendra bientôt se joindre une Hotchkiss. À Paris, les appartements de la rue La Boétie ne sont plus qu'un garde-meuble inoccupé, qui fait l'objet d'une réquisition pour cause de crise du logement et dont Sabartès doit assurer le déménagement. Le duplex de la rue des Grands-Augustins, très encombré par l'artiste, se prêtant mal à une vie de famille, Françoise et les enfants emménagent dans un appartement rue Gay-Lussac. En réalité, le couple bat de l'aile. On le voit apparemment uni au mariage d'Éluard, qui épouse Dominique, sa nouvelle muse, en juin 1951 à Saint-Tropez ; peu après, cependant, Pablo revient au même endroit faire le jeune homme avec la jeune et jolie Geneviève Laporte, la lycéenne venue l'interviewer à la Libération, qui a repris contact avec lui après un séjour à l'étranger. Devenue sa maîtresse, elle s'est déjà beaucoup montrée rue des Grands-Augustins. Françoise n'est pas décidée pour autant à se lais-

ser laminer par un amant trop naturellement poly-
game. Elle ne sera pas la compagne complaisante
et docile qu'il souhaite. Elle se défendra mieux que
ne le firent Olga et Dora. Mais il y a les enfants. Et
il y a Pablo, cet homme extraordinaire qui a bouleversé sa vie, ce vieil homme monstrueux peut-être,
mais génial, immense, fascinant, merveilleux, qui,
accueillant Charlie Chaplin dans son atelier, un
soir qu'ils ont dîné avec Françoise, Aragon et Sartre, a demandé à l'acteur de lui faire un numéro
— et Charlot est allé dans la salle de bains d'où
il a rapporté deux brosses à dents avec lesquelles
il a exécuté la fameuse danse des petits pains...
Pablo, cet homme de gloire auquel Vallauris fait
encore la fête pour ses soixante-dix ans et qui, une
fois encore, se rend au congrès du Mouvement de
la paix, à Rome, où il n'était pas revenu depuis le
temps des Ballets russes.

La guerre et la paix... La tension internationale
a de quoi troubler les esprits. L'exécution à Athè-
nes du communiste Beloyannis, le 31 mars 1952,
entraîne une réprobation internationale unanime.
Le 28 avril, Picasso, dans son atelier de Vallauris,
se met au travail en vue de réaliser une grande décoration dans l'ancienne chapelle que la municipalité a mise à sa disposition afin qu'il en fasse un
temple de la Paix. Il multiplie les esquisses, emplit
des carnets pendant plusieurs mois, puis entreprend
de peindre deux grands panneaux (dix mètres de
long, quatre mètres et soixante-dix centimètres de
large), qui seront ensuite installés l'un en face de

l'autre. La guerre, c'est la mort, un petit être cornu dans un char à l'allure de corbillard, dont les chevaux avancent en piétinant des livres. La paix, ce sont des femmes, des enfants joyeux, un homme qui écrit, un joueur de pipeau et un autre cheval qui tire une charrue — en quelque sorte une nouvelle version de *La Joie de vivre*. Picasso comme Matisse a sa chapelle, mais la sienne est laïque et païenne. À la simplicité dominicaine et incolore du peintre de Cimiez elle oppose la puissance lyrique et fortement colorée du peintre de Vallauris qui, en assumant seul une telle tâche à son âge, donne une preuve éclatante de sa vitalité. Dommage, cependant, que l'état de la chapelle ne permette pas d'y installer déjà cette double grande œuvre qui prouve que Paul Éluard avait raison de proclamer dans *Les Lettres françaises* que son auteur est « le plus jeune artiste du monde ». Cher Éluard, si fraternel, si fidèle, ami proche depuis de nombreuses années et qu'une crise cardiaque emporte, le 18 novembre 1952. Pablo, bouleversé, l'accompagne au Père-Lachaise, où le Parti communiste lui rend un hommage spectaculaire. Ce n'est d'ailleurs pas auprès de Françoise, mais de Geneviève qu'il trouve un réconfort des plus éphémères puisque celle-ci, frappée elle-même par un deuil, se retire pour quelques mois en Auvergne, d'où elle ne reviendra que pour entériner la fin de leur liaison. Éluard a été *le poète* pour Picasso, plus que Max Jacob, Guillaume Apollinaire, Pierre Reverdy, et ce n'est pas Jean Cocteau, cet ami plus ancien mais d'une amitié moins intense, qui peut le remplacer. Non plus que Louis Aragon. Celui-ci, directeur des *Lettres françaises* à la mort de Staline, le 6 mars 1953, demande pour son journal un dessin à Pablo qui, en bon communiste qu'il essaie d'être, s'exécute et se tire avec élégance de la gageure. Mais son Staline est jeune, sans la prestance qui sied au « petit père des peuples » et le Parti scandalisé, caciques en tête et militants de base choqués dans leur foi, refuse le dessin. L'affaire fait grand bruit. Aragon, désavoué, donne des explications embrouillées. Quant à Picasso, qui sera bientôt échaudé en apprenant quelques réalités soviétiques jusqu'alors bien dissimulées, il est vivement agacé par tant d'incompréhension et de bêtise. Non, il ne s'est pas moqué de Staline et bien sots sont ceux qui le pensent. Le Parti n'est vraiment pas la famille qu'il croyait avoir trouvée au lendemain de l'Occupation.

Même Françoise lui reproche son dessin. Son histoire avec elle, qui dure depuis moins de dix ans, s'enlise. Ils vivent de plus en plus éloignés l'un de l'autre, affectivement, géographiquement aussi, pas toujours ensemble à Paris ou à Vallauris. Délaissée, elle a rencontré Kostas Axelos, un philosophe exilé de Grèce, qui se dit prêt à vivre avec elle. Il est évident que Geneviève n'est pas une amante avec laquelle s'ouvre pour Picasso une grande perspective et la jeune femme ne semble pas non plus se bercer d'illusions. Mais tant pis pour l'avenir ! Si au moins elle était là, maintenant, quand il a besoin d'elle. Il se sent seul. Les mois passent, l'été revient à Vallauris, avec le soleil, la mer, les enfants, les amis, le travail dans les grands ateliers, les corridas et deux séjours à Perpignan, où il retrouve des amis d'antan, dont Totote Hugué, la femme de Manolo, veuve depuis huit ans et désormais accompagnée d'une séduisante fille adoptive, Rosita. À Vallauris, à la poterie Madoura, travaille maintenant une jeune femme, Jacqueline Roque, qui a vingt-sept ans, le même âge que Geneviève, et une belle allure. Mère d'une petite fille, elle vient de se séparer de son mari. Elle est fascinée par Pablo, d'une admiration absolue qui le comble. Alors, puisque Françoise a décidé de le quitter...

Le vieux lion

Triste est le Noël 1953 à Vallauris, où Françoise n'est pas venue. Picasso célèbre cette fête familiale en père célibataire, avec ses quatre enfants. La cour est incomplète et le roi est morose. Cela ne lui plaît pas de vivre sans femme. Françoise est la première à le quitter. Il n'est donc plus tout-puissant. Peut-être est-ce qu'il vieillit. Avec Geneviève, il sait bien que ça ne pouvait pas durer, qu'il y avait trop de sens de la liberté de part et d'autre. Heureusement, il y a Jacqueline, là, présente, qui attend son heure. Mais rien n'est encore sûr. Picasso lui-même est hésitant. Pourquoi devrait-il perdre l'une pour avoir l'autre ? Pourquoi n'aurait-il pas une vraie famille, qui envers et contre tout resterait une famille ? Alors, à son habitude, il s'exprime, tient son journal en peinture. Le 29 décembre, il peint *L'Ombre*, un homme en contre-jour s'avançant vers une femme allongée ; lui-même, assurément, dans la chambre de La Galloise — un tableau dont il dira à David Duncan que c'est un adieu à Françoise, un tableau qui a un parfum de Matisse. Le lendemain, c'est un *Nu dans l'atelier*, qui lui aussi fait allusion au peintre de Cimiez. Picasso, donc, n'en finira jamais d'être double et de lorgner du côté de son vieil ami. Douce rêverie... Mais qu'on ne croie pas qu'il n'est que l'ombre de lui-même. Ou bien il confie à d'autres tableaux son affection pour les jeunes enfants, Claude, Paloma. Et il dessine sans arrêt, tout ce qui lui passe par la tête, des figures de son répertoire, clowns, saltimbanques, acrobates, singes, et des femmes, bien sûr, nues. De plus en plus insistant, s'impose le thème du peintre et de son modèle, mais le peintre est vieux, obèse, ridicule, devant la beauté voluptueuse en objet de désir qu'on devine insaisissable. Le peintre est un singe. Le peintre est un clown. Le vieux roi Picasso se moque de lui-même. Il est lucide. La lucidité, c'est déjà le contrepoison, et qui rit de lui-même est plus fort que ce dont il a l'air. Picasso sait qu'au moins la peinture, elle, ne le trompe pas et que, tant qu'il sera en vie, elle sera là pour lui, à la fois soumise et toujours surprenante ; il pourra tout lui demander, tout lui faire endurer aussi. Il forme avec elle un vieux couple parfait, fondé sur une complicité sans faille, faite de goût commun de jeu et d'humour. Ils ne peuvent pas se passer l'un de l'autre, mais ils n'exigent plus autant l'un de l'autre. La passion s'est altérée, l'aventure n'est plus faite, non sans virtuosité, que de plaisanteries. Avec le baume d'une cour de fidèles, qui s'extasie à chacun des gestes du souverain. Picasso est un roi, mais un roi dont le royaume a perdu sa splendeur ancienne et qui devient, la plupart du temps, son propre bouffon. John Berger, sévère, écrit :

On songe aux derniers jours de quelque grande vedette de music-hall : alors que tout craque, on persiste à *imaginer* qu'il est au mieux de sa forme[1].

Au printemps 1954, il se laisse enchanter par le sourire de Sylvette David, une jolie jeune fille dont le père est marchand d'art à Paris. Sa fraîcheur séduit Pablo, qui lui demande de poser pour lui. Elle accepte, mais vient accompagnée de son fiancé. Sylvette est inaccessible et le peintre, revenu par elle à la pose du modèle, se contente d'une amicale affection. Il multiplie les images de la jeune fille, fait l'inventaire de bon nombre de procédés qu'il a si bien maîtrisés au cours de sa longue carrière, déformant, déstructurant la figure, mêlant face et profil, avec quelques clins d'œil au vieux cubisme. Puis il peint un *Portrait de Mme Z.*, c'est-à-dire de Jacqueline, qui fait ainsi son entrée dans son œuvre, une entrée publique puisque le tableau est montré presque aussitôt à Paris, à la maison de la Pensée française, haut lieu de la culture communiste qui consacre à Picasso une exposition dans laquelle sont rassemblées des œuvres de sa jeunesse et d'autres plus récentes.

C'est de nouveau l'été et la grande corrida de Vallauris, où il apparaît en pleine forme, plus souverain que jamais dans la plénitude de son rôle et de son pouvoir, entouré de Jacqueline, de Claude et Paloma, qui viennent d'arriver avec leur mère. Françoise, elle, à cheval, ouvre la corrida, pour le plus grand déplaisir de Jacqueline. Celle-ci est encore dépitée de n'être pas conviée par Pablo à l'accompagner à Perpignan où il emmène ses enfants. Il a eu assez de plaisir, l'an dernier, à retrouver la Catalogne pour y revenir cette année et y rejoindre ces nouveaux amis accueillants que sont Jacques et Paule de Lazerme, ainsi que Pierre Brune, le conservateur du musée de Céret, Totote Hugué et la jolie Rosita.

Vallauris, c'était l'époque de sa vie avec Françoise et puisque celle-ci est révolue, pourquoi ne pas changer de lieu, revenir vers cette Catalogne, dont la sœur espagnole, de l'autre côté des Pyrénées, lui a été si chère, mais où il n'est toujours pas question qu'il revienne tant que Franco sera au pouvoir à Madrid ? Il songe même à acheter une propriété à Collioure, où Matisse inventa le fauvisme. Et si le château Saint-Elme était à vendre, il serait prêt à s'y installer. Paulo aussi est là, avec Christine, sa nouvelle compagne. Et Maya, bien sûr, pour compléter la tribu. Bien d'autres amis les rejoignent et ce sont de grandes fêtes, d'autres corridas. Mais voici que survient Jacqueline, bien décidée à conquérir sa place. Comme Pablo ne l'invite pas à dormir avec lui chez les Lazerme, où elle prend tous ses repas, elle couche à l'hôtel. Elle perd la première manche pour avoir été trop pressante, encombrante, sans avoir compris qu'on n'impose pas sa loi à Pablo Picasso. Une scène violente les oppose, qui la fait s'enfuir ;

acharnée, elle revient cependant peu après, rétablit la situation et, triomphante, regagne Vallauris, enfin confirmée dans le rôle de favorite de celui qu'elle considère (et elle le proclame) comme son souverain. Elle se met à son service. Elle sera pour lui la prêtresse du culte qu'elle lui voue. Elle ne le quittera plus. À l'automne, elle s'installe en maîtresse de maison rue des Grands-Augustins, tandis que Françoise, avec les enfants, garde la rue Gay-Lussac. Picasso a besoin d'une femme près de lui, d'une femme qui s'occupe de lui, et aucune ne lui serait plus dévouée que Jacqueline. Il trouve un nouvel équilibre, et peut se consacrer plus calmement à son travail.

Le 3 novembre, il apprend la mort de Matisse. Il est bouleversé par la disparition du seul peintre vivant qu'il estimait, respectait vraiment, qu'il enviait peut-être, avec lequel il était depuis un demi-siècle en concurrence. Est-ce pour cela qu'il refuse de prendre au téléphone la fille du peintre qui lui annonce la nouvelle ? Un mois plus tard, il ne se déplacera pas non plus vers le combiné l'informant du danger couru par Paulo, victime d'une embolie pulmonaire. Il a horreur du téléphone, il évite de laisser paraître ses émotions et, bien qu'effrayé par la maladie et la mort, il est fataliste. Les douleurs ne sont pas faites pour être montrées en public. André Derain, Henri Laurens sont morts eux aussi, récemment. Des compagnons de sa jeunesse ne reste guère que Braque. Matisse et Picasso ont été les deux grands peintres de la femme en leur siècle. Le premier en créateur de sensuelles odalisques, le second tantôt en homme pareillement séduit par l'apparence féminine, tantôt en révélateur de la violence, de la cruauté qui appartiennent autant à la femme regardée qu'à l'homme qui l'interroge du regard et exprime la terreur archaïque qu'elle lui inspire.

Matisse mort, Picasso demeure seul et ce pair disparu le hante. Son exemple, qu'il n'a jamais cessé de considérer avec attention, l'attire en ce moment où Jacqueline ranime ce qu'il y a encore en lui de jeunesse. Sa réflexion sur l'art de Matisse l'entraîne vers cet autre grand faiseur d'odalisques que fut Eugène Delacroix, aussi est-ce aux *Femmes d'Alger* qu'il se confronte. Quand l'homme est heureux, le peintre l'est aussi et sa peinture montre ce regain de confiance en la vie. Picasso dialogue avec Matisse par l'intermédiaire de Delacroix, tout en se souvenant du *Bain turc* d'Ingres. Ingres et Delacroix furent les deux pôles, classique et romantique, de la peinture française au milieu du XIXe siècle et Picasso est lui-même assez double pour ne pas choisir entre eux. Il ne s'agit pas pour lui d'adopter quelque position théorique, qui donnerait sens à sa pratique picturale. De ces grands prédécesseurs il prend les œuvres moins comme des énigmes dont il faudrait délier les tenants et les aboutissants que comme des motifs qu'il peint à sa manière et selon son humeur. Il les interprète en de formidables caricatures. N'est-ce pas là son principal apport à l'art du XXe siècle : avoir transcendé la caricature en grand art ? Jacqueline, longuement portraiturée, elle aussi caricaturée comme l'ont été celles qui l'ont précédée, rejoint cet étonnant harem pictural. La grande rétrospective organisée au musée des Arts décoratifs, à Paris, puis en Allemagne, montre ces œuvres récentes, qui apportent la preuve de l'inépuisable vitalité de Pablo Picasso, désormais seul maître à bord de la peinture. Maître aussi de son existence, lorsque meurt Olga, en février 1955 : il est veuf et sa vie se simplifie. La page Françoise tournée, il a trouvé en Jacqueline à la fois une muse nouvelle et l'appui dont il a besoin dans la vie de chaque jour.

Puisque la villa de Vallauris appartient à Françoise, qu'il aime le Midi et qu'il a renoncé à acheter quelque chose en Catalogne, il acquiert le domaine de La Californie, sur les hauts de Cannes, en avril 1955. C'est une villa fin-de-siècle au décor d'inspiration mauresque qui ne peut que lui plaire au sortir de son aventure orientaliste et dans laquelle Jacqueline et lui s'enferment derrière de grandes grilles. Plus question de se laisser envahir par les amis plus ou moins bien intentionnés, les solliciteurs de tout poil et les simples curieux. Désormais, il faut prendre rendez-vous et montrer patte blanche pour être reçu par le maître. Jacqueline le protège, et protège son travail. À dire vrai, elle le garde pour elle, dans cette cage dorée.

Non loin de là, c'est à Nice, aux studios de la Victorine, que Georges Clouzot, en cet été 1955, tourne *Le Mystère Picasso*. Un procédé astucieux permet de montrer comment la main géniale de l'artiste fait apparaître un dessin : une encre qui vient d'être inventée aux États-Unis transperce un large écran de papier sans y commettre de bavures inopportunes. Et Picasso, dans le studio comme à l'atelier, de se lancer dans un grand dessin en couleurs dont l'exécution est rythmée par les nécessités du tournage. Sa concentration est telle qu'il élude ces conditions difficiles, mais il est moins à l'aise quand il décide de peindre *La Plage de la Garoupe*, cette fois sur une grande toile. Le document n'en est que plus passionnant, parce qu'il montre que tout n'est pas si facile qu'on le croit pour Pablo Picasso et qu'un tableau vient autant d'un travail ardu, avec ses doutes, ses erreurs et ses reprises, que d'un moment de grâce. Et Clouzot de réaliser ainsi, avec un acteur hors pair, un film d'art exceptionnel qui sera récompensé au Festival de Cannes et à la Mostra de Venise.

Picasso n'a rien perdu de son goût du jeu et du public et ses sorties sont toujours des occasions de fêtes, dont il est le héros autant que le metteur en scène. Un restaurant, une plage, une arène et il s'empare du premier rôle, qu'il ne se presse pas de laisser à d'autres qui pourraient y prétendre, tels le couple star des corridas et du cinéma, Luis Miguel Dominguin et Lucia Bose, l'autre couple du spectacle composé de Simone Signoret et Yves Montand, ou même Gary Cooper, qui lui offre deux colts, mais se montre incapable, dans le jardin, de loger une balle dans une boîte de conserve placée pourtant non loin de là ! Encore moins quand il s'agit de l'extraordinaire et très ridicule vieille dame qu'est Helena Rubinstein, celle des produits de beauté. Elle croit que Picasso va réaliser son portrait, alors que, s'il la fait poser à La Californie, il n'exécute sur le moment que quelques dessins partiels et n'accomplira jamais l'œuvre tant attendue. Il lui arrive ainsi de recevoir d'étonnants visiteurs, qu'il accepte d'accueillir autant par curiosité que pour leur montrer qu'il n'est pas à leur disposition et qu'aucun pouvoir, aucune gloire ne l'éblouit. Ainsi, lors de la visite en 1957 à La Californie de l'ex-président des États-Unis, Picasso, constatant que les tableaux qu'il lui montre n'ont pas l'air de l'intéresser, l'emmène à la chapelle de Vallauris pour lui montrer *La Guerre et la Paix* en faisant allusion à l'intervention américaine en Corée, puis, ramenant le président à La Californie, il lui explique qu'ils pourraient tous deux s'associer dans une entreprise de confection : Truman, avant de présider son pays, ne s'est-il pas illustré dans la fabrication des bretelles ? Ne comprenant pas la plaisanterie, le retraité de la Maison-Blanche invite le peintre à venir le voir en Amérique afin de parler plus avant du projet, mais Picasso, le raccompagnant à sa porte, lui répond qu'il en est d'autant moins question que c'est sous sa présidence qu'un visa lui a été refusé pour se rendre aux États-Unis. La présence de photographes peut aussi le faire assez vite tourner au cabot, mettant en avant son personnage plus que son œuvre, l'instaurant dans la presse comme la superstar de l'art moderne.

Son plus beau rôle, le plus naturel aussi, c'est celui du patriarche. Ses enfants, pour l'été, sont autour de lui, accompagnés de Cathy, la fille de Jacqueline et du fils d'Inès, auquel Pablo n'a jamais compté son affection. Françoise, elle, vient de se marier avec un autre peintre, Luc Simon, et ses relations avec le père de ses enfants sont des plus tendues. Alors qu'elle file le parfait amour avec son mari, la villa La Galloise est entièrement vidée, même de ses propres biens, en particulier de tableaux qui lui avaient été offerts par son compagnon. Est-ce la main de la nouvelle maîtresse ? « Monseigneur » (c'est ainsi que l'appelle Jacqueline) serait-il un souverain rancunier ? Cela ressemble peu aux manières de Pablo. Au moins la muse remplit-elle son contrat : la peinture de ce peintre qui a soixante-quatorze ans le 25 octobre se porte aussi bien que lui et les portraits qu'il fait de sa nouvelle compagne n'ont rien à envier à ceux qu'il fit jadis ou naguère de Fernande, Olga, Marie-Thérèse, Dora, Françoise. Ses *Ateliers*, vues diverses de La Californie, qui jouent avec la lumière d'une façon très matissienne, ne sont pas en reste.

En grand-père, toutefois, il est moins à l'aise. Moins aimant peut-être, maladroit en tout cas avec Marina et Pablito, les deux enfants de Paulo. Marina dira plus tard, dans son livre *Grand-Père*, la tristesse dans laquelle l'ont laissée les brèves visites qu'elle a faites à La Californie. Paulo, un jeudi de novembre, les conduit, comme il le fait souvent, le jeudi, chez Picasso. Il faut sonner à la grille, attendre que le vieux concierge italien vienne ouvrir. Même quand on est le fils de Pablo Picasso, on n'entre pas chez le peintre le plus célèbre du XXᵉ siècle simplement parce que c'est jeudi et qu'il devrait recevoir ses petits-enfants. Le concierge doit consulter Madame Jacqueline, qui règne sur le domaine, veille sur son mari, filtre les visiteurs. Ce jour-là, la maîtresse des lieux, sans même se déplacer, fait savoir qu'on ne peut aujourd'hui déranger Picasso parce qu'il travaille. Il en est souvent ainsi et Paulo, Marina et Pablito rebroussent chemin. Les petits-enfants aimeraient voir leur grand-père. Ils ont soif, très soif, d'affection, eux dont les parents sont séparés, qui vivent avec une mère aimante mais peu équilibrée et ne voient jamais leur père qu'en cours d'après-midi. Leur grand-mère Olga, heureusement, a été plus tendre, plus fragile aussi, qui ne s'était jamais remise de l'échec de son mariage. Quelquefois, tout de même, Paulo et ses enfants entrent ensemble à La Californie, dont le désordre savamment entretenu par Picasso, qui a agi de la sorte dans toutes ses demeures, fascine les petits.

Cet étonnant bric-à-brac pourrait être celui d'un brocanteur gigantesque, qui aurait entassé pêle-mêle, au gré de ses découvertes, des œuvres d'art, ancien ou moderne, des objets incongrus dépourvus de toute utilité, en attente d'un nouveau destin, ou d'une métamorphose et parmi lesquels se promène la chèvre Esmeralda. Mais Picasso, oui, répétons-le, si à l'aise dans nombre d'arts, pratique mal celui d'être grand-père. Ces enfants-là, ses petits-enfants le gênent. C'est qu'ils sont les enfants de son fils Paulo, ce fils qu'il mésestime de n'avoir pas mieux pris place dans le monde, mais auquel il n'a pas facilité la tâche et qu'il utilise comme assistant, sinon même comme serviteur ; ce fils qu'il ne peut voir vivre que sous son influence, dans son rayonnement. Paulo est un grand enfant, qui dépend financièrement de ce père dont il n'a pas su se délier. Picasso joue un peu avec ses petits-enfants, s'amuse quelque temps à les voir manier ses pinceaux, fait le clown avec eux, mime un matador, attend d'eux qu'ils l'admirent, mais ne s'intéresse pas vraiment à eux, à ce qu'ils font, à qui ils sont. Il ne leur donne pas l'amour qu'ils attendent de lui. À Noël, il leur fait des cadeaux coûteux, mais peu adaptés à des enfants de leur âge.

Fruit d'un père décevant et d'une mère scandaleuse, écrira Marina, notre existence dérangeait sa petite personne et son grand égoïsme[2].

Picasso fête ses soixante-quinze ans à la poterie Madoura, où les Ramié, bien qu'il ait quelque peu délaissé la céramique, n'oublient pas ce qu'ils lui doivent. À l'énorme gâteau il ne manque aucune bougie, mais l'idylle avec Vallauris souffre du dénouement de la vie commune avec Françoise et du retard pris dans la réalisation du temple de la Paix, en raison de problèmes techniques, certes, et aussi du fait que l'État, semble-t-il, ne se presse pas d'apporter son soutien à la commune. Il est égalementment possible que les communistes, aux prises avec la doctrine, alors rigoureuse, du réalisme socialiste, soient de plus en plus réservés sur la nécessité pour eux de défendre l'œuvre de Picasso. Celui-ci, mécontent du retard pris par l'affaire, attend qu'elle se résolve pour peindre le troisième panneau qui, entre les deux autres, occupera le fond de la chapelle (il l'exécutera finalement au cours de l'été 1958). Neuf jours plus tard, les chars soviétiques entrent dans Budapest pour mettre fin à l'insurrection qui a soulevé la ville contre le pouvoir soumis à Moscou. Certains communistes français en sont assez choqués pour déchirer leur carte du Parti. D'autres, plus modérés, font part de leur étonnement, sans toutefois se retirer. Picasso est de ceux-là. Il signe, aux côtés d'Édouard Pignon et d'Hélène Parmelin, une lettre au Comité central, dans laquelle ils expriment leur malaise. Mais quitter le PC serait faire le jeu des Américains et, par ricochet, celui de Franco. Un mois plus tôt, Picasso était à l'honneur à Moscou, où le public se pressait en foule pour voir une centaine de ses tableaux, lesquels étaient cependant boudés par les autorités soviétiques.

Loin de ces préoccupations de géopolitique, Jean Cocteau, lui, entre à l'Académie française. C'est un acteur lui aussi, depuis toujours, et l'uniforme du Quai Conti convient à son sens de la mondanité, mais il ne joue pas sur la même scène que son ami Pablo, auquel il demande de réaliser son épée d'académicien. Ce n'est pour Picasso qu'un jeu, auquel il se prête volontiers. Il est plus sérieusement requis par une nouvelle aventure en sculpture, avec la complicité du Norvégien Carl Nesjar, qui réalise en béton, d'après certains de ses dessins ou des maquettes en carton, des œuvres monumentales, destinées à Barcelone, Stockholm, Marseille, ou au jardin de Kahnweiler — c'est encore son marchand le plus fidèle et le plus amical, même si on peut trouver de ses œuvres dans d'autres galeries, parisiennes ou non.

Picasso boude Paris. Même quand la galerie Louise Leiris inaugure un nouveau local, rue de Monceau, en y accrochant une cinquantaine de ses tableaux récents. Il n'est plus désormais qu'à Cannes, où Hélène Parmelin dit qu'il est « le roi de La Californie ». Il a besoin du Midi, du soleil, de la Méditerranée. Les amis ? Ce sont eux qui viennent le voir. Même le vieux Pallarès, l'ami de la jeunesse barcelonaise, est un fidèle. Les voyages ? Ils ne l'ont jamais intéressé. Perpignan ? Ce ne fut qu'une passade, un moment de nostalgie pimenté par la beauté de Mme de Lazerme et le charme de la jeune Rosita Hugné. Picasso sait que le temps lui est compté et qu'il n'est pas question pour lui de le laisser perdre. Toujours cette même envie de travailler, ces carnets qui se multiplient et dont Kahnweiler extrait des dessins à vendre, ces tableaux innombrables, dont il n'aime pas trop se séparer parce qu'il y voit, inscrite presque au jour le jour, toujours strictement datée, sa vie. C'est à La Californie, rigoureusement régie par Jacqueline, qu'il travaille le mieux, donc qu'il vit le mieux.

C'est dans le Midi qu'il est, en France, le plus naturellement espagnol. Car espagnol, il l'est toujours. Mais il n'est pas plus qu'auparavant question pour lui de demander une naturalisation qu'on pourrait difficilement lui refuser. Plus il vieillit, plus il se sent espagnol. Avec nostalgie et fierté. Cette Espagne en laquelle, obstiné, il n'est pas question qu'il se rende tant qu'elle ne se sera pas débarrassée de Franco, il n'a pas besoin d'y être pour en être. Pas plus qu'il n'a besoin d'avoir un modèle sous les yeux pour faire un portrait. L'Espagne, il la porte en lui. Il est, en France, un morceau d'Espagne et, s'il est si fervent aux corridas, c'est, bien sûr, en raison d'une vieille passion du taureau, mais aussi parce que c'est là qu'il est le plus visiblement un ambassadeur de l'Espagne en exil. Les lecteurs de journaux bien fournis en images du vieil homme chauve, bronzé, jovialement clownesque avec ses déguisements, auraient tort de ne voir là que du folklore. Parce que l'Espagne de Picasso, la grande Espagne, celle qu'il a dans le cœur, c'est la plus forte, la plus profonde, la plus brillante, la plus complexe : c'est l'Espagne de Vélasquez. Après l'Orient sensuel de Delacroix, revu sous la lumière de Matisse, voici les Ménines, l'infante et ses demoiselles d'honneur, les filles grotesques, les princesses monstrueuses — et surtout une grande leçon de peinture. Picasso n'en finit pas de revisiter ses grands maîtres, d'aller voir ce qu'ils peuvent encore lui apprendre et de se mesurer à eux. D'août à décembre 1957, il peint une cinquantaine de tableaux sur ce thème. Pour cela il se retire dans les hauteurs de La Californie. Du rez-de-chaussée, où il avait fait son atelier dans une grande pièce centrale, il monte au dernier étage, s'y enferme, ne montre à personne ce qu'il est en train de faire.

Les Ménines, celles de Vélasquez, c'est un des tableaux les plus singuliers de l'histoire de la peinture : le peintre est représenté face à son tableau sans qu'on puisse voir ce qu'il peint et, si l'on peut croire d'abord qu'il peint ce qui est censé être le sujet du tableau, les Ménines, on comprend qu'il s'agit d'une illusion. Un regard plus attentif permet de considérer qu'il fait le portrait des souverains, dont on ne voit que le reflet dans un miroir, et que les Ménines ne sont que les spectatrices de cette scène. *Les Ménines*, donc, ou les spectatrices d'un tableau en cours devenues le sujet d'un tableau achevé ; le modèle en partie effacé, distant, insaisissable, qui ne donne de lui-même qu'un reflet — et le peintre pris, au cœur d'une perspective complexe, entre deux modèles, deux sujets, deux histoires de peinture, deux conceptions de la peinture. D'un côté, le grand sujet, le monarque et son épouse figés dans l'artifice de leur rôle, l'institution royale, la peinture d'histoire ; de l'autre, des personnages plus réels, plus naturels, des êtres vivants, des corps, des filles espiègles, et pas belles. *Les Ménines*, ou le manifeste du réalisme...

Picasso dissèque la peinture de Vélasquez, s'en nourrit, l'assimile, la réinvente, s'en moque, lui rend hommage, se l'approprie, lui fait raconter d'autres histoires, quitte à suspendre en l'air le bouffon pour lui faire jouer du piano. Ainsi affirme-t-il avec plus de force ce qu'il avait déjà mis en jeu avec *Les Femmes d'Alger* de Delacroix et *Les Demoiselles du bord de Seine* de Courbet : un grand tableau, c'est un formidable motif que le peintre, du moins Pablo Picasso, peut traiter comme n'importe quel autre motif, une femme, un paysage, quelques objets sur une table composant une nature morte. Regarder, pour le peintre, ce n'est pas simplement prendre acte de la présence, de l'apparence du motif, ainsi qu'on le faisait jadis et que le firent encore les impressionnistes, c'est s'emparer de ce qui s'impose à sa vision, le décortiquer, comprendre comment il est fait, comment il est organisé, comment il fonctionne. Le regard du peintre ne reste pas à la surface des choses, il leur retourne la peau, les pénètre jusqu'à l'os. La réalité, ce n'est pas l'apparence ; c'est aussi l'énigme de toute chose et Picasso dira à son ami Roland Penrose qu'il cherche toujours la surréalité, ce *plus* de la chose qui se donne dans l'imaginaire plus que dans l'analyse, qui l'inscrit dans un jeu permanent de métamorphoses. Alors, s'il voit Don Quichotte entrer dans les appartements du roi, entre le peintre et les Ménines, cela appartient à la réalité du tableau de Vélasquez. De même, il peut bien continuer d'enterrer le comte d'Orgaz, qui le fut pourtant très bien par le Greco, en écrivant un texte qu'il accompagne d'une douzaine de gravures sous le titre *Continua el entierro del Conde de Orgaz*. Ce qui est réel, c'est ce que voit Pablo Picasso. Réalisme, donc, mais magie aussi, par l'opération du peintre, maître en métamorphoses. Exorcisme également : de temps à autre, Picasso, hanté par un de ses grands prédécesseurs, doit s'en défaire, se libérer de son emprise. Il en sort plus léger, pour peindre quelques pigeons, des vues de sa fenêtre, un portrait de Jacqueline, graver sur zinc d'autres images d'elle. Surtout pour s'engager dans une nouvelle aventure de décoration monumentale.

L'Unesco a fait appel à lui pour un des grands murs du hall d'entrée de son siège parisien. Cent mètres carrés, c'est beaucoup pour un homme de son âge et il hésite. Il pourrait simplement créer une maquette, qui serait ensuite confiée à un praticien chargé de réaliser l'œuvre définitive. Le procédé est courant en art monumental. Mais Picasso est Picasso et la gageure est tentante : ce sera une bonne occasion de montrer qu'il ne vieillit pas et qu'il n'a rien à craindre d'une confrontation avec les autres artistes conviés à la décoration de ce palais international : Arp, Calder, Miró, Henry Moore. L'atelier n'est pas assez grand pour qu'il puisse y dresser une toile ou un panneau de la dimension voulue, aussi devra-t-il travailler par morceaux, sur quarante panneaux de contreplaqué posés à terre, qui devront ensuite s'ajointer sans qu'il ait pu auparavant les voir ensemble. Une difficulté supplémentaire qui n'est pas pour lui déplaire.

La maquette du bâtiment posée sur une table, il se met au travail, le 15 décembre 1957, multipliant les études, les dessins, les gouaches pendant plus d'un mois avant de passer à la réalisation de l'ouvrage. Sans rien montrer à ses commanditaires, qui s'inquiètent. Un thème s'impose à lui, qu'il n'a pas calculé : un plongeur, autour duquel il élabore plusieurs scènes, faisant apparaître des personnages qui ensuite disparaissent. À la fin du mois de mars, il est en mesure de montrer le résultat de ce travail éprouvant aux représentants de l'Unesco. Ceux qui attendaient une grande peinture, dont le message humaniste aurait été clair, quelque chose comme *Guernica* en plus rose, sont déçus. Que vient donc faire là ce plongeur sombre qui va être englouti par une vague énorme, et dont ne se soucient guère les baigneurs qui profitent du soleil sur la plage voisine ? L'ensemble est monté dans la cour de l'école communale de Vallauris et Georges Salles, directeur des Musées de France, lui trouve un titre qui lui convient bien, lui donnant une signification symbolique tout à fait opportune : *La Chute d'Icare*. Picasso a-t-il lui-même pensé à ce héros victime de son rêve et de l'ardeur du soleil ? Sans doute. Il est assez cultivé et lucide pour voir que son plongeur n'est pas un simple estivant de Golfe-Juan. Lui-même n'est-il pas, ainsi que tout artiste d'envergure, un Icare qui, volant de ses propres ailes pour s'élever hors de sa condition et approcher l'absolu, ne peut payer cette ambition que de sa chute ? Il n'y a pas de réussite en art ; il n'y a, au mieux, qu'une gloire qui dissimule l'intensité tragique de toute existence d'homme. C'est cela qu'a peint Picasso : regardez bien, le roi est nu et sans autre pouvoir que celui de disparaître dans l'inconnu, de se perdre dans les ténèbres. Mais, puisqu'il y eut dans une première version de ce tableau métaphorique un artiste à son chevalet, plus tard effacé, peut-être pourrions-nous dire également qu'il ne s'agit pas pour un peintre d'aller dans la lumière des hauteurs voir s'il y est, mais de plonger dans les propres ténèbres où il a plus de chance de se trouver. Qui va droit dans la lumière ne peut qu'en être aveuglé, au contraire de celui qui dans l'ombre a l'espoir de voir se lever quelque lueur. Hélène Parmelin remarque aussi que Picasso, dont elle est alors une amie proche, a peint ce tableau à un moment où il était fasciné par le Spoutnik, ce satellite soviétique qui s'aventurait audacieusement parmi les étoiles.

Matisse est mort et Picasso, à l'encontre du plus serein des peintres du XXᵉ siècle, montre en peinture ce que la peinture, comme la vie, a pour lui de trouble, d'angoissant même. Il montre aussi, comme il l'a fait avec éclat dans ses œuvres les plus importantes, *Les Demoiselles d'Avignon*, *Guernica*, *Le Charnier*, et dans bien d'autres, que tout le problème de l'art est de donner forme et clarté à cette force ombrageuse. C'est pour cela qu'il travaille tant, dessine tant, c'est pour cela qu'il plonge : afin de trouver la forme juste, celle qui convient au mieux pour rendre compte de ce qui s'impose à lui, celle qui lui permet de se saisir en même temps du réel et de lui-même. Et c'est en cela qu'il est proche de Matisse : le souci d'être juste dans l'évidence du tableau. Seulement, pour lui, la chose est moins simple, parce qu'il lui faut se battre contre lui-même, ne pas se laisser submerger par les forces obscures, ne pas sombrer dans l'incohérence, l'informe, le délire. Que n'a-t-on mieux compris que c'était là tout le sens des *Demoiselles d'Avignon*, tout l'effort de la rigueur cubiste partagée avec Braque, à la suite de Cézanne, à une époque où Matisse, fauve, peinait à sortir des flottements de l'impressionnisme ? Or, plus que Matisse (et plus que Delacroix, Courbet, Vélasquez), c'est Cézanne qui hante Picasso depuis une cinquantaine d'années. Cela n'est pas évident dans son œuvre telle qu'elle s'est développée, diverse, changeante, contradictoire depuis le cubisme ; pourtant il ne cesse d'affirmer son admiration pour le maître des *Baigneuses* et de la *Sainte-Victoire*, dont toute la vie de peintre ne fut qu'une longue marche vers la lumière, l'harmonie, l'accord avec le monde. Cézanne, qui a consacré sa vie à une recherche de l'absolu en peinture, se référait volontiers au personnage balzacien de Frenhofer, le héros de *La Recherche de l'absolu*. Alors, un plongeur, des baigneuses, est-ce un hasard ? Cézanne et Matisse ne sont-ils pas pour Picasso un même pôle de lumière, d'équilibre, de sérénité, vers lequel il tend, qu'il approche parfois, rarement, qui sans cesse se dérobe à lui ? Au moins peut-il s'installer dans l'air, dans la lumière de Cézanne.

À la fin de 1958, Picasso devient propriétaire du château de Vauvenargues, au pied de la Sainte-Victoire. Au hasard d'une conversation, il a entendu dire que cet imposant monument historique était à vendre. Son ami Douglas Cooper, historien d'art et grand collectionneur, lui-même châtelain dans le Gard, lui conseille d'aller le voir : le bâtiment a fière allure, dans un paysage magnifique. Picasso a peu exploré la Provence, bien qu'il ait passé beaucoup de temps dans le Midi. Il n'y a pas moins touriste que lui. Mais il se trouve que, revenant du Gard et s'en retournant vers Cannes en compagnie d'Hélène Parmelin et Édouard Pignon, il passe par Aix, où sont exposées quelques-unes de ses œuvres appartenant à ses amis Cuttoli. Vauvenargues est proche d'Aix, pourquoi ne pas aller voir le château ? Bâti sur un éperon rocheux au-dessus de la vallée de l'Infernet, c'est pour l'essentiel une construction du XVIIe siècle, imposante et austère, entourée d'un beau parc. Picasso est séduit. Jacqueline l'est moins : elle le trouve sinistre et ne s'imagine pas y vivre. Ils n'y vivront guère, d'ailleurs. Pablo a les moyens de ses caprices et, s'il devient propriétaire du château de Vauvenargues, il en fait plus un musée qu'un domicile et garde La Californie.

Picasso, ravi, dit à Kahnweiler qu'il a acheté la Sainte-Victoire. Le marchand croit qu'il s'agit d'un tableau de Cézanne. Non, il n'a pas non plus acheté le motif d'une célèbre série d'œuvres de Cézanne, mais il s'est installé au cœur du monde de Cézanne, chez Cézanne en quelque sorte, et il croit assez en la magie pour penser qu'un peu de l'esprit du maître va ainsi venir à lui. Il lui fait signe en peignant, là, une *Femme sous un pin* —

clin d'œil à de célèbres *Baigneuses*. Le paysage n'a jamais été sa passion, rien qu'un genre auquel il s'adonne de temps à autre, plutôt rarement ; il n'en consacre pas moins quelques tableaux à sa nouvelle demeure. Surtout, il y installe une bonne partie de sa collection, des chefs-d'œuvre jusqu'alors restés à Paris, et d'autres venus de La Californie (où il en reste encore un bon nombre), qu'il n'avait jamais pris soin de disposer comme le font les collectionneurs pour les mettre en valeur sur leurs murs. Ici, il les expose, les regarde attentivement, les déplace, les sort en pleine lumière naturelle, dans le jardin. Jamais il n'a aussi bien profité de ses Cézanne, de ses Matisse (il en accroche sept dans la salle à manger) et de bien d'autres toiles ou œuvres sur papier signées Corot, Courbet, Modigliani, Braque, Renoir... Pendant deux ans il vient assez souvent à Vauvenargues, aime y travailler. D'importants travaux, l'installation du chauffage central, une salle de bains luxueuse, ont rendu le château plus confortable. Ici, il est chez lui, plus qu'à La Californie, où règne Jacqueline. La preuve, c'est que celle-ci n'aime pas y venir. Elle y vient quand même, parce qu'il a besoin d'elle. Il n'aime pas être seul. Elle est sa compagne, son intendante, sa servante, l'officiante du culte dont il est le dieu, ainsi qu'elle l'a voulu. Il la peint en *Jacqueline de Vauvenargues*, ou dans un fauteuil bleu, ou avec une écharpe verte, ou les mains jointes.

Le nu dans la nature... C'est Cézanne et ses *Baigneuses*, bien sûr. Mais ce fut avant, bien autrement et de manière plus artificielle, *Le Déjeuner sur l'herbe* d'Édouard Manet. Il revient sur le thème de ce tableau historique, qui fit scandale à la veille de l'impressionnisme. Il s'en amuse, lui invente d'autres histoires, fait jouer d'autres jeux aux personnages. Il en fait des toiles, des gravures aussi, sur linoléum, selon une technique qu'il a mise au point, ne se servant que d'une « planche » pour plusieurs passages de couleur. Mais que de femmes chez ce vieil homme ! Et pas que des portraits de Jacqueline. Des femmes imaginées, peut-être nourries de souvenirs, mais surtout fortes de leur passé dans l'histoire de l'art, parce qu'elles sont filles de celles qui furent peintes par Cézanne, Manet, Courbet, Renoir, Degas, tous grands peintres de la femme en un XIXe siècle qui se piquait de réalisme ; de Rembrandt aussi, avec sa *Bethsabée*. Plus canaille, il invente *Le Romancero du picador*, comme un roman d'images contant les aventures de ce mal-aimé de l'arène qui s'intéresse plus aux filles qu'aux taureaux des corridas, mais plus voyeur qu'acteur.

Vauvenargues, c'est la Provence intérieure, traditionnelle, sans bains de mer, sans corridas. Picasso s'éloigne de la côte, du monde, attend qu'on vienne le voir. Même quand il est à La Californie, il bouge peu. Il ne va même pas à Paris, en juin 1959, pour l'inauguration du monument que la ville a enfin décidé d'offrir à la mémoire de Guillaume Apollinaire. À Saint-Germain-des-Prés, dans le square au pied de l'église, de l'autre côté de celui dans lequel a été dressée la statue de Bernard Palissy, le grand céramiste maître des émaux, il aurait retrouvé quelques compagnons de sa jeunesse, Jean Cocteau, André Salmon, le baron Mollet. Il aurait pu évoquer avec eux le poète qui fut son premier grand défenseur. Le monument dont il est l'auteur n'a rien à voir avec Guillaume, sinon que celui-ci fut l'auteur de *La Chanson du mal-aimé* et que la statue choisie est le buste (guère monumental) d'une femme qui fut elle aussi mal aimée, victime trop soumise du Minotaure Picasso. Du grand projet des années vingt qui aurait pu donner à Paris une sculpture vraiment monumentale et originale, une grande construction de métal, il ne reste que cela, un buste posé là faute de mieux. Au moins Dora en est-elle honorée, à deux pas du Café de Flore où elle se blessa la main en séduisant son amant terrible. Elle peut ainsi voir son effigie publique non loin de chez elle puisqu'elle habite encore rue de Savoie.

Des amis d'antan, il ne lui en reste pas beaucoup. Et peu lui sont encore proches, qu'il maltraite d'ailleurs volontiers, lançant des piques à Cocteau, se jouant de Kahnweiler comme si celui-ci était un vil marchand ne cherchant qu'à le gruger. Joueur plus que méchant sans doute, mais encore faut-il être solide pour rester son ami et son marchand pendant si longtemps, plus de cinquante ans maintenant. Et pourquoi irait-il à Londres où son ami Roland Penrose lui apporte la gloire britannique d'une exposition à la Tate Gallery, une exposition immense, deux fois plus importante que celle qui eut lieu à Paris cinq ans auparavant, une rétrospective de six décennies de création artistique ?

Quand il se marie, le 2 mars 1961, avec Jacqueline Roque, Picasso n'invite pas ses amis à la mairie de Vallauris, n'en choisit aucun comme témoin. Il ne requiert pas plus la présence de ses enfants. Son notaire fait l'affaire. Il est vrai que le mariage est une affaire de notaire plus que d'amour. L'amour n'a jamais eu besoin de mariage, non plus que de notaire. Mais il est vieux, disons âgé, même s'il préfère ne pas prendre en considération le nombre de ses années. Il lui faut assurer l'avenir de sa jeune compagne. Gageons que, raisonnable, le notaire a dû encourager son bon client à penser à sa succession. Disons aussi que Pablo a toujours trouvé normal d'être marié, même quand il ne vivait plus avec Olga. C'est son côté *old fashion*. Quant à Jacqueline, elle tenait vivement à ce que soit apposé sur leur union un label officiel. Les « jeunes mariés » ne vivent pas longtemps leur nouvelle vie conjugale à La Californie. L'urbanisation des hauts de Cannes lui enlève de son charme. Comme il n'est pas question de s'installer entièrement à Vauvenargues et que les finances ne sont pas un problème, Picasso achète une autre propriété, sans se défaire de la précédente. À Mougins, où il passa plusieurs étés avec Dora et les Éluard. C'est Notre-Dame-de-Vie, une grande maison claire, pratique, entourée de jardins, protégée des importuns. Ils déménagent en juin 1961. Un déménagement relatif parce que, à son habitude, Pablo additionne et ne remplace pas. Il agit avec les maisons comme avec les femmes (sur ce plan, maintenant, il se calme, d'autant plus que Jacqueline ne lui laisse pas la bride sur le cou). La Californie n'est pas vidée. Pas plus que Vauvenargues et les appartements parisiens. Il suffit d'y faire quelques emprunts et de reconstituer le capharnaüm nécessaire à la dynamique créatrice du maître, ce qu'il fait avec une habileté, une rapidité étonnantes. Encore une fois, une nouvelle vie commence. Il a quatre-vingts ans, une jeune épouse et l'envie de travailler, d'inventer encore, de voir jusqu'où il peut aller, ce qu'il peut encore découvrir. Il n'a rien perdu de ce que Werner Spies, dans le livre qu'il a consacré à sa sculpture, a nommé son « inlassable activité manuelle », son « grand bonheur d'expérimentation ». Le temps lui est compté, pas l'énergie. Non plus que le goût du spectacle. Car, pour fêter sa huitième décennie, il se prête à celui qu'organise Vallauris en son honneur : festival de musique et de danse à Nice en présence de six mille spectateurs, cérémonie et exposition à Vallauris, déjeuner de cent couverts au bord de la mer, feu d'artifice à Cannes, Cadillac blanche, motards, représentant du ministère de la Culture, premier secrétaire du Parti communiste, artistes et écrivains de tous bords et toutes disciplines, et une corrida exceptionnelle avec mise à mort illégale des taureaux.

Picador ou torero, Pablo Picasso ? Et s'il était l'un et l'autre ? Si son œuvre était la mise en évidence du picador, ce mauvais clown de corrida, qui se cache en tout torero ? Qu'est-ce qu'un picador, sinon un torero qui n'a pas réussi ? Et un torero, sinon le rêve d'un picador ? Picasso a assez triomphé dans l'arène artistique pour qu'on puisse prendre son éternel maillot rayé de marin pour un habit de lumière, mais il est assez lucide et capable d'ironie sur lui-même pour savoir quel cabot il est, quel pitre aussi dans cette tragi-comédie sans espoir qu'est tout destin d'artiste. Il n'y a pas d'art absolu, pas d'œuvre parfaite, définitive, à accomplir. Rien que l'effort, sans cesse, de se remettre en jeu, de s'agiter tant qu'on est en vie, de pousser un peu plus loin le bouchon. Toute cette violence, qu'il y a toujours eue en lui (bien qu'entrecoupée çà et là de moments de douceur, de sensibilité harmonieuse), cette violence du Minotaure, qui est à la fois taureau et toréador, homme d'une animalité triomphante, a fait de sa vie une épopée cruelle aux dépens de bon nombre de ceux qui l'ont approché. Mais c'est elle qui lui a permis de subvertir avec éclat les règles de l'art, de la représentation, en donnant à voir autrement, hors de tout angélisme, de tout humanisme illusoire, le monde et l'homme dans ce monde.

Avec l'âge, il ne s'assagit pas et voici qu'il enlève, en peinture, les Sabines. Poussin l'a fait jadis et c'est encore une façon pour Picasso de jouer avec l'histoire de l'art. Tout en illustrant cet instinct archaïque de prédateur qui a fait de lui un don Juan efficace. Il a effleuré ce thème au début de 1961, alors qu'il en était aux *Déjeuners sur l'herbe*, ne s'en est plus soucié, puis y est revenu intensément. Certains y ont vu une suite de *Guernica*, une dénonciation des violences de la guerre à un moment de durcissement de la guerre froide. Peut-être. Il est encore membre du Parti communiste et, en matière politique, aiguillonné par Hélène Parmelin et Édouard Pignon. Mais il n'est pas ce peintre d'histoire qu'il serait politiquement correct de voir dans une œuvre qui est, en fait, d'un égotisme total. S'il y a de la guerre dans ces *Enlèvements des Sabines*, c'est d'abord, mise en images, la guerre faite par l'homme à la femme, au moins en fantasme, fondant leur relation sur le rapt et la soumission ; c'est ensuite, surtout, la guerre faite par Picasso à la peinture, la belle peinture, propre, ordonnée, raisonnable, dont Poussin peut apparaître comme l'exemple même. Car il y va sans délicatesse, sans retenue, brossant à la hâte, laissant couler la peinture, ou partir son geste en éclaboussures. Il note, en 1963, dans un carnet :

La peinture est plus forte que moi, elle me fait faire ce qu'elle veut.

Le vieux peintre est plus libre, plus véhément, plus audacieux, moins raffiné qu'il a jamais été et nul ne peut dire, au vu de ces peintures, s'il a plus de sympathie pour les guerriers que de pitié pour leurs victimes. L'essentiel, au fond, n'est peut-être pas là, mais dans cette façon de repousser les limites de la peinture. On imagine ce que penseraient

Cézanne et Matisse de ce théâtre de la cruauté proposé, opposé par leur admirateur. Ils seraient sans doute moins choqués par les nombreux portraits de Jacqueline qui, au même moment, sont l'autre face de cet artiste contradictoire, difficilement saisissable. Il se livre à une intense célébration de son épouse en peinture, dessin, gravure, céramique et surtout en sculpture, multipliant les images d'elle dans cette technique de la tôle découpée dont il est un virtuose.

Il n'arrête pas de travailler, de produire d'innombrables œuvres, dans une étonnante diversité de thèmes et de manières. Et revient à ce persistant leitmotiv qu'est *Le Peintre et son modèle* — constante interrogation sur cet acte de peindre qui est au cœur de sa vie. Il travaille dans une urgence de plus en plus vive. Du temps jadis il sera bientôt un des derniers, le dernier peut-être. Braque meurt, en grande pompe orchestrée par André Malraux, ministre de la Culture. Puis c'est Jean Cocteau. Fernande est misérable, qu'il faut aider à survivre. Sabartès, déchargé depuis quelques années des affaires parisiennes, a tout de même réussi, malgré une hémiplégie, à accomplir son rêve : l'ouverture, à Barcelone, d'un musée Picasso, auquel il a donné sa collection et qui est inauguré le 10 mars 1963. En l'absence de Pablo, bien sûr, et sans qu'ait été apposée la plaque mentionnant son appellation, pour des raisons qu'on a dites techniques, mais qui étaient, bien sûr, politiques.

À Mougins, Picasso est de plus en plus solitaire. Il délaisse Vauvenargues, ignore La Californie, ne va plus à Paris, sauf pour y subir une intervention chirurgicale. Il peint, n'arrête pas de peindre. Il grave aussi sans cesse des plaques de cuivre que les frères Crommelynck, ses voisins, s'empressent de tirer. Surtout, qu'on ne le distraie pas ! Les enfants, les petits-enfants, il n'a plus le temps de leur prêter attention. Mais pourquoi Françoise revient-elle si agressivement dans sa vie ? Elle publie un livre de souvenirs, *Vivre avec Picasso*, rédigé avec l'aide d'un collaborateur, Carlton Lake. Elle ne s'y montre pas scandaleusement indiscrète, mais le portrait de l'artiste célèbre qui fut son amant et qui est le père de ses enfants n'est pas taillé dans le marbre convenant aux héros. Le roi est mis à nu. Ainsi dévoilé, le personnage involontaire de cet ouvrage, dont il a tenté de bloquer la parution, est furieux et fait rejaillir sa colère sur Claude et Paloma, qu'il ne veut plus voir. Ils auront beau se présenter à la grille de Notre-Dame-de-Vie, celle-ci ne s'ouvrira pas pour eux. Ses amis des *Lettres françaises* le soutiennent en organisant une campagne de protestation dans laquelle ils entraînent de nombreux écrivains et artistes auxquels échappe curieusement le ridicule de la situation.

Mais la vie continue, en peinture et en gravure. Jacqueline veille de plus en plus fermement sur ce souverain qu'elle déifie et qui s'en remet à elle pour tout ce qui n'est pas son royaume, son art. À tel point qu'il lui paraît soumis comme il ne l'a jamais été à aucune femme. Peu lui importe. Tant qu'il a de l'énergie, il travaille, comme Cézanne qui s'était juré de mourir le pinceau à la main. Et il peut tout se permettre. Le roi se moque de l'étiquette, de ses sujets, de ses prétendus devoirs. Il a toujours été, plus ou moins, son propre bouffon et il peut l'être, plus que jamais, en toute liberté, exerçant « un langage d'urgence » dans « une frénésie de la touche » (Marie-Laure Bernadac), élaborant « un plaidoyer en faveur du pouvoir lyrique de l'image peinte ». Alors il se fait royalement bouffon de la peinture en peignant, plus loin que les *Sabines*, des *Mousquetaires* grotesques, ridicules, pires que des picadors de fond de province, dégoulinant de peinture. Le poète Rafael Alberti y voit un bouleversant retour de nostalgie espagnole. Faisons-lui confiance et ajoutons cette eau à la vision autobiographique de la peinture de Pablo Picasso, mais surtout voyons dans cette insolente série de tableaux le magistral pied de nez d'un roi-bouffon au moment où Paris fait de lui le roi-soleil de la peinture du XXᵉ siècle.

Une double exposition, énorme, organisée par Jean Leymarie, avec la bénédiction amicale, littéraire et républicaine du ministre André Malraux, est organisée, en 1966, au Grand Palais et au Petit Palais. Près de trois cents peintures, plus des dessins et des sculptures. Mais tant de gloire ne suffit pas à sauver l'atelier des Grands-Augustins. Le double appartement était loué et, comme il n'est plus habité, réduit à l'état de garde-meubles, son propriétaire veut le récupérer et même André Malraux ne peut rien contre la loi. Ce qui ne fait pas rire le bouffon et choque le roi. L'année suivante, en revanche, il se réjouit de voir se mobiliser la ville de Bâle pour acquérir deux tableaux anciens de lui, *Les Deux Frères* et l'*Arlequin assis* mis en vente par une grande famille suisse en difficulté financière : une vaste souscription est lancée avec succès pour compléter une subvention insuffisante, mais celle-ci est assez sérieusement mise en question pour qu'il soit nécessaire d'en soumettre la décision à un référendum. Par 55 % des suffrages exprimés, la subvention est confirmée et les deux tableaux peuvent être acquis, ce qui donne lieu à une grande fête publique en l'honneur de Picasso. Celui-ci, très touché, offre quatre autres grandes toiles.

Même blessé, le vieux lion ne se laisse pas mourir. Il met sa violence (et il lui en reste !) dans la gravure. Il « attaque » le cuivre, comme on dit, pour lui faire donner trois cent quarante-sept gravures qui sont exposées à la galerie Louise Leiris, en décembre 1968. Les événements de Mai ne l'ont pas troublé, mais, politique oblige, les dirigeants du Parti communiste viennent contempler ces œuvres récentes. Et la peinture encore, des *Baisers*, des *Couples*, une fantastique production, de l'érotisme encore, et de l'humour quand il peint *Le Peintre et l'enfant*, une grande toile qui montre un peintre à demi couché jouant avec un poupon joyeux qui brandit un pinceau. Une impossibilité à rester immobile. Il s'amuse, ce qui est le meilleur moyen de ne pas mourir. Du moins tant qu'on est en vie. Il pense aussi à ce que deviendra son royaume après sa mort. À Paris, on commence à parler sérieusement d'un musée qui lui serait consacré, si toutefois il faisait une importante donation, mais c'est au musée de Barcelone qu'il en fait une, cédant les tableaux laissés jadis chez sa mère. Ses neveux, les enfants de Lola, qui reçoivent chacun une toile, voient partir avec regret ce capital qui fut conservé par leur mère. Tant de générosité publique en vue d'une gloire posthume et si peu pour la famille...

Mais la famille, Picasso n'a jamais été très clair avec elle et c'est pour éclaircir sa propre situation que Claude, qui a des raisons d'en vouloir à ce père qui lui a fermé sa porte, réclame devant la justice d'être reconnu par lui. Un procès ? Cela étonne Pablo, qui ne voit pas l'intérêt d'une telle formalité, et réjouit la presse, trop heureuse de s'emparer de l'histoire croustillante du don Juan de l'art moderne, qui peut sourire d'être maintenant l'hôte du palais des Papes d'Avignon, où sont exposés au printemps 1970 cent soixante-sept tableaux et quarante-cinq dessins récents.

C'est la grande parade picassienne, écrit Pierre Cabanne. Rien à voir avec les rétrospectives mi-didactiques, mi-synthétiques précédemment organisées ; ici le fleuve n'est pas endigué par l'histoire, il coule à flots avec ses déchets et ses scories, bat les murs, agresse la foule[3]...

En revanche, au mois de décembre suivant, quand doit être inaugurée la donation qu'il a faite au musée de Barcelone, agrandi pour l'occasion, il demande que soit annulée toute cérémonie, parce que Franco est encore au pouvoir et qu'un conseil de guerre vient de condamner à mort six autonomistes basques.

Il va bientôt fêter ses quatre-vingt-dix ans et l'érotisme n'en est pas moins une dimension essentielle de l'œuvre à laquelle il continue de se donner avec une énergie stupéfiante. Le 19 novembre, il a figuré avec une précision implacable un coït passionné, titré simplement *L'Étreinte*. Au cours du printemps 1971, alors qu'il expose près de deux cents œuvres sur papier à la galerie Louise Leiris, il grave à l'eau-forte une série d'estampes inspirées par les onze monotypes coquins d'Edgar Degas qu'il possède. Le 14 avril, il peint *Le Jeune Peintre...* Au cours de l'été, il peint plusieurs femmes nues dont la figuration n'a rien de platonique. Généreux, il confie cinquante-sept dessins (dont il fera don) au petit musée Réattu d'Arles, parce qu'il a de la sympathie pour son conservateur. Optimiste, il voudrait, pour travailler encore mieux, ajouter un étage à Notre-Dame-de-Vie, mais le permis de construire nécessaire lui est refusé, ce qui le met en colère : comment une administration peut-elle insulter ainsi son royal génie sans que personne en haut lieu n'intervienne pour la désavouer ? Heureusement que Paris fête ses quatre-vingt-dix ans en accrochant dans la Grande Galerie du Louvre huit toiles de lui appartenant aux collections nationales et dont la présentation publique est inaugurée par le président de la République Georges Pompidou. D'autres hommages, dans le monde, témoignent de sa souveraineté sur l'art de son temps. Même à Madrid, où un hommage lui est rendu à la faculté des sciences par des opposants au régime franquiste réunis autour du critique d'art José Maria Moreno Galván, qui déclare que le plus grand Espagnol du XXᵉ siècle est Pablo Picasso et paie cette insulte à Franco de deux ans de prison. Cinquante-six artistes ont beau occuper une salle du Prado pour protester, aucune clémence n'adoucira la sentence. Mais Picasso fatigue, devient sourd (comme Goya !), maigrit, reste souvent couché. Travaillant tout de même, peignant encore dès qu'il le peut et capable d'un tableau splendide, brossé avec une belle autorité, comme ce *Paysage* de Mougins tout de gris mêlé de bleu et de vert. Au moins dessinant avec des crayons de couleur, des femmes encore, des nus sans cesse, un *Autoportrait* ferme, grave, surligné de grands traits qui lui font un visage géométrique, de face, d'où darde le regard noir de ses grands yeux. Il reçoit aussi quelques visites, les Pignon, toujours fidèles ; Pierre Daix qui sera un des meilleurs spécialistes de sa vie et de son œuvre ; Louis Aragon, perdu de vue depuis quinze ans et pardonné de lui avoir préféré Matisse ; Paulo aussi quelquefois, le fils légitime.

Jacqueline, souveraine possessive, supporte mal cette fin de règne. Le roi se meurt. Pablo Picasso meurt, le 8 avril 1973.

ANNEXES

1881. *25 octobre* : naissance, à Malaga (Espagne) de Pablo Ruiz y Picasso, premier enfant de José Ruiz y Blasco et de Maria Picasso y Lopez.

1884. Naissance de Lola, première sœur de Pablo.

1887. Naissance de Maria de la Concepción dite Conchita, deuxième sœur de Pablo.

1891. José Ruiz y Blasco s'installe avec sa famille à La Corogne, où il enseigne le dessin à l'École des beaux-arts.

1895. *10 janvier* : la mort de Conchita affecte sérieusement son frère. José Ruiz y Blasco devient professeur à l'École des beaux-arts de Barcelone. Pablo y entre comme étudiant.

1896. *La Première Communion* est exposée à la IIIᵉ Exposition des beaux-arts de Barcelone.

1897. *Science et charité* obtient une mention d'honneur à l'Exposition générale des beaux-arts de Madrid et une médaille d'or à Malaga. À l'automne, Pablo part pour Madrid. Il y est, le temps d'une année scolaire, étudiant à l'académie San Fernando.

1898. Séjour à Horta de San Juan, avec son ami Manuel Pallarès.

1900. Pablo expose une série de portraits à Els Quatre Gats, à Barcelone. Sa toile *Les Derniers Moments* fait partie des œuvres représentant l'Espagne à l'Exposition universelle de Paris, où il passe trois mois en compagnie de son ami Carles Casagemas. Rencontre ses premiers marchands : Pere Manyac (ou Mañach) et Berthe Weill.

1901. Séjour (trois mois) à Madrid, où il est directeur artistique de la revue *Arte Joven*. Exposition de pastels à Barcelone et de peintures dans la galerie d'Ambroise Vollard, à Paris, où il reste six mois et se lie avec Max Jacob. *Autoportrait bleu.*

1902. Revenu à Barcelone en janvier, il repart en octobre, pour Paris, où il reste jusqu'à la fin de l'année. Entre-temps le suicide de Casagemas, le *17 février*, l'a bouleversé.

1904. *Avril* : installation définitive à Paris, où il trouve un atelier au Bateau-Lavoir.

1905. Rencontre de Guillaume Apollinaire et de Gertrude Stein. Début de la liaison avec Fernande Olivier. *Les Saltimbanques.* Voyage en Hollande.

1906. Rencontre de Matisse. Séjour à Gósol, au cours de l'été, avec Fernande. *Portrait de Gertrude Stein.*

1907. *Les Demoiselles d'Avignon.* Rencontre de Daniel-Henry Kahnweiler.

1908. *Novembre* : Picasso organise dans son atelier une fête en l'honneur du Douanier Rousseau.

1909. Séjour à Horta de San Juan avec Fernande. Le couple s'installe boulevard de Clichy.

1910. *Portrait de Kahnweiler.*

1911. Séjour à Céret, avec Fernande et Georges Braque. Le vol de *La Joconde* réveille une affaire antérieure, le vol de statuettes ibériques qui ont abouti malencontreusement chez Apollinaire et Picasso.

1912. À Céret, puis dans le Vaucluse, avec Eva Gouel, sa nouvelle compagne. Le couple s'installe boulevard Raspail au mois de septembre.

1913. Nouveau séjour à Céret. Mort, à Barcelone, de José Ruiz y Blasco. Installation rue Schœlcher.

1914. Picasso est à Avignon avec Eva, Braque et Derain au moment de la déclaration de la guerre.

1915. Début de l'amitié avec Jean Cocteau. — *14 décembre* : mort d'Eva.

1916. Installation à Montrouge.

1917. Voyage à Rome avec Jean Cocteau en vue de réaliser les costumes et décors de *Parade*, pour les Ballets russes (musique d'Erik Satie). Picasso s'éprend d'Olga Kokhlova, une des danseuses de la troupe. — *18 mai* : première de *Parade* au théâtre des Champs-Élysées. Il passe plusieurs mois à Barcelone, où il a suivi les Ballets russes, qu'Olga abandonne pour vivre avec lui à Paris.

1918. *Janvier* : Picasso et Matisse exposent ensemble à la galerie Paul Guillaume. — *Juillet* : mariage avec Olga. *9 novembre* : mort d'Apollinaire. Installation rue La Boétie.

1919. À Londres avec Olga, où ils retrouvent les Ballets russes avec lesquels Picasso collabore de nouveau pour *Le Tricorne* de Manuel de Falla.

1920. Le couple passe l'été à Juan-les-Pins.

1921. *4 février* : naissance de Paulo Ruiz Picasso, fils de Pablo et d'Olga.

1922. Été à Dinard.

1923. Retour dans le Midi pour l'été (il en sera ainsi jusqu'en 1927). Jacques Doucet, conseillé par André Breton, achète *Les Demoiselles d'Avignon*.

1924. Exposition chez Paul Rosenberg. Été à Juan-les-Pins. Les surréalistes publient un *Hommage à Picasso*.

1926. Nouvelle exposition chez Paul Rosenberg.

1927. Début de la liaison avec Marie-Thérèse Walter.

1928. Vacances en famille à Dinard, où est aussi Marie-Thérèse.

1929. *Grand nu au fauteuil rouge*.

1930. Retour à Juan-les-Pins. Marie-Thérèse est encore dans les parages. Acquisition du château de Boisgeloup.

1931. Expositions à New York et à Londres.

1932. Rétrospective Picasso à la galerie Georges Petit.

1933. Fernande Olivier publie son livre de souvenirs, *Picasso et ses amis*.

1934. Voyage en Espagne avec Olga et Paulo.

1935. Olga et Pablo se séparent. Naissance de Maya, fille de Marie-Thérèse. Jaume Sabartès s'installe à Paris, où il sera le plus proche collaborateur de Picasso. *La Minotauromachie* (gravure).

1936. Rencontre de Dora Maar. Exposition à Barcelone, Madrid et Bilbao. Séjour à Juan-les-Pins avec Marie-Thérèse et Maya.

1937. Installation rue des Grands-Augustins. *Guernica. La Femme qui pleure*.

1939. Mort de Maria Picasso y Lopez, mère de Pablo. Au début de la guerre, part avec Dora et Sabartès pour Royan, où se trouve déjà Marie-Thérèse. *Pêche de nuit à Antibes*.

1940. Retour à Paris.

1941. Picasso écrit une pièce de théâtre, *Le Désir attrapé par la queue*.

1942. *Tête de taureau* (sculpture par assemblage).

1943. *Mai* : rencontre de Françoise Gilot.

1944. *Octobre* : adhésion au Parti communiste. Le Salon d'automne lui rend hommage en lui consacrant une exposition particulière.

1945. Au cours de l'été, Picasso rompt avec Dora. *Le Charnier*.

1946. Rétrospective au musée d'Art moderne de New York. Séjour dans le Midi avec Françoise. Premier contact avec la céramique, à Vallauris. Picasso peint des fresques au château Grimaldi, à Antibes.

1947. Naissance de Claude, fils de Françoise. Vacances à Golfe-Juan avec Maya et Paulo.

1948. Séjour en Pologne, à l'occasion du Congrès mondial pour la paix. Exposition de céramiques à la maison de la Pensée française, à Paris.

1949. Naissance de Paloma, fille de Françoise. La colombe devient l'emblème du Mouvement de la paix. Exposition de peintures à la maison de la Pensée française.

1950. L'*Homme au mouton* est installé sur la grand-place de Vallauris.

1951. Début de la liaison avec Geneviève Laporte. *Massacres en Corée*.

1952. *La Guerre et la Paix*. Nouvelle pièce de théâtre : *Les Quatre Petites Filles*.

1953. Le portrait de Staline dessiné par Picasso paraît à la une de *L'Humanité* et choque les communistes dogmatiques. Séjour à Perpignan. Françoise et Pablo se séparent.

1954. Début de la liaison avec Jacqueline Roque. *Les Femmes d'Alger*. Portraits de Sylvestre David.

1955. Achat, à Cannes, de la villa La Californie, dans laquelle il s'installe avec Jacqueline.

1956. Exposition à Barcelone. Picasso émet publiquement des réserves sur l'attitude de l'URSS en Hongrie.

1958. Réalisation d'une grande peinture, *La Chute d'Icare*, pour le siège de l'Unesco, à Paris. Achat du château de Vauvenargues. *Les Ménines*.

1961. Mariage avec Jacqueline Roque. Grande fête à Vallauris pour son quatre-vingtième anniversaire. Achat de la propriété Notre-Dame-de-Vie, à Mougins.

1963. Inauguration du Museu Picasso, à Barcelone.

1965. Françoise Gilot publie son livre de souvenirs, *Vivre avec Picasso*. Bref retour à Paris pour une intervention chirurgicale.

1966. Grande rétrospective au Grand Palais et au Petit Palais, à Paris. Le château Grimaldi d'Antibes devient musée Picasso.

1967. Refus de la Légion d'honneur. Expulsion des ateliers de la rue des Grands-Augustins.

1970. Picasso donne au musée Picasso de Barcelone ses œuvres de jeunesse, qui avaient été conservées dans sa famille. Exposition au palais des Papes, à Avignon.

1971. Donation de cinquante-sept dessins au musée Réattu d'Arles. Huit toiles de Picasso sont accrochées dans la Grande Galerie du Louvre.

1973. *8 avril* : Picasso meurt à Mougins. Il est enterré à Vauvenargues.

Les livres consacrés à la vie et à l'œuvre de Picasso sont très nombreux. Nous citons ici ceux qui, à un degré ou un autre, nous ont servi dans l'élaboration de notre récit. Précisons que nous avons une dette particulière à l'égard des ouvrages de Pierre Cabanne, Pierre Daix et John Richardson.

APOLLINAIRE, Guillaume, *Œuvres en prose complètes*, t. II, Gallimard, Bibl. de la Pléiade, 1991.

ARNAUD, Claude, *Cocteau*, Gallimard, 2003.

ASSOULINE, Pierre, *L'Homme de l'art*, Balland, 1988, Gallimard, Folio, 1989.

BERGER, John, *La Réussite et l'échec de Picasso*, trad. Jacqueline Bernard, Denoël, 1968 ; Spartacus, 1975.

BERNADAC, Marie-Laure, et du BOUCHET, Paule, *Picasso. Le sage et le fou*, Découvertes Gallimard, 1986.

BRASSAÏ, *Conversations avec Picasso*, Gallimard, 1964.

CABANNE, Pierre, *Le Siècle de Picasso*, Denoël, 1975 (2 volumes) ; nouvelle édition Gallimard, Folio, 1992, 4 vol.

Collectif, *Le Dernier Picasso*, Éditions du Centre Georges-Pompidou, 1988.

Collectif, *Picasso. La monographie, 1881-1973*, préface de Jean Leymarie, textes de Brigitte Léal, Christine Piot, Marie-Laure Bernadac, La Martinière, 2000.

DAIX, Pierre, *Dictionnaire Picasso*, Laffont, Bouquins, 1995.

ORTIZ, Alicia Dujovne, *Dora Maar prisonnière du regard*, Grasset, 2003 ; LGF, Le Livre de poche, 2005.

FERRIER, Jean-Louis, *De Picasso à Guernica*, Denoël, 1985 ; Hachette-Littérature, Pluriel, 1998.

GIDEL, Henry, *Picasso*, Flammarion, 2002.

LAKE, Carlton, et GILOT, Françoise, *Vivre avec Picasso*, Calmann-Lévy, 1965 ; 10/18, 2006.

LAPORTE, Geneviève, *Un amour secret de Picasso*, Éd. du Rocher, 1989.

LE THOREL-DAVIOT, Pascale, *Picasso au fil des jours*, Buchet-Chastel, 2003.

MOUSLI, Béatrice, *Max Jacob*, Flammarion, 2005.

O'BRIAN, Patrick, *Pablo Ruiz Picasso*, Gallimard, 1979 ; Folio, 2001.

OLIVIER, Fernande, *Picasso et ses amis*, préface de Paul Léautaud, Pygmalion, 2001.

PARMELIN, Hélène, *Picasso sur la place*, Julliard, 1959.

PENROSE, Roland, *Picasso*, Flammarion, 1985 ; Champs, 1996.

PICASSO, Marina, *Grand-père*, Denoël, 2001 ; Gallimard, Folio, 2003.

PICASSO, Pablo, *Écrits*, édition de Marie-Laure Bernadac et Christine Piot, préface de Michel Leiris, Gallimard, 1989.

POLIZZOTTI, Mark, *André Breton*, Gallimard, 1999.

RICHARDSON, John, *Vie de Picasso*, vol. I, Le Chêne, 1992.

STEIN, Gertrude, *Autobiographie d'Alice Toklas*, Gallimard, L'Imaginaire, 1980.

SOLLERS, Philippe, *Picasso le héros*, Cercle d'art, 1996.

TABARAUD, Georges, *Mes années Picasso*, Plon, 2002.

VALLENTIN, Antonina, *Picasso*, Albin Michel, 1957.

WIDMAIER PICASSO, Olivier, *Picasso, portraits de famille*, Ramsay, 2002 ; Assouline, 2004.

LA RÉVOLUTION DANS UN BORDEL

1. Jean-Louis Ferrier, *De Picasso à Guernica*, Hachette, 1998.
2. Michel Leiris, *La Règle du jeu*, Gallimard, Bibliothèque de la Pléiade, 2003.

MONDANITÉS ET SURRÉALISME

1. Guillaume Apollinaire, « programme de *Parade* » (mai 1917), Gallimard, Bibliothèque de la Pléiade, t. II, 1991.
2. Paul Morand, *Journal d'un attaché d'ambassade* (1916-1917), Gallimard, 1996.
3. *Le Siècle de Picasso*, Gallimard, Folio, 1992, t. II.
4. Pierre Cabanne, *Ibid.*
5. *Ibid.*

LE MINOTAURE

1. Brassaï, *Conversations avec Picasso*, Gallimard, 1964.
2. Picasso, *Écrits*, Gallimard, 1989.
3. Jean-Louis Ferrier, *De Picasso à Guernica*, Hachette-Littéra-ture, Pluriel, 1998.

PEINDRE MALGRÉ TOUT

1. Antonina Vallentin, *Picasso*, Albin Michel, 1957.

2. Pierre Daix, *Dictionnaire Picasso*, Robert Laffont, Bouquins, 1995.

3. Cité par Pierre Daix dans son *Dictionnaire Picasso, op. cit.*

4. François Gilot, *Vivre avec Picasso*, Calmann-Lévy, 1991 ; 10-18, 2006.

5. Brassaï, *Conversations avec Picasso*, Gallimard, 1964.

COMMUNISTE ET SUPERSTAR

1. Cité par Patrick O'Brian dans *Pablo Ruiz Picasso*, Gallimard, 1979.

2. Roland Penrose, *Picasso*, Flammarion, 1996.

3. Patrick O'Brian, *op. cit.* dans *Pablo Ruiz Picasso*.

4. Harry S. Truman, *Mr. le Président : carnets, lettres, archives et propos*, Amiot Dumont, 1952.

LE VIEUX LION

1. John Berger, *La Réussite et l'échec de Picasso*, Denoël, 1968.

2. Marina Picasso, *Grand-Père*, Gallimard, Folio, 2001.

3. *Le Siècle de Picasso, op. cit.*, t. IV.

ANNEXES

FOLIO BIOGRAPHIES

Alain-Fournier, par ARIANE CHARTON. Prix Roland de Jouvenel 2015.

Alexandre le Grand, par JOËL SCHMIDT

Lou Andreas-Salomé, par DORIAN ASTOR

Attila, par ÉRIC DESCHODT. Prix « Coup de cœur en poche 2006 » décerné par *Le Point*.

Bach, par MARC LEBOUCHER

Joséphine Baker, par JACQUES PESSIS

Balzac, par FRANÇOIS TAILLANDIER

Baudelaire, par JEAN-BAPTISTE BARONIAN

Beaumarchais, par CHRISTIAN WASSELIN

Beethoven, par BERNARD FAUCONNIER

Sarah Bernhardt, par SOPHIE-AUDE PICON

Bouddha, par SOPHIE ROYER

Bougainville, par DOMINIQUE LE BRUN

James Brown, par STÉPHANE KOECHLIN

Lord Byron, par DANIEL SALVATORE SCHIFFER

Maria Callas, par RENÉ DE CECCATTY

Calvin, par JEAN-LUC MOUTON

Camus, par VIRGIL TANASE

Truman Capote, par LILIANE KERJAN

Le Caravage, par GÉRARD-JULIEN SALVY

Casanova, par MAXIME ROVERE

Céline, par YVES BUIN

Jules César, par JOËL SCHMIDT

Cézanne, par BERNARD FAUCONNIER. Prix de la biographie de la ville d'Hossegor 2007.

Chaplin, par MICHEL FAUCHEUX

Che Guevara, par ALAIN FOIX

Churchill, par SOPHIE DOUDET

Cléopâtre, par JOËL SCHMIDT

Albert Cohen, par FRANCK MÉDIONI

Andy Warhol, par MERIAM KORICHI

George Washington, par LILIANE KERJAN

H. G. Wells, par LAURA EL MAKKI

Oscar Wilde, par DANIEL SALVATORE SCHIFFER

Tennessee Williams, par LILIANE KERJAN. Prix du Grand Ouest 2011.

Virginia Woolf, par ALEXANDRA LEMASSON

Stefan Zweig, par CATHERINE SAUVAT

Composition Nord Compo
Impression Maury Imprimeur
45330 Malesherbes
le 27 mai 2016.
Dépôt légal : mai 2016.
1ᵉʳ dépôt légal dans la collection : septembre 2006.
Numéro d'imprimeur : 209465.

ISBN 978-2-07-031974-1. / Imprimé en France.